Ulrike Grunewald
William & Kate

Ulrike Grunewald

William & Kate

Die Geschichte ihrer großen Liebe

Knaur

Besuchen Sie uns im Internet:
www.knaur.de

Copyright © 2011 bei Knaur Verlag
Ein Unternehmen der Droemerschen Verlagsanstalt
Th. Knaur Nachf. GmbH & Co. KG, München.
Lizenz durch: ZDF Enterprises GmbH
© ZDF 2011. Alle Rechte vorbehalten.
Das Werk darf – auch teilweise – nur mit
Genehmigung des Verlages wiedergegeben werden.
Satz: Adobe InDesign im Verlag
Druck und Bindung: CPI – Ebner & Spiegel, Ulm
Printed in Germany
ISBN 978-3-426-65506-1

2 4 5 3 1

Für Lukas

Inhalt

Vorwort 9

1 Ein Saphir im Rucksack 13
2 Was Liebe heißen mag 27
3 Im Schatten der Krone 43
4 Der Prinz und das Bürgermädchen 59
5 Vom Aufblühen und Sterben 81
6 Sehnsucht nach Freiheit 93
7 Für König und Vaterland 107
8 Eine königliche Romanze 113
9 Ehe für die Krone 125
10 Elizabeth und Philip – eine Liebesheirat 141
11 Die Vorzeigefamilie 157
12 Mätresse mit Macht 177
13 Spätes Glück 199
14 Offizier und Bräutigam 215
15 Für immer zusammen 225
16 Zwischen Tradition und Moderne 241

Dank 263
Anmerkungen 265
Literatur 267
Bildnachweis 269

Vorwort

> Eine Prinzenhochzeit ist die glänzende Ausgabe eines universellen Vorgangs, und deshalb fesselt sie die Aufmerksamkeit der Menschheit.
>
> Walter Bagehot,
> *The English Constitution*

Es ist die Liebesgeschichte des Jahrhunderts. Catherine Elizabeth Middleton, eine junge Frau aus bürgerlichen Verhältnissen, heiratet William Arthur Philip Louis Mountbatten-Windsor, den letzten wahren Märchenprinzen unserer Zeit. Eines Tages in diesem 21. Jahrhundert wird er König von Großbritannien sein und das Mädchen aus dem Volk seine Queen. In der fast zweihundert Jahre währenden Geschichte der Dynastie der Windsors ist es ein bisher nie da gewesener Vorgang, dass die Braut des Thronfolgers nicht aus der Aristokratie stammt. Zu den Vorfahren Kates, wie Catherine volkstümlich genannt wird, gehören Minenarbeiter und Schreiner, aber auch Anwälte und sogar ein Gefängnisinsasse. Es ist nicht lange her, da hätte es für William keine Möglichkeit gegeben, seine Studienfreundin, die er im schottischen St. Andrews kennengelernt hat, zu ehelichen. Noch bis ins letzte Jahrhundert hinein wählten sich die künftigen Könige Englands ihre Bräute aus den europäischen Monarchien aus, viele Prinzessinnen kamen aus Deutschland in den Buckingham Palace. Doch das waren arrangierte Ehen, nicht aus Liebe geschlossen, sondern aus Pflichtgefühl und aus Rücksicht auf die Erbmonarchie. Denn die wichtigste Aufgabe eines Thronfolgers und seiner zukünftigen Frau ist es, für den Fortbestand der königlichen Familie zu sorgen. Es wird von ihnen erwartet, Kinder in die Welt zu setzen, die einmal Krone und Zepter übernehmen können.

Von der Wiege bis zur Bahre gelten für die Prinzen und Prinzessinnen des Hauses Windsor strenge Regeln. Sie werden früh mit ihren Pflichten vertraut gemacht, zu denen vor allem das Repräsentieren gehört. Die Monarchien in Europa und eben auch in Großbritannien haben politisch kaum Gewicht und gelten nur noch als Symbole ihrer Nationen. Das hat aus ehemals mächtigen Herrscherhäusern Dienstleistungsbetriebe gemacht, deren Aufgabe darin besteht, die Menschen, denen sie begegnen, für einige Minuten oder Stunden glücklicher zu machen, als sie eigentlich sind. Das ist das »Happiness Business«, wie es einmal ein Privatsekretär der Queen ausdrückte.

Prinz William hat schon an der Hand seiner Mutter Diana erlebt, was das bedeutet. Immer lächeln, immer fröhlich erscheinen, aufmerksam zuhören und Hände schütteln, Blumen entgegennehmen und am Ende noch eine Gedenktafel enthüllen. Und das ein ganzes Leben lang. Die Sprösslinge eines Königshauses müssen sich damit abfinden und können ihr Schicksal nicht selbst bestimmen, aber eine junge Bürgerliche wie Kate Middleton hätte viele andere Wege einschlagen können. Doch sie hat sich für William entschieden, nicht weil er ein Prinz ist, sondern dessen ungeachtet. Sie glaubt fest an ihre Liebe und hofft, stark genug zu sein, ihr Glück zu bewahren. Dazu braucht es viel Mut. Denn ein Blick in die Geschichte des Hauses Windsor hätte sie auch abschrecken können, hat es dort doch viele unglückliche Prinzessinnen gegeben. Das prominenteste Beispiel war die Mutter ihres Ehemannes, die früh verstorbene Prinzessin Diana. Obwohl ein internationaler Medienstar, war sie einsam und verzweifelt angesichts der Kälte, die in den königlichen Palästen herrschte. Was hätte sie ihrer Schwiegertochter geraten? Lauf weg, solange du noch kannst? Wir werden es nie erfahren. Auch nicht, ob sich Kate insgeheim vor dem übermächtigen Schatten der »Königin der Herzen« fürchtet. Sie wird in sehr große Fußstapfen treten, die sie vielleicht überfordern werden. Aber möglicherweise kann sie dank ihrer Herkunft aus einem liebevollen und intakten Elternhaus auch eine Stärke entwickeln, die den Hof verändern wird. Darauf hoffen ihre Freunde, die sie als loyale und verlässliche Person erlebt haben. Kate wird bleiben, wie sie ist, versichern viele, die sie kennen. Am meisten habe ihr vor der Hochzeit die Frage Sorgen bereitet, ob sie auch von der Öffentlichkeit akzeptiert werden wird, erzählte eine ehemalige Schulkameradin.

Die königliche Familie hat sich längst ein Bild von der künftigen Königin Großbritanniens gemacht. Prinz Harry gab noch am Tag der Verlobung seines Bruders William seiner Freude Ausdruck, endlich die Schwester zu bekommen, die er sich immer gewünscht hatte. Vielleicht haben die Briten dann auch wieder eine Prinzessin, die mit Charme und Glamour all die schwarzen Schafe der Familie Windsor vergessen macht. Nicht weniger als das wird von ihr verlangt werden – eine Herkulesaufgabe für eine bis zu ihrer Heirat mit dem Prinzen sehr zurückhaltende Frau.

William hat ihr lange Zeit gegeben, sich für diesen Weg an seiner Seite zu entscheiden. Und er konnte sich davon überzeugen, dass sie die Richtige ist, die mit ihm gemeinsam der Dynastie der Windsors ein modernes Gesicht geben kann. Dieses Buch erzählt die Liebesgeschichte zweier Menschen, die einander erst nach langer Prüfung das Jawort zu geben wagten, versucht, ihre Charaktere zu ergründen und ihren Platz in der Geschichte der ältesten Monarchie der Welt zu beschreiben.

1
Ein Saphir im Rucksack

Seit drei Wochen trug er nun seinen Rucksack mit sich herum, ließ ihn nicht aus den Augen, hatte ihn immer ganz dicht bei sich, obwohl er wusste, dass sein Verhalten den anderen merkwürdig vorkommen musste. Prinz William war mit Freunden in Kenia unterwegs, einem Land, das er liebte, seit er 1997 zum ersten Mal hier zu Besuch war. Auch diesmal war er wieder von Nairobi den weiten Weg nach Lewa Downs gefahren, um unbeschwerte Ferien zu genießen. Das Naturschutzreservat, vier Stunden von der Hauptstadt entfernt und mitten im Busch gelegen, war ihm schon immer wie das Paradies erschienen: unberührt, abgeschieden und wild. So kurz nach dem plötzlichen Tod seiner geliebten Mutter Diana war die Trauer noch jeden Tag sehr schmerzhaft gewesen, aber hier in Kenia konnte er sich zum ersten Mal wieder frei fühlen, weit weg von England, von seinen Pflichten als künftiger Monarch, und vor allem weit weg von der verhassten englischen Presse. In Lewa Downs konnte er alleine sein, wenn er es wollte, unbeobachtet und ungezwungen, so wie es ihm eigentlich am liebsten war.

2001 war William ein zweites Mal nach Kenia gereist. Nach seinem College-Abschluss ergab sich für ihn die Gelegenheit, wieder einige Wochen in dem weitläufigen Naturpark am Fuße des Mount Kenia verbringen zu können, in dem man sich besonders um den Erhalt der bedrohten Nashörner bemüht. Er hatte dort mitgearbeitet und sich über die Projekte informiert, die in Lewa Downs zum Schutz wilder Tiere durchgeführt werden – ein Thema, das dem Prinzen seither am Herzen liegt. William lebte in dieser Zeit bei den Besitzern des Reservats und hatte in Ian und Jane Craig gute Freunde gefunden.

Nun, im Oktober 2010, war er wieder hier. Nach Kenia zurückzukehren war inzwischen für ihn, wie nach Hause zu kommen, ein Gefühl, das er nicht an vielen Orten dieser Welt fand. Auch dieses Mal traf er dort Jecca Craig, die Tochter von Ian und Jane, eine schlanke, blonde Schönheit, die ihn schon bei seinem letzten Besuch auf seinen Ausflügen durch den Busch begleitet hatte. Es gab eine Zeit, in der die Medien in Jecca mehr gesehen hatten als nur eine gute Bekannte des Prinzen. Es verbreitete sich sogar das Gerücht, es habe auf Lewa Downs eine heimliche Verlobungsfeier gegeben.

Zweifelsohne war die Ranch im Herzen Kenias, umgeben von einer atemberaubend schönen Natur, wie geschaffen für einen Heiratsantrag.

Und genau das war es, was William im Sinn hatte, als er diesmal seine Freundin Kate Middleton gebeten hatte, ihn nach Kenia zu begleiten. Seit acht Jahren waren die beiden zusammen, doch sie ahnte nicht, was er geplant hatte. Er selbst war sich noch unsicher, wie er der Frau, die er liebte, die alles entscheidende Frage stellen sollte. Aber er war vorbereitet. Der Ring, den er ihr an den Finger stecken wollte, lag ja tief im Innern seines Rucksacks verborgen. Aber er konnte nicht verhindern, ständig nach ihm tasten zu müssen. Undenkbar, wenn er verloren ginge, denn es war ein besonderes Schmuckstück mit einer sehr persönlichen Geschichte. Er war wertvoll und er war unersetzlich, deshalb kam es einem unerhörten Risiko gleich, ihn einfach so in den Rucksack zu packen und mit sich herumzuschleppen.

Doch William war überzeugt, dass es richtig war, was er so lange schon heimlich plante. In einem Land, das er liebte, wollte er mit dem Verlobungsring seiner verstorbenen Mutter Diana um die Hand der Frau anhalten, mit der er den Rest seines Lebens verbringen wollte.

Manchmal blickte er verstohlen zu Kate hinüber. Ob sie etwas ahnte? Ob sie sein merkwürdiges Verhalten bemerkt hatte? Seit einem Jahr sprachen sie immer wieder über eine mögliche Heirat, aber wo und wann er den Antrag machen wollte, hatte er bis jetzt für sich behalten. Nicht einmal die Queen oder Prinz Charles waren informiert. William hatte allein entschieden, wie alles ablaufen sollte, und er hätte sich dafür keinen besseren Ort vorstellen können. Von Lewa Downs aus würde er Kate in die Wildnis entführen, zum Lake Rutundu, fast viertausend Meter über dem Meeresspiegel gelegen. Unbefestigte Pisten machten den Trip dorthin zum Abenteuer, doch William würde den bequemeren Luftweg mit einem gecharterten Helikopter wählen. Dieser Ausflug in die unberührte Natur sollte perfekt werden.

Noch immer war Kate ahnungslos. Als sie schließlich das Ziel erreicht hatten, betrachtete sie fasziniert die Landschaft, die sich vor ihr ausbreitete. Hier konnte man sich fühlen wie in einer Szene aus dem Liebesfilm *Jenseits von Afrika*. In der Ferne ragten die schneebedeckten Gipfel des Mount Kenia auf, des zweithöchsten Bergs auf dem afrikanischen Kontinent. Die Stille war überwältigend. Keine Geräusche aus der Zivilisation drangen zu ihnen, nur ganz entfernt war ab und zu der Laut eines Tieres zu vernehmen. Es war ein britischer Entdecker, der hier zum ersten Mal Spuren eines weißen Mannes hinterlassen hatte, der Flieger und Abenteurer Kenneth Gandar-Dower. Er hatte 1935 eine der ersten Forschungsreisen in das Vulkangebiet um den Mount Kenia geleitet. Gandar-Dower war auf der Suche nach dem sagenhaften Marozi, einem Löwen mit geflecktem Fell, den er fangen oder zumindest fotografieren wollte. Es sollte ihm nie gelingen.

Für Prinz William musste die Expedition zum Lake Rutundu eine ebenso aufregende Angelegenheit gewesen sein wie für seinen Landsmann fünfundsiebzig Jahre zuvor, auch wenn er aus ganz anderen Gründen hier war. Seine sorgfältige Planung, bei der ihn die Familie Craig unterstützt hatte, ohne in seine genauen Absichten eingeweiht zu sein, zahlte sich nun aus. Die Einsamkeit war perfekt, keine Menschenseele würde sie hier belästigen. Die Angestellten des Ressorts, die sich um die verstreut in der Landschaft gelegenen Lodges kümmerten, waren sehr diskret. Sie ahnten nicht einmal, wem sie da mit dem wenigen Gepäck behilflich waren, das William und Kate bei sich trugen.

Der Prinz fühlte sich in Afrika gerade deshalb so wohl, weil ihn hier in der Abgeschiedenheit, wo es kein Fernsehen und keine westlichen Zeitungen gab, niemand erkannte. Er war leger gekleidet, in Jeans und Polohemd, wie einer der gutbetuchten Touristen, die sich gewöhnlich in die Lodges einmieteten. Kate trug ein einfaches, leichtes Sommerkleid. Beide hatten warme Pullover und Jacken dabei, denn aus früheren Erfahrungen wusste William, dass die Nächte am Mount Kenia empfindlich kalt werden konnten. In einem Korb befanden sich Lebensmittel, die sie auf einem einfachen Herd selbst zubereiten würden. In der Rutundu Lodge, die der Prinz für seine zukünftige Braut und sich gebucht hatte, gab es keinen Zimmerservice. Alles war so schlicht wie möglich gehalten, die Wände und Möbel aus Holz, über die Sessel und Sofas vor dem steinernen Kamin hatte man Felldecken gelegt. Einem romantischen Abend vor knisterndem Feuer stand nichts mehr im Wege.

William entspannte sich von Minute zu Minute mehr, er war sich jetzt sicher, alles richtig gemacht zu haben. Nur den Rucksack umklammerte er noch immer, er war nach wie vor besorgt, den wertvollen Inhalt durch eine Unachtsamkeit zu verlieren. Wieder und wieder hatte er sich ausgemalt, wie Kate reagieren würde, wenn er den tiefblauen Saphir mit dem Brillantenkranz aus der Tasche ziehen und ihr über den Finger streifen würde. Sie musste ihn erkennen, denn der Ring war gleichsam ein Symbol, hundertfach, ja tausendfach fotografiert an der Hand seiner Mutter, die ihn am Tag ihrer eigenen Verlobung mit Prinz Charles zum ersten Mal in der Öffentlichkeit präsentiert hatte.

Lady Diana Spencer war sofort in das prachtvolle Schmuckstück verliebt gewesen, als sie ihn unter anderen Verlobungsringen entdeckte, die der Hofjuwelier Garrard zur Auswahl in den Palast gebracht hatte. Der Saphir schien das tiefe Blau ihrer Augen zu spiegeln. Als sie ihn betrachtete, war sie nicht mehr nur die Prinzessin aus ihren Mädchenträumen. Sie war auf dem Weg, die künftige Königin Großbritanniens zu werden. Damals konnte sie sich noch in der Sicherheit wiegen, die perfekte Braut für den Prinzen von Wales zu sein. Sie war jung, sehr hübsch und kam aus einer aristokratischen Familie. Sie war genau das, was die Familie Windsor zu Beginn der achtziger Jahre brauchte: ein frischer Wind für die Monarchie.

Diana hatte das Gefühl gehabt, die Hauptrolle in ihrem eigenen Film zu spielen – oder sich in einen der Liebesromane verirrt zu haben, die Barbara Cartland am Fließband produzierte. Die erfolgreiche britische Schriftstellerin war Dianas Stiefgroßmutter gewesen. Wie eine der etwas einfältigen Heldinnen aus diesen Kitschgeschichten konnte sie nur noch an eines denken: Ein Prinz war in sie verliebt! Seit Charles ihr den Antrag gemacht hatte, schwebte Diana auf Wolke sieben. Die jüngste Tochter von Earl Spencer war eine typische Vertreterin der Spezies »höhere Tochter«, deren Leben sich in einem eng abgezirkelten Radius rund um die schillernden Einkaufsstraßen des Londoner Stadtteils

Chelsea bewegte. Mittelpunkt dieser Welt, in der alter Adel mehr zählte als neuer Reichtum, der richtige Name mehr als eine einträgliche Profession, war der Sloane Square, ein nur wenige hundert Quadratmeter großer Platz im Herzen Chelseas. Nach ihm wurde die Clique hübscher, aber nicht allzu gebildeter Mädchen auch »Sloane Ranger« genannt. Sie wussten genau, welches Accessoire man zu welcher Zeit spazieren führte. Diana war bestes Beispiel für den Stil der »Sloanies«. Als die ersten Fotos von ihr 1980 in den Hochglanzmagazinen erschienen, war sie auf Anhieb das Vorbild einer ganzen Generation. Sie verstand es, klassischen Outfits einen frischen Twist zu verleihen. Weitschwingende Röcke, Strickjacken und Rüschenblusen sahen an ihr nicht verstaubt aus, sondern sehr cool.

Emotional war die erst neunzehn Jahre alte Diana jedoch das genaue Gegenteil einer kühl kalkulierenden Aristokratin: Sie errötete und weinte, fluchte und küsste wildfremde Menschen. Niemals wäre die Queen auf den Gedanken verfallen, sich so in der Öffentlichkeit zu benehmen. Doch ihre Untertanen waren begeistert: Endlich hatte die Monarchie ein menschliches Gesicht. Dianas schüchterner Augenaufschlag unter der sorgfältig geföhnten Ponyfrisur entzückte Fotografen und Stylisten gleichermaßen. Was sie trug, hing am nächsten Tag in den Schaufenstern der schicken Läden rund um den Sloane Square, und die Friseure hatten alle Hände voll zu tun, ihren wohlhabenden Kundinnen einen Bob à la Lady Di zu verpassen. »Diese Frau hatte etwas Magisches«, erinnerte sich der Fotograf Arthur Edwards, der Diana viele Jahre im Auftrag des Boulevardblatts *Sun* begleitet hatte.

Diana war gut für die Medien, und die begeisterten Berichte über sie waren gut für die Royal Family. Was sollte schiefgehen? Diana verkörperte alle Werte, auf die es damals ankam: Noblesse, Jungfräulichkeit und eine natürliche Empathie im Umgang mit Kindern. Später sollte sie Letzteres auf ihre unnachahmliche Art auch auf die Kranken und Verstoßenen dieser Welt ausweiten. Ein wenig irritierend war für Diana nur der Hang der Windsors zum Landleben. Hunde, Pferde und Damwild waren ihr suspekt, doch um ihrem Prinzen zu gefallen, spielte sie die Naturverbundene. Die Nation lag Diana längst zu Füßen, als Buckingham Palace im Februar 1981 die Verlobung des Prinzen von Wales mit Lady Diana Frances Spencer bekanntgab.

Charles hatte sie während eines Dinners gefragt, ob sie seine Frau werden wolle, kurz bevor sie zu einer mehrwöchigen Reise nach Australien aufbrechen sollte. Sie sagte sofort ja. Kurze Zeit darauf trug sie jenen Ring mit dem blauen Saphir, der fast dreißig Jahre später eine weite Reise in einem Rucksack nach Kenia antreten sollte, um wieder als Unterpfand der Liebe Verwendung zu finden.

Sicher dachte Prinz William öfter an seine Mutter, während er, den Rucksack geschultert, die Schönheit der afrikanischen Landschaft betrachtete. Er konnte nicht wissen, wie Kate auf den Ring Dianas reagieren würde. Es war ein Wagnis, das für ihn nicht zu berechnen war. Natürlich kannte er sie gut genug, um zu wissen, dass sie für ihn vieles auf sich nehmen würde. Das hatte sie in den langen Jahren ihrer Freundschaft bewiesen. Kate war nicht wie Diana, sie war älter als damals seine Mutter, eine selbstbewusste Frau, gebildet und erfahren und keine Spur naiv. Aber eine Verlobung war eine äußerst emotionale Angelegenheit. Und die Sache mit dem Ring war heikel. Man konnte die Geste auch missverstehen. Das Letzte, was er wollte, war, Kate unter Druck zu setzen, doch genau das konnte nun geschehen, wenn er ihr das Schmuckstück überreichte. Wenn Kate mit diesem Ring erschien, würde die Presse das immer wieder zum Anlass nehmen, die beiden Frauen, die er am meisten liebte, zu vergleichen. Doch es war nicht seine Absicht, seine Braut in eine Position zu bringen, in der sie mit der Beliebtheit und Popularität Dianas konkurrieren musste. Niemand sollte gezwungen werden, in die Fußstapfen dieser Medienikone zu treten, davon war William überzeugt.

Als junger Mann hatte er oft selbst den Vergleich mit ihrem Charisma aushalten müssen, etwa wenn verzückte ältere Damen bei seinem Anblick riefen: »Oh, ist er nicht wie Diana?« Mit den Jahren hatte er verstanden, dass er ihren Schatten nicht abschütteln konnte, und er hatte begonnen, diese Bürde ins Positive zu wenden. Die Menschen sollten sich an die guten Seiten seiner Mutter erinnern, an ihre Hilfsbereitschaft, ihre Offenheit und ihren Einsatz für unheilbar Kranke. Sie sollten sie mit seinen Augen sehen, als liebevolle Mutter, die ihren beiden Söhnen eine möglichst normale, möglichst behütete Kindheit geben wollte.

William hatte sich entschlossen, den Schmerz um ihren Verlust nicht mehr abzuspalten, sondern in sein Leben zu integrieren. Dazu gehörte auch der auffällige Saphir, den er nach dem Tod Dianas gemeinsam mit seinem Bruder Harry als Andenken aus ihrem Nachlass erhalten hatte. Sie hatten sich geschworen, dass derjenige, der zuerst heiraten würde, ihn seiner Braut an den Finger stecken würde. Nun war es William, der als Erster von ihnen vor den Traualtar treten würde und den Ring an die Frau seines Lebens weiterreichen sollte.

Der Prinz hatte sich mit seiner Entscheidung, Kate zu heiraten, viel Zeit gelassen. Neun Jahre waren vergangen, seit sie sich das erste Mal auf dem Campus der schottischen Universität St. Andrews begegnet waren, und natürlich war mit jedem Jahr ihrer Beziehung der Druck auf ihn größer geworden. Immer wieder forderten ihn die Kolumnisten in den Boulevardblättern auf, dem Land die ersehnte Traumhochzeit zu liefern, doch bislang hatte es sich falsch angefühlt. Das lag nicht an Kate, mit ihr war er sicher, die richtige Gefährtin an seiner Seite zu haben. Doch war er reif genug für diesen Schritt, der ihm eine enorme Verantwortung aufbürden würde?

Nachdem die Ehe seiner Eltern einen so fatalen Lauf genommen hatte, war er auf der Hut, sich nicht selbst in eine ähnliche Falle manövrieren zu lassen. Damals war das Haus Windsor schwer erschüttert worden durch den Rosenkrieg und die Scheidung seiner Eltern. Der gewaltsame Tod Dianas hatte die Monarchie an den Rand der Existenz gebracht, dessen war sich William täglich bewusst. Wenn er eine Ehe einging, dann musste es für immer sein. Scheitern war in seinem Fall keine Option, denn ein neuerliches Desaster würde der Krone noch mehr Schaden zufügen, ja vielleicht sogar das Ende des Hauses Windsor bedeuten.

Es war ihm nicht zu verdenken, dass seine Motivation in den vergangenen Jahren nicht groß genug war, endlich die entscheidende Frage zu stellen. Bei allen Zweifeln, die an ihm genagt hatten, war er doch von einer Sache überzeugt: Er wollte sich in die wohl wichtigste Angelegenheit, die ihn betraf, von niemandem hineinreden lassen. Das schloss die Queen mit ein und sogar seinen Vater, zu dem er nach dem Tod seiner Mutter ein enges Verhältnis aufgebaut hatte. Charles hatte ihm schon lange signalisiert, dass er mit seiner Wahl einverstanden war. Aber den Zeitpunkt und die Art und Weise, wie er heiraten würde, wollte er alleine bestimmen.

Noch immer schien Kate nicht zu ahnen, dass ihr Ausflug zur Rutundu Lodge einer der wichtigsten Tage in ihrem Leben sein würde. Der Ausblick auf die Hänge des Mount Kenia war phantastisch, und die Luft war so klar und dünn, dass man schnell außer Atem geriet. Rings um sie herum ragten die Stämme der Zedernbäume empor, die ihren charakteristischen harzigen Duft verströmten. Alles war so friedvoll und ruhig, die Einsamkeit tat fast körperlich weh, und doch fühlte man sich hier geborgen. Die Holzhütte, die sie nun aufsuchten, wirkte so stabil, als könnte sie auch einem heftigen Unwetter standhalten. Robuste handbearbeitete Zedernstämme bildeten die Wände, und auch die Dielen am Boden waren aus glänzendem rötlichem Holz. Die Zwischenräume der Balken waren mit Moos abgedichtet, um den kühlen Wind abzuhalten und die behagliche Wärme des Kaminfeuers im Raum zu halten. Es war einfach, aber sehr gemütlich.

William hatte sich vorgenommen, bis zum Abend mit seinem Antrag zu warten, wenn die Gaslaternen und Kerzen eine träumerische Stimmung zaubern würden. In der Zwischenzeit, auch das gehörte zu seinem Plan, wollte er mit Kate noch auf den Lake Rutundu hinausrudern. Es waren von der Lodge nur wenige Schritte bis zum Seeufer, dessen Wasser grünlich schimmerte. Ein Boot lag schon bereit, um sie dorthin zu bringen, wo das Gewässer am tiefsten war. Jetzt, kurz vor der Dämmerung, war die beste Zeit zum Fliegenfischen. Reich an Regenbogenforellen, verwandelte sich der See an windstillen Abenden in ein brodelndes Inferno, wenn die Fische in Massen an die Oberfläche stiegen.

In dem schmalen Ruderboot hatten sie Angelruten vorgefunden, deren Schnüre William mit mehr und Kate mit weniger Geschick ins Wasser peitschen ließen. Ab und an korrigierte der Prinz seine Braut, zeigte ihr, wie sie den Fliegenköder geschickter auswerfen könnte. Beinahe vergaßen sie die Zeit und die Welt um sich herum, so sehr waren sie mit dem Fischen beschäftigt. Etwa eine Stunde verbrachten sie auf dem Wasser, bevor sie zum Ufer zurückkehrten, ohne Fang. Es hatte nicht eine einzige Forelle angebissen, obwohl sich der Lake Rutundu rühmt, ein reicher Fanggrund zu sein.

Langsam kehrten sie zu ihrer Lodge zurück, wo das Feuer in den beiden Kaminen im Wohn- und im Schlafzimmer bereits brannte. In der Küche wartete heißer Tee in einer Thermoskanne, und William bereitete aus den mitgebrachten Zutaten ein einfaches Mahl.

Nun, so dachte er, war es Zeit, die alles entscheidende Frage zu stellen – und aus den Tiefen seines Rucksacks den so lange verborgenen Schatz ans Licht zu holen, den tiefblauen diamantenumrankten Saphir seiner Mutter Diana.

Und Kate sagte einfach nur ja, aus tiefstem Herzen.

Endlich war der Tag da, auf den sie so viele Jahre hatte warten müssen. Es sei »sehr, sehr romantisch« gewesen, versicherte sie wenige Wochen später in ihrem ersten Fernsehinterview.

Am nächsten Morgen genossen die Verlobten ihr Frühstück auf der Terrasse, noch einmal die Magie der kenianischen Landschaft in sich aufsaugend. Für eine unbestimmte Zeit sollte dieser Ausflug ihr Geheimnis bleiben, bis ein Termin für die offizielle Verkündung der Verlobung gefunden war.

Bevor sie wieder in Richtung Lewa Downs abflogen, trugen sie sich in das Gästebuch der Lodge ein. Ihre begeisterten Worte sind dort nun für ewig festgehalten und geben Zeugnis von einem einmaligen Erlebnis.

Catherine schrieb: »Ich habe vierundzwanzig wundervolle Stunden hier verbracht. Leider war kein Fisch zu fangen, aber wir hatten viel Spaß dabei, es zu versuchen. Ich liebe die Kaminfeuer und das Kerzenlicht – so romantisch! Hoffe, bald wiederzukommen.«

William, etwas weniger enthusiastisch, notierte: »Froh, wieder hier gewesen zu sein! Diesmal hatte ich mehr Kleidung dabei! Fühlte mich gut umsorgt. Danke, Jungs! Freue mich auf das nächste Mal, bald, wie ich hoffe.« Unter seinen Namen setzte er das Datum: »20./21. Oktober 2010«. Die frischgebackene Braut unterschrieb mit »Catherine Middleton«.

In London ahnte niemand, was sich in jener Nacht am Lake Rutundu zugetragen hatte, nicht einmal die Queen. William hatte sich auch dagegen entschieden, bei Kates Vater vor seinem Antrag um die Hand seiner Tochter anzuhalten. Zunächst hatte er es vorgehabt, doch irgendwann hatten seine Nerven nicht mehr mitgemacht. Was, wenn Michael Middleton nein sagen würde?, hatte sich der Prinz gefragt. Dann wäre alles vorbei gewesen. William war sich durchaus bewusst, welche Last er nicht nur seiner künftigen Braut, sondern auch deren Eltern aufbürden würde. Seit vielen Jahren war er ein gerngesehener Gast bei den Middletons in ihrer Villa in Berkshire, er fühlte sich als Teil der Familie. Aber er wusste, dass auf ihn und seine zukünftige Frau kein alltägliches Leben wartete. Er hatte mit seinem Zögern Kate die Möglichkeit geben wollen, sich ein Bild von dem zu machen, was auf sie zukam. Somit bestand für sie die Chance, sich noch anders zu entscheiden. Möglicherweise aber hätten sich Michael und Carole Middleton ja eine andere Perspektive für ihre älteste Tochter gewünscht, eine freiere, selbstbestimmtere Art zu leben. All diese düsteren Gedanken waren dem Prinzen in den aufregenden Wochen vor dem Antrag durch den Kopf gegangen, und am Ende hatte er sich dafür entschieden, Kate zuerst zu fragen. Wenn sie ja sagte, könnte ihr Vater nicht mehr dagegen sein.

Über zwei Wochen blieb die Verlobung das Geheimnis des Paares. »Wir sind wie Enten auf dem Wasser«, scherzte William später, von einem Journalisten auf ihre beharrliche Verschwiegenheit angesprochen. »Sehr ruhig an der Oberfläche, aber unten rudern flinke Füßchen.«

Als am 16. November 2010 die offizielle Verlobungsannonce auf der Homepage des Königshauses veröffentlicht wurde, war noch nicht viel Zeit vergangen, seitdem William die Familie von seinen Heiratsplänen unterrichtet hatte. Bis zuletzt hatte er sich vor einer Indiskretion gefürchtet, die ihm das Heft des Handelns aus den Händen nehmen würde. Doch in diesem Fall ging es um seine Zukunft, und Kate trug mit, was immer er entschied. Sie hatte sogar den Verlobungsring wieder vom Finger gestreift, als sie am 23. Oktober, kurz nach ihrer Rückkehr aus Kenia, bei der Hochzeit ihres gemeinsamen Freundes Harry Meade in der Öffentlichkeit erschienen. Der Braut in spe schien das Versteckspiel ebenso viel Vergnügen zu machen wie ihrem Prinzen. Die beiden wirkten glücklicher denn je. Gerüchte über eine bevorstehende Verlobung hatte es ja schon seit geraumer Zeit gegeben, die durch Paparazzi-Fotos von einem Wochenendausflug der Familie Middleton nach Birkhall, dem Wohnsitz von Prinz Charles in Schottland, noch befeuert wurden. Michael und Carole auf der Pirsch in königlichen Jagdgründen – das gab Anlass zu Spekulationen. Deshalb war niemand überrascht, als der Palast die Verlobung dann endgültig bekanntmachte.

2
Was Liebe heißen mag

Der 16. November 2010, ein Dienstag, begann mit einem frostigen Morgen. Nichts Ungewöhnliches für Mitte November. Überhaupt schien es ein ziemlich durchschnittlicher Tag zu werden, wie Tom Bradby mit einem Blick auf seinen Kalender festgestellt hatte, bevor er sein Haus verließ. Nun schlenderte der Fernsehjournalist durch Londons Regierungsviertel Whitehall. Er würde sich von Termin zu Termin hangeln, wie so oft hier einen Kaffee trinken und dort einen Tee und Gespräche mit Informanten führen. Als politischer Chefreporter des Senders ITN (Independent Television News) war er an solche Treffen ohne bestimmte Tagesordnung gewöhnt, manchmal erfuhr er dabei sogar Nützliches für seine Hintergrundberichterstattung. Nach dem Lunch hatte er vor, sich davonzuschleichen, um mit Kollegen Fußball zu spielen. Langsam, so hatte er noch gedacht, werde ich wohl zu alt für den Sport.

Als sein Handy klingelte, war er schlagartig hellwach. Er erkannte die Stimme des Anrufers auf Anhieb und er wusste sofort, dass seine weiteren Pläne für den Tag Makulatur waren. »Sie sind verlobt«, hatte ihm ein Höfling aus Clarence House, dem Wohnsitz von Prinz Charles und seinen beiden Söhnen, ohne Umschweife mitgeteilt. »Wir haben es herausgegeben. Jetzt bist du dran.«

Der Inhalt des Telefonats überraschte Tom Bradby nicht. Er war seit langem darauf vorbereitet, eines Tages einen solchen Anruf zu bekommen. Unerwartet war nur das Timing. Niemand hatte ihm ein Signal gegeben, dass heute der Tag sein würde, an dem er als alleiniger Journalist das Verlobungsinterview mit Prinz William und Kate Middleton führen durfte. Dass er der Auserwählte sein würde, war ihm vor einiger Zeit zu verstehen gegeben worden, allerdings unter dem Siegel der Verschwiegenheit. Tom Bradby war der einzige Pressevertreter, dem der Thronfolger blind vertraute. Die beiden waren befreundet und hatten 2007 gemeinsam eine Straftat vereitelt, die sich zu einem handfesten Skandal für die Monarchie hätte auswachsen können. Einem Klatschreporter war es gelungen, mit Unterstützung von Privatdetektiven den Code zu einigen Mailboxen im Palast zu knacken. Heimlich hörte er die intimsten Nachrichten ab und veröffentlichte deren Inhalt. Zunächst vermuteten die Prinzen den Maulwurf irgendwo in ihrem Freundeskreis. Als auch ein Gespräch zwischen William und Tom Bradby wörtlich in einer Zeitung wiedergegeben wurde, beschlossen die beiden, der Sache auf den Grund zu gehen. Schließlich kamen sie dem Drahtzieher auf die Spur. Monatelange Ermittlungen von Scotland Yard führten dann zu einem Gerichtsurteil, in dem er zu vier Monaten Haft verurteilt wurde.

Prinz William hatte die Affäre schwer zugesetzt. Vor allem der Gedanke, einer seiner Freunde könnte die Details an den Reporter verraten haben, war ihm unerträglich gewesen. Mit Hilfe Tom Bradbys hatte er den Spuk beenden können. So war es nicht weiter verwunderlich, dass es der ITN-Mann war, dem er von allen Presseleuten dieser Welt am meisten vertraute.

»William ist ein unglaublich vorsichtiger Mensch«, erzählte Tom Bradby in einem ZDF-Interview. »Dadurch bereitet es ihm auch Probleme, sich auf Beziehungen einzulassen. Was, wenn er an das falsche Mädchen gerät? Was, wenn sie danach ein Buch über ihn schreibt? Solche Gedanken macht er sich, und deshalb ist das so schwierig für ihn.«

Auch wenn der Telefonanruf aus Clarence House Tom Bradby an jenem Morgen des 16. November auf dem falschen Fuß erwischte, so war ihm doch schon länger klar, dass sich Prinz William für Kate Middleton entschieden hatte. Er wusste auch, warum: »Zu ihr hat er eine sehr ernsthafte Beziehung aufgebaut. Er liebt sie, und alle sind sich einig, dass sie eine reizende Person ist. Ich kenne niemanden, der sie nicht mag, denn sie ist intelligent, sie ist schön, sie ist clever und sie ist sexy.«

Von ihrer Schönheit hatten sich Leser von Boulevardblättern seit Jahren überzeugen können, wenn sie die makellosen Fotos der brünetten Freundin des britischen Prinzen betrachteten. Doch die Frau blieb ein Mysterium. Sie hatte niemals Interviews gegeben. Man wusste nicht, was sie dachte, nicht, wofür sie sich engagierte und wie sie selbst die ungewöhnliche Rolle empfand, in die sie das Schicksal versetzt hatte. Mit dieser Verschwiegenheit hatte sie das Herz des Thronfolgers gewonnen. Er konnte sich sicher sein, sie würde niemals ein Sterbenswörtchen über ihre Beziehung nach außen tragen.

Jetzt, an diesem 16. November, sollte sie sich zum ersten Mal vor einem Mikrophon niederlassen. Zum ersten Mal sollte ihre Stimme erklingen, die zuvor nur ihre und Williams Familie, ihre Freunde und ihre Bekannten gehört hatten.

Seit Monaten wusste Tom Bradby, dass die Presseleute im Palast versuchten, das Paar von einem gemeinsamen Fernsehauftritt zu überzeugen. Doch bis zu dem Telefonat, das ihn aus seinem Alltagstrott gerissen hatte, war er sich nicht sicher gewesen, ob es überhaupt ein Interview geben würde. William hätte sich auch verweigern können. Anscheinend war er aber bereit, sich mit seiner Braut den Fragen zu stellen, die die Öffentlichkeit so viele Jahre bewegt hatten. Nun war also der große Augenblick gekommen, auf den auch Tom Bradby lange gewartet hatte. Schon als die ersten Verlobungsgerüchte auftauchten, hatte er sich mit den Strategen im Palast darüber unterhalten: »Ich habe den Leuten in Williams Büro gesagt, wenn er sich verlobt, wird das ein wahnsinniger Moment sein. Diese Geschichte wird um die ganze Welt gehen, und es wird der Punkt sein, an dem die Öffentlichkeit ihre Liebesgeschichte mit dem Königshaus neu entdeckt. Die ganze Euphorie, die bei der Hochzeit von Charles und Diana herrschte, wird wiederauferstehen.«

Tom Bradby hatte nach dem überraschenden Anruf aus Clarence House seine Schritte nach links gelenkt, aus dem Regierungsviertel hinaus in Richtung St. James's Park, der an diesem Morgen noch wenig bevölkert war. Am Mittag würden wieder viele Touristen seine Wege durchqueren, denn der Park bildete die perfekte Verbindung zwischen den meistbesuchten Sehenswürdigkeiten Londons, dem Big Ben und dem Buckingham Palace. Linker Hand vom Palast, an der Mall, befand sich der Eingang zu Clarence House, wo das Interview bald stattfinden sollte. Tom beschleunigte seinen Gang ein wenig, denn jetzt hatte er es doch viel eiliger, als er vor wenigen Minuten noch gedacht hatte. Während er auf das Portal zusteuerte, ging er in Gedanken die Fragen durch, die die Nation bewegten. Er war in diesem Augenblick erst einmal Berichterstatter, der dazu berufen war, anstelle der Öffentlichkeit einem historischen Ereignis beizuwohnen. Die künftige Königin Englands und der Thronfolger einer jahrhundertealten Monarchie würden ihr erstes gemeinsames Statement abgeben. Aus ihren Antworten auf seine Fragen würden die Briten zwischen den Zeilen lesen wollen, was sie in der Zukunft von ihrem Königshaus zu erwarten hatten. Doch gleichzeitig war er sich bewusst, dass er nicht in der Rolle des strengen Politjournalisten erwünscht war. Das Interview sollte in einer ungezwungenen Atmosphäre stattfinden, um das Paar möglichst unverkrampft zeigen zu können.

Die Anforderungen an ihn waren hoch, aber als ehemaliger Kriegsreporter war er an besondere Einsätze gewohnt. Es zählte für ihn jetzt nur noch die gemeinsame Vertrauensbasis, auf der sich seine langjährige Freundschaft mit William gründete. Die durfte er auf keinen Fall zerstören. Dennoch musste er bestimmte Erwartungen der Fernsehzuschauer erfüllen.

Er kam früh in Clarence House an. Die Berater des Prinzen führten ihn zunächst in das Zimmer, in dem das Interview aufgezeichnet werden sollte. Tom schaute sich um. Alles wirkte ein bisschen ungemütlich. Zwar gab es Bücherregale an den Wänden und einige Pflanzen, aber so gut wie keine Möbel. Am Abend sollte hier eine Veranstaltung stattfinden, deshalb waren Stühle und Sessel hinausgeräumt worden. Keine gute Atmosphäre für ein lockeres Gespräch, entschied Tom und bat um ein Sofa, auf dem das Paar gemeinsam Platz nehmen konnte. Schließlich schoben Palastangestellte eine dunkelblaue Couch mit hellen Streifen in den Raum, drapierten auf ihr einige gemusterte Kissen, um dem ganzen Arrangement etwas Einladendes zu geben. Für Tom wurde ein bequemer Sessel hereingebracht.

Nachdem die Möbel arrangiert waren, kamen William und Kate die Treppe aus dem Obergeschoss herunter, in dem sich die privaten Wohnräume der Prinzen William und Harry befinden. Als sie sich umgeschaut hatten und alles zu ihrer Zufriedenheit vorfanden, begannen sie, sich zu entspannen. Tom fiel auf, wie glücklich sie miteinander wirkten. Ein- oder zweimal fragte William seine Braut: »Bist du o. k.?« – »Mir geht es gut«, antwortete sie. »Ich werde mich um dich kümmern müssen.«

Bis zur Aufzeichnung war noch viel Zeit, was die Möglichkeit für einen Small Talk eröffnete. Tom Bradby gratulierte dem Paar und fragte nach ihren Erlebnissen, seit er ihnen das letzte Mal begegnet war. William erzählte von seiner Ausbildung als Hubschrauberpilot und seinen Einsätzen bei einer Rettungseinheit, die speziell nachts und bei rauher See nicht ungefährlich seien. Seit einiger Zeit war er in Wales stationiert, in Anglesey. Mit Kate hatte er sich ein Haus an der Küste gesucht, in dem die beiden ungestört ein ansonsten idyllisches Leben führten. Sie schienen die perfekte Umgebung für ihre gemeinsamen Stunden gefunden zu haben, die ihrem zurückhaltenden und einfachen Stil entsprach.

Während die inzwischen eingetroffene Kamera-Crew ihr Equipment aufbaute, war William zu Scherzen aufgelegt. Vielleicht, so dachte Tom Bradby, hätte der Prinz auch erfolgreich Karriere als Entertainer machen können, wäre er nicht in die königliche Familie hineingeboren worden. Wenn er entspannt war, konnte er sehr lustig sein. Und seine Braut teilte seine Art von Humor. Beide schienen sich selbst nicht allzu ernst zu nehmen. Bradby hatte diesen Charakterzug an William schon oft beobachtet: »Er macht kein Aufhebens um sich, ist bemüht, das alles nicht zu hoch zu bewerten. Er und Kate sind erstaunlich normal. Sehr nette Leute. William ist geradeheraus, ein guter Kerl. Er mag es am meisten, wenn man ihn nicht in den Himmel hebt. William hat enge Freunde, die sich ihm gegenüber sehr loyal verhalten und niemals mit der Presse sprechen würden. Tatsächlich ist er mit beiden Beinen auf dem Boden geblieben, weil er um die unangenehmen Seiten seines Jobs weiß. Für ihn war es nicht sehr schmeichelhaft, als begehrtester Junggeselle der Welt hingestellt zu werden, nach all dem Schmerz, den er erlitten hatte.«

Tom Bradby wollte die Schattenseiten von Williams Dasein in seinem Interview anklingen lassen. Es wäre unprofessionell gewesen, sie einfach auszublenden. Der erfahrene Journalist entschied sich deshalb, seinem Freund mit offenem Visier zu begegnen. Er versicherte dem Prinzen, er habe nicht die Absicht, sich mit seinen Fragen wie ein Rottweiler auf ihn zu stürzen, aber er machte ihm deutlich, dass er einige heikle Fragen stellen müsse. »Die Menschen sind neugierig auf euch«, sagte er zu ihm. »Ich bin hier, um nichts weiter als ein Gespräch mit euch zu führen. Es ist der glücklichste Tag in eurem Leben, und ich werde mich wirklich sehr bemühen, ihn euch zu vermasseln.« Mit seiner scherzhaften Bemerkung hatte Bradby den richtigen Ton getroffen. William zog eine Grimasse und erwiderte trocken: »Das wird sehr hilfreich sein, Tom.«

Das Eis war gebrochen, der Stil des Interviews bestimmt. Doch je näher der Moment der Aufzeichnung kam, desto nervöser schien Kate zu werden. Um auch sie in die lockere Konversation einzubinden, fragte Tom nach dem Verlobungsring – und beging den einzigen Fauxpas dieses so aufregenden und besonderen Tages. Als sie ihm ihre linke Hand entgegenhielt, zog er hörbar die Luft ein und fragte: »Hat Kate den ausgesucht?« Alle starrten ihn an. Offensichtlich hatte der Reporter keine Ahnung, um welchen Ring es sich da handelte. »Nein«, bemerkte William, »es ist ein Erbstück der Familie.« Noch immer war Bradby ahnungslos und hakte nach: »Toll, von welcher Seite der Familie stammt er denn?« – »Es war der Verlobungsring meiner Mutter«, erklärte der Prinz schließlich. Eine blöde Frage zu viel, schalt sich der konsternierte Starjournalist insgeheim selbst.

Vielleicht hatte dieses für ihn peinliche Intermezzo aber dazu gedient, Kate von ihrer Nervosität abzulenken. Als sie Minuten später in ihrem enganliegenden königsblauen Kleid ihres Lieblingslabels Issa auf dem Sofa saß, wirkte sie so professionell, als wäre dies nicht ihre Feuertaufe vor der unerbittlichen Linse einer Fernsehkamera.

Der Antrag Williams sei für sie zunächst ein Schock gewesen, erzählte Kate. Sie habe zwar gespürt, dass er darüber nachdachte, es aber in dem Augenblick nicht erwartet. Alles sei sehr romantisch abgelaufen. Auf die Frage, ob William vor ihr gekniet habe, erklärte der, das solle ihr beider Geheimnis bleiben. Er habe seiner Braut den Ring seiner verstorbenen Mutter gegeben, weil Diana nicht mehr diese wohl wichtigste Zeit in seinem Leben mit ihnen teilen könne. Es sei seine Art, sie in all die Freude und Aufregung mit einzubeziehen, die nun auf ihn wartete.

Der Ring sei wunderschön, meinte die Braut. Sie werde sich bemühen, gut darauf aufzupassen. »Wenn sie ihn verliert, wird sie mächtig Ärger kriegen«, ergänzte William scherzhaft. Während das Interview seinen Verlauf nahm, schweiften Tom Bradbys Gedanken ab. Ihm kam in den Sinn, wie die Presse sich über Kate ausgelassen hatte. Dabei behielt er diese beeindruckend klar und ruhig formulierende junge Frau weiter im Blick, die in eine schwierige und außergewöhnliche Beziehung hineingewachsen war. War es diesem Paar zu verdenken, dass sie sich acht Jahre Zeit zum Nachdenken genommen hatten? Ist es nicht natürlich, sich die Sache sehr genau zu überlegen, wenn das Einzige, was man sicher weiß, die Tatsache ist, dass eine Scheidung außer Frage stand? Aber was hatten die Medien damit gemacht? Sie verunglimpften die junge Frau, die all das mit einer erstaunlichen Reife und Ruhe ertrug, als »Waity Katie«, als eine nicht ganz ernstzunehmende Person, die nichts tat als warten. Dieser ungerechte Spott war einfach nur erbärmlich, dachte Bradby.

Während er in Gedanken mit seinem Berufsstand hart ins Gericht ging, bewegte er sich auf die erste der vielen heiklen und intimen Fragen zu, die er in diesem Interview zu stellen hatte. Als Thronfolger einer Dynastie, die den Anspruch auf die Krone an die nächste Generation vererbt, musste er William mit dem Thema Kinder konfrontieren. Bisher hatte er sich öffentlich nie darüber geäußert. Hatte überhaupt schon jemand gewagt, ihn offen danach zu fragen? Tom Bradby beschloss, den Umweg über Kate zu gehen. Ein bisschen unfair – aber war es nicht vollkommen natürlich, in dieser Hinsicht neugierig auf die Pläne der Braut zu sein?

»Du hast offensichtlich eine enge Beziehung zu deiner Familie. Ist das sehr wichtig für dich?« Immerhin, der Anlauf war gemacht, nun würde er sehen, wie weit er mit der nächsten Frage gehen konnte. »Ja«, bestätigte Kate, »und ich hoffe, wir werden in der Lage sein, selbst eine glückliche Familie zu haben. Meine hat sich all die Jahre großartig verhalten, hat mir durch schwere Zeiten geholfen. Ich sehe sie oft, und sie ist mir sehr wichtig.« Das waren deutliche Worte, fast eine Absichtserklärung. Ihre Erfahrungen mit einem intakten Zuhause waren William verwehrt geblieben. Einfühlsam hatte sie signalisiert, wie wichtig ihr der gemeinsame Zusammenhalt war. Aber sie hatte auch zu verstehen gegeben, dass sie nicht bereit war, ihre Familie in Zukunft zu vernachlässigen. Auf sehr geschickte Art und Weise hatte Kate eine persönliche Grenze gezogen, die niemand überschreiten sollte. Es war eine Anspielung auf eine gängige Praxis bei Hof, denn die Royal Family neigte dazu, die Familien ihrer Bräute nach der Hochzeit einfach zu ignorieren, dabei spielte es keine Rolle, aus welcher Schicht sie kamen. Alexander Graf von Schönburg, der Bruder von Gloria von Thurn und Taxis, dessen Frau mit dem englischen Königshaus verwandt ist, beschrieb den Umgang mit den angeheirateten Verwandten einmal so: »Es ist immer problematisch, eine Untertanin zu ehelichen, weil man auch eine Schwiegerfamilie mitheiratet. Früher war es üblich, möglichst Prinzessinnen aus fernen Ländern zu heiraten, weil man damit Ruhe vor der hatte. Die konnten sich dann am Hof nicht so breitmachen. Es könnte eine Belastung für das Königshaus sein, jedoch nur eine kleine, wenn das Scheinwerferlicht künftig auf Kates Familie fällt, aber Kate selbst ist ein Ass im Ärmel der Monarchie.«

In Clarence House hatte Kate Middleton an diesem 16. November sehr klar zu verstehen gegeben, wie sehr ihr die eigene Familie am Herzen lag. Auch wenn sie künftig zu den Royals gehörte, schien sie nicht der Typ Frau zu sein, der seine Wurzeln vergessen würde. Tom Bradby, der sich nun immer sicherer im Umgang mit dem jungen Paar fühlte, hakte nach: »Wollt ihr viele Kinder?« Nun war es an William, darauf zu reagieren. Natürlich müssten sie anfangen, darüber nachzudenken, wenn sie eine Familie gründen wollten, meinte er. Doch ihm sei es lieber, sich erst einmal auf die Hochzeit zu konzentrieren und einen Schritt nach dem nächsten zu gehen. Punkt eins auf seiner Liste der schwierigen Themen hatte Tom Bradby erfolgreich erledigt. Nun hieß es erst einmal, die Zügel wieder etwas lockerer zu lassen. Es schien klug zu sein, ein paar harmlose gemeinsame Erinnerungen abzufragen. »Kate, was hast du über William gedacht, als du ihn an der Uni getroffen hast? Was war dein erster Eindruck?«

Ein strahlendes Lächeln tauchte in ihrem Gesicht auf, als sie sich an ihre Anfangszeit an der Universität in St. Andrews und ihre erste Begegnung erinnerte. Sie habe einen roten Kopf bekommen und sei sehr schüchtern gewesen, gab sie zu. Aber bald schon seien sie sehr gute Freunde geworden. William ergänzte: »Wir sind dann mit Freunden zusammengezogen und haben uns immer häufiger gesehen. Es entwickelte sich einfach so.« Gemeinsam lachen, gemeinsam kochen, gemeinsam studieren, so schilderten die Verlobten die wohl beste Zeit in ihrem bisherigen Leben. Doch da hatte es auch weniger idyllische Phasen gegeben, über die viel in den Medien spekuliert worden war. Wieder wusste Bradby, dass er im Interesse der Öffentlichkeit die Pflicht hatte, darauf einzugehen.

William schien darauf vorbereitet zu sein und nicht gewillt, etwas zu beschönigen. »Wir hatten uns für eine Weile getrennt«, bekannte er. »Wir waren noch sehr jung damals. Wir mussten uns erst finden und erwachsen werden, und jeder brauchte ein bisschen Platz für sich selbst. Am Ende war es zu unserem Besten.« Und Kate gab zu: »Damals war ich nicht sehr glücklich darüber, aber es hat mich zu einer stärkeren Persönlichkeit gemacht. Man findet Dinge über sich heraus, die man vorher nicht bemerkt hatte. Wenn man jung ist, gibt es immer die Gefahr, von einer Beziehung vollkommen verschlungen zu werden. Heute sehe ich, wie wichtig diese Zeit war, auch wenn ich das damals nicht erkannte.« An dieser Stelle ließ William einen tiefen Stoßseufzer vernehmen. Erleichtert scherzte er: »Das haben wir aber hinter uns!« Und dann setzte er zu einer Liebeserklärung an seine Braut an, die so ganz anders war als das berüchtigte »Was immer Liebe heißen mag« seines Vaters, der während seines Verlobungsinterviews 1981 zu seinen Gefühlen für Diana befragt worden war und diese seltsame Antwort gegeben hatte. William war tatsächlich verliebt und konnte es sogar in Worte fassen: »Als ich Kate zum ersten Mal traf, erkannte ich, dass sie etwas Besonderes war. Wir wurden Freunde. Aus heutiger Sicht halte ich es für einen Vorteil, dass wir anfangs nur befreundet waren. Mit der Zeit kamen wir uns jedoch immer näher, und wir haben einige Hindernisse überwunden, wie es sie in jeder Beziehung gibt. Aber wir haben uns wieder gefunden und sind gemeinsam weitergegangen. Wir kommen gut miteinander zurecht, wir haben viel Spaß, und ich bin ziemlich witzig, was sie sehr liebt.«

An dieser Stelle musste Tom Bradby an die Worte seiner Frau denken, die als Schmuckdesignerin bei dem Fashionlabel Jigsaw mit Kate zusammengearbeitet hatte. Sie hatte damals ein klares Urteil über die Freundin des Prinzen gefällt: »Sie ist ein Diamant. Freundlich, loyal, bescheiden, und sie ist sehr schön. Die Royal Family kann sich glücklich schätzen, sie zu haben.«

Auch William schien das nach einigen Aufs und Abs in ihrer Beziehung erkannt zu haben. Er blicke der Trauung mit großer Spannung entgegen, verriet er nun Tom Bradby. »Wir freuen uns darauf, den Rest unseres Lebens gemeinsam zu verbringen und zu sehen, was die Zukunft für uns bereithält«, erklärte er gegen Ende des Gesprächs. »Und ich werde erleichtert sein, wenn dieses Interview vorüber ist«, fügte er hinzu, und Bradby verstand. Es war das Signal, dass Kate genug hatte. Kurz darauf wünschte er dem Paar viel Glück und bedeutete seinem Kameramann, die Aufzeichnung zu beenden.

Kate stieß einen Seufzer der Erleichterung aus. Achtzehn Minuten Anspannung waren vorüber. Als das Interview am Abend des 16. November über die Fernsehschirme in aller Welt verbreitet wurde, konnten sich die Menschen zum ersten Mal ein eigenes Bild von der künftigen Königin Englands machen. Mit fester Stimme hatte Kate versichert, ihren Beitrag in der Royal Family zu leisten und helfen zu wollen, wo immer sie gebraucht werde. Noch wisse sie nicht genau, wie die Spielregeln seien, hatte sie offen zugegeben, aber William hatte bekräftigt, sie werde ihre Aufgabe meistern.

Überall auf der Welt sahen die Menschen ein junges Paar, das der Monarchie Hoffnung für die Zukunft gab. Wie Tom Bradby es vorhergesehen hatte, schien sich da eine neue Liebesbeziehung zwischen Volk und Monarchie zu entwickeln. Freunde aus Amerika, Japan und Korea schickten ihm begeisterte E-Mails. Zwei Tage lang gab er Interview auf Interview, für Sender im In- und Ausland. »Wie war Kate?«, das war die Frage, die alle interessierte. Wie war die Frau, die sich traute, in die berühmteste Familie der Welt einzuheiraten, die sich wagte, den Sohn der Ikone Diana zu heiraten und sich einem Schicksal auszuliefern, das sie niemals selbst würde bestimmen können?

Kate, so urteilte Bradby, sei keine Frau, die das Rampenlicht liebte. Aber sie werde gut sein in ihrem neuen Job als Repräsentantin der Monarchie, denn sie habe bei ihrem Auftritt bemerkenswerte Nervenstärke bewiesen. Sichtlich nervös wäre sie nur bei der unumgänglichen Frage nach Diana, der Schwiegermutter, geworden, denn diese würde sie wie ein Phantom begleiten, eine Tatsache, der sie sich schon deshalb immer bewusst werden musste, sooft sie den unübersehbaren Saphir an ihrem linken Ringfinger betrachtete. Kates Antwort war, wie Tom Bradby noch genau wusste, diplomatisch ausgefallen: Diana sei eine inspirierende Frau, zu der man aufsehen könne, liebend gern hätte sie sie getroffen. Es war die Stelle des Interviews, an der William diskret das Zeichen gegeben hatte, zum Ende zu kommen.

Dianas Schatten wird Kate unweigerlich begleiten, dabei gibt es mehr Unterschiede als Gemeinsamkeiten zwischen den beiden Frauen. Zwar sind sie beide glamourös, doch genoss Diana die Aufmerksamkeit der Medien, Kate dagegen fühlt sich unwohl im Scheinwerferlicht. Sie liebt ihren künftigen Mann, obwohl er ein Prinz ist und nicht deswegen. Sie ist eine erwachsene Frau und kein naives Mädchen, das den Traum von einer Liebesheirat träumt. Kate ist kein bürgerliches Aschenputtel, sondern eine intelligente und umsichtige Person, die aus den Fehlern der Vergangenheit lernen will und ihre Loyalität bereits bewiesen hat. Selbst als sie nach der Trennung von William im Jahr 2007 zutiefst verletzt war, weigerte sie sich, mit den Medien zu sprechen. Sie verlor kein Wort über ihren Streit, der zum Ende der Beziehung geführt hatte. Damals war Kates Herkunft zu einem ernsthaften Thema geworden, nicht nur in der Presse, sondern auch unter den Freunden Williams, die sich abfällig über die Eltern seiner Freundin geäußert hatten. Immer wieder gab es Gerüchte, William wolle sich aus der Beziehung lösen. Er trinke und feiere mit seinen Kameraden, obwohl Kate in London auf ihn warte. Schließlich ließ er sich, sichtlich angeheitert, in einem Nachtclub mit zwei jungen Schönheiten im Arm fotografieren. Von Kate keine Spur, was als offenes Signal verstanden werden konnte, dass der Prinz wieder zu haben sei. Es dauerte auch nicht lange, und er konnte sich vor Avancen kaum noch retten. Für Kate war die öffentliche Blamage unerträglich geworden.

Während eines gemeinsamen Urlaubs im schweizerischen Zermatt sollte sich ihr Schicksal entscheiden. Möglicherweise hatte sie schon damals eine Verlobung erwartet, aber William schien sich ihr immer weiter zu entziehen. Es gab bittere Vorwürfe und lange Auseinandersetzungen. Kurz darauf informierte Kate ihren Freundeskreis, es sei aus mit dem Prinzen. Damals hätte sie wie Diana ihre Enttäuschung und ihren Ärger bei einem Journalisten abladen können, doch sie schlug die Angebote aus, die ihr Einnahmen in Millionenhöhe versprachen. Stattdessen ging sie aus. Hübsch zurechtgemacht, durchstreifte sie mit ihrer Schwester Pippa die Nachtclubs von London, tanzte ausgelassen mit einem Jugendfreund. Obwohl sie tief verletzt war, bewies sie bemerkenswerte Haltung.

Es dauerte nicht lange, bis William ins Grübeln geriet. Niemand war ihm so nahe wie Kate, niemand kannte ihn so gut und liebte ihn um seiner selbst willen. Er holte sie zurück, und sie verzieh ihm. Der Preis war das Hochzeitsversprechen. Von da an ging es nur noch um die Frage, wann sie vor den Traualtar treten würden, und nicht mehr darum, ob ihre Beziehung in eine Ehe führen würde. Mit dieser Perspektive ertrug Kate die ungewöhnlich lange Zeit des Wartens. Und William konnte sich darauf verlassen, dass seine zukünftige Frau ihn niemals verraten würde. »Kate ist das Paradebeispiel einer vertrauenswürdigen Bürgerin aus der Mittelschicht«, urteilte Tom Bradby. »Was immer geschehen mag, sie wird niemals dem Beispiel Dianas folgen und sich mit Journalisten gemein machen. Ich könnte meine Hand dafür ins Feuer legen – sie wird nie etwas ausplaudern. Sie wird sich verhalten wie einst Queen Mum, sie wird nicht reden und sie wird William niemals im Stich lassen.«

Nach all den Jahren ihrer Freundschaft hatte Kate verstanden, in welch schwieriger Position sich William befand. Er wollte sich vergewissern, die richtige Frau gefunden zu haben, die auf seiner Seite war, die aber auch in der Öffentlichkeit bestehen konnte. Schließlich würde sie eines Tages als Königin den Thron besteigen müssen. Aus diesem Grund wäre eine Verlobung immer mit einem enormen Medieninteresse verbunden gewesen, für das sich William lange nicht bereit gefühlt hatte. Seit seiner Kindheit klammerte er sich an die Vorstellung, so lange wie möglich ein normales Leben führen zu wollen. Es war seine Art, sein Privatleben zu schützen. Schon als kleiner Junge hatte William mit seinem Schicksal gehadert. Seiner Mutter erklärte er oft, niemals König werden zu wollen. Er brauchte Zeit, bis er die Pflicht annehmen konnte, die ihm in die Wiege gelegt worden war. Aber er bestand darauf, seine eigenen Schritte bestimmen zu können und sich nicht vorzeitig in eine Ehe drängen zu lassen. Menschen, die ihn kennen, haben eine gewisse Sturheit an ihm festgestellt: »Wenn er eine Meinung gefasst hat, bleibt er bei seiner Entscheidung.«

Es gibt wenige, deren Urteil William respektiert. Sein Großvater Prinz Philip gehört dazu, ebenso Kate Middleton. In den letzten acht Jahren hatte sie den wohl größten Einfluss auf ihn, was nicht zu seinem Nachteil war. Doch nach Verlobung und Hochzeit wird er die Verantwortung für sich und Kate übernehmen müssen, keine leichte Aufgabe, wie der englische Journalist und Buchautor Robert Jobson vermutet: »Prinz William muss jetzt lernen, sich dem immensen öffentlichen Interesse zu stellen, und er wird Kate dabei helfen müssen, in ihre neue Rolle hineinzuwachsen. Sie wird eine der meistfotografierten Frauen der Welt sein. Das ist eine große Herausforderung. Vor allem aber müssen sie dafür sorgen, dass die Monarchie ihre Relevanz behält. Zurzeit wirkt sie sehr angestaubt, mit einer über achtzigjährigen Queen und einem über sechzigjährigen Thronfolger. In anderen europäischen Ländern wirken die Königshäuser durch die vielen Hochzeiten in der jüngsten Vergangenheit viel attraktiver und interessanter. Von William und Kate wird jetzt erwartet, dass sie sich engagieren und dem Publikum in England und auf der ganzen Welt stellen. Das wird nicht einfach sein für zwei Menschen, die ihre Privatsphäre so lange und so streng abgeschirmt haben.«

Der erste gemeinsame Auftritt am Tag ihrer offiziellen Verlobung im St. James's Palace vor der versammelten britischen Presse war ein Vorgeschmack auf die Zukunft. Als Kate an Williams Arm den Kaminsaal betrat, brach ein Blitzlichtgewitter aus Hunderten von Kameras los, die ihre wenigen, leise gesprochenen Worte vollständig übertönten. So gut sie konnte, versuchte die junge Frau, die vielen Zwischenrufe der Reporter zu beantworten, aber schon bald gab sie auf. Der Lärm war ohrenbetäubend. So fühlte es sich also an, eine Prinzessin zu sein. Für die Medien war ein neuer Star geboren.

3
Im Schatten der Krone

Leise klickte und surrte die Linse seiner Kamera, als sich Mario Testino auf dem roten Plüschteppich des Besprechungsraums im St. James's Palace vor- und zurückbewegte. Wie eine Katze umkreiste der Fotograf seine Objekte. Der Peruaner hatte schon alle schönen Menschen dieser Welt abgelichtet und war es gewohnt, in glamourösen Umgebungen zu arbeiten. Doch dieses Shooting war selbst für ihn eine Sensation. Alles in dem weitläufigen Saal atmete Geschichte. 1703 von Sir Christopher Wren für Queen Anne entworfen, war er einst Teil ihrer offiziellen Gemächer. Die Wände waren mit grüner Seidentapete bespannt, passend zu den schilfgrünen Bezügen der Sitzgelegenheiten. Die schwere Kassettentür am Eingang schimmerte elfenbeinfarben und bot den idealen Fluchtpunkt für seine Fotografien. Eingerahmt wurde die Szenerie von drei mächtigen Gemälden, auf denen Ahnen der königlichen Familie porträtiert waren: William III. und Mary II., gemalt in Öl von Sir Godfrey Kneller, sowie Karl Wilhelm Ferdinand von Braunschweig-Wolfenbüttel, seinerseits von Johann Georg Ziesenis auf die Leinwand gebannt.

Auch Mario Testino, der Künstler unter den Starfotografen, war gerade dabei, in diesem prachtvollen Ambiente mit seiner Kamera Geschichte zu schreiben. Vor ihm drehten sich William und Kate auf der Suche nach der idealen Pose für ihr offizielles Verlobungsbild.

Der Prinz trug einen formellen dunkelblauen Anzug des Hoflieferanten Turnbull & Asser, darunter ein schlichtes weißes Hemd und einen blauen Schlips. Kate hatte ein sehr schmal geschnittenes, elegantes weißes Kleid der Modekette Reiss gewählt, sehr schick, aber mit dem richtigen Maß an Understatement. Schlichte Perlenohrringe blitzten unter ihren dichten braunen Haaren hervor, ohne dem tiefblau schillernden Saphir an ihrer linken Hand Konkurrenz zu machen. Sanft ruhten Kates schlanke Finger auf Williams Arm. Ihr Lächeln war entspannt, gerade so, als sei die Arbeit vor der Kamera ihr tägliches Brot. James Pryce, ihr bevorzugter Friseur, hatte wieder einmal sein Bestes gegeben. Er war einer der Spezialisten im Team des Salons von Richard Ward, der ersten Adresse in Chelsea, wenn es um die Haare Prominenter ging. Wie so oft in den letzten Tagen hatte James mit seinem Spezialföhn ein besonderes Aufbauprodukt in ihre langen braunen Haare eingearbeitet, das ihnen einen speziellen Schimmer verlieh.

Mario Testino blickte durch den Sucher und nickte, nach einigen Stellproben war er schließlich zufrieden mit seinem Arrangement. Das Paar vor seiner Kamera strahlte Ruhe und Schönheit aus und wirkte sehr verliebt.

»Ich habe nie zuvor so viel Freude empfunden wie in diesem Augenblick, als ich sie zusammen gesehen habe«, ließ der Fotograf später vernehmen. Es war Williams ausdrücklicher Wunsch, Testino zu engagieren. Er vertraute ihm, denn er hatte sich früher schon von ihm ablichten lassen und sich dabei entspannt und wohl gefühlt. Legendär waren die Porträts, die der Fotograf von einer strahlend schönen Diana angefertigt hatte, kurz bevor sie in Paris ums Leben gekommen war. Nun hatte er die Ehre, den Sohn der Prinzessin und seine ausnehmend hübsche Braut vor der Kamera zu haben. Auf Wunsch der beiden sollte es neben der üblichen formellen Aufnahme noch ein Foto mit einer ungezwungenen Pose geben. Zu diesem Zweck wechselten sie in den Cornwall Room des Palastes. Wieder hatte Kate sich für Kleidung von der Stange entschieden, für eine schlichte cremefarbene Bluse der Modemarke Whistles.

William wirkte noch immer viel zu streng in seinem weißen Hemd mit dem steifen Kragen, doch Testino wusste, was zu tun war. Kurz entschlossen streifte er seinen beigefarbenen Kaschmirpullover über den Kopf und reichte ihn dem Prinzen. Der Look war perfekt. Liebevoll umarmte William seine Braut, deren Hand sich leicht an seiner Schulter abstützte. Obwohl die beiden sehr fotogen waren, schien es in dieser Aufnahme nur einen Star zu geben: Dianas Verlobungsring. Er wirkte wie eine stumme Mahnung an eine Verbindung, die nicht aus Liebe, sondern aus Pflichtgefühl geschlossen worden war. Doch das war Vergangenheit. Diesmal sollte der beeindruckende Saphir ein Versprechen ewiger Treue sein, ein Unterpfand der Zuneigung.

»William weiß, dass Kate die absolut richtige Frau für ihn ist«, erklärte Katie Nicholl, britische Autorin und langjährige Kolumnistin über das Königshaus für die *Mail on Sunday*. »Und ihre Liebe zu ihm ist echt. Es ist eine starke Verbindung, die ihr den Mut gibt, in diese schwierige Familie einzuheiraten.«

Wie viel wird diese Liebe dennoch aushalten müssen? Die Hofberichterstatter der britischen Presse hofften seit Jahren darauf, dass der Stern von Kate einmal ebenso hell am Himmel der Zeitungskioske erstrahlen wird wie einst der Dianas. Als bekannt wurde, dass sie mit Prinz William ausgeht, waren ihr die Fotografen in Scharen auf Schritt und Tritt gefolgt, wie damals der Prinzessin von Wales. Kate musste in dem Medienrummel darum ringen, nicht ihre Würde zu verlieren. Eines Tages war die künftige Königin Großbritanniens dabei fotografiert worden, wie sie gedankenverloren in einem der typischen Londoner Doppeldeckerbusse aus dem Fenster sah. Es war dieser Schnappschuss, der Großes verhieß: Kate strahlte eine natürliche Schönheit aus, die unwiderstehlich schien. In ihrem Tagtraum wirkte sie in einer unschuldigen Weise anziehend, völlig im Unklaren darüber, welch bedeutende Person sie eines Tages sein würde. Von diesem Tag an war sie für die Paparazzi und für die Zeitungsauflagen Gold wert. Schließlich wurde Kate so unverschämt bedrängt, dass die Queen einschritt und den Zeitungsverlegern mit rechtlichen Schritten drohte, denn noch war die junge Frau eine Privatperson und gehörte nicht zur königlichen Familie.

Doch nach ihrer Verlobung und erst recht nach ihrer Hochzeit würde Kate eine Person des allgemeinen Interesses sein. Sie hatte bereits bewiesen, dass sie mit schwierigen Situationen umgehen konnte, sie behielt selbst unter Druck Ruhe und Disziplin, lächelte sogar den lästigsten Reportern zu und senkte niemals ihren Blick.

Kate war auf diese Momente von den Beratern Prinz Williams vorbereitet worden. Die haben aus den Fehlern der Ära Diana gelernt und verstanden, in welch schwieriger Lage sich die junge Bürgerliche befindet, der ein Leben in der Öffentlichkeit nicht in die Wiege gelegt worden war. Anders als William hatte sie keine königliche Erziehung gehabt. Und nach den ersten unangenehmen Begegnungen mit den Paparazzi entschloss sich der Palast, Kate einem Medientraining zu unterziehen. Ihr wurden Aufnahmen Dianas vorgeführt, die sie im Umgang mit der Presse zeigten, wie sie aus ihrem Auto ausstieg, ihren Fitnessclub verließ, eine Galerie betrat. Kate konnte nun ahnen, was auf sie zukommen würde. Mit der ständigen Belästigung durch Kameras umgehen zu können, würde ihre wichtigste und schwierigste Aufgabe sein.

Kate ist in den Augen der meisten Hofberichterstatter die seit langem attraktivste Erscheinung im britischen Königshaus. »Sie hat tolle Haare, sie hat eine fantastische Figur und sie wirkt sehr sportlich«, schwärmte Katie Nicholl in einem Gespräch mit dem ZDF. »Ich habe sie oft in Nachtclubs beobachtet. Natürlich ist sie da sehr ausgelassen und sieht nicht immer so ganz tadellos aus. Aber bevor sie das Lokal verlässt, zieht sie sich in den Waschraum zurück und richtet ihr Make-up wieder her. Sie weiß, wenn sie nach draußen kommt, warten schon die Kameras auf sie. Wenn sie dann auftaucht, sieht sie einfach wieder hinreißend aus. Das wirkt alles sehr durchdacht.«

Zu Beginn ihrer Beziehung genossen William und Kate das Londoner Nachtleben in vollen Zügen. An der Seite des Prinzen zu sein hatte viele Vorteile, unter anderem freien Eintritt zu den exotischen Bars der Szene. »Mahiki« und »Boujis«, »Embassy« und »Whisky Mist« waren Namen, die nun immer häufiger in den Artikeln der Klatschpresse auftauchten. Das Paar wurde bei seinen regelmäßigen Ausflügen in die angesagten Clubs meist von einem engen Kreis guter Freunde begleitet, die sich als loyal und verschwiegen erwiesen hatten. Auch wenn noch so heftig getanzt und getrunken wurde, gab es keinen Insiderklatsch, der den Weg in die Boulevardblätter gefunden hätte.

Kate lernte, sich von Menschen zu distanzieren, auf die sie sich nicht absolut verlassen konnte. Sie brach Beziehungen zu Freundinnen ab, die sie während ihrer Schul- und Studienzeit kennengelernt hatte und für die sie nicht die Hand ins Feuer legen konnte. Die Übrigen wurden darauf eingeschworen, niemals und unter keinen Umständen mit der Presse zu sprechen. Bald blieben Kate nur noch zwei Personen, denen sie ihre intimsten Sorgen mitteilen konnte: ihre Mutter Carole und ihre Schwester Pippa. Nur bei ihnen konnte sie ganz sicher sein, dass das, was sie ihnen im Geheimen erzählt hatte, nicht eines Tages missbraucht werden würde.

Das Leben an der Seite eines Prinzen kann einsam machen. Es war eine der härteren Lektionen, die Kate auf dem Weg aus der bürgerlichen Vorortvilla in die Londoner Paläste lernen musste. Es war der Preis für das Vertrauen des Prinzen. Er hatte in Kate eine Freundin gefunden, die alle Qualitäten besaß, die er an einem Menschen schätzte. Sie war verlässlich und diskret, und er schätzte ihre zurückhaltende Art. Eigenschaften, die ihr im Umfeld Williams schnell den Stempel »langweilig« einbrachten. Manchmal war sie offen dem Spott der reichen und verwöhnten Freunde des Thronfolgers ausgesetzt, die sich über ihre »gewöhnliche« Herkunft lustig machten. Der künftige König und die Tochter einer Stewardess – ein Gedanke, der die adeligen Snobs aus Williams Bekanntenkreis in Heiterkeit versetzte. Wenn Kate sich verletzt fühlte, ließ sie es sich jedenfalls nicht anmerken. Sie konterte geschickt mit den einzigen nonverbalen Mitteln, die ihr zur Verfügung standen: Sie zeigte sich in sexy Outfits.

»Plötzlich erschien sie in atemberaubenden, wunderschönen Minikleidern und mit neuen Stiefeln«, bemerkte Katie Nicholl auf ihren Streifzügen durch die Clubs. »Sie sah blendend aus, hatte sogar eine neue Frisur. Da dachte ich: Okay, du hast jetzt die Spielregeln verstanden. Hundert Punkte für dich, du machst das großartig.«

Kates Aufstieg zur Fashion-Ikone hatte begonnen. Vergessen war ihre Behauptung, sich nichts aus Mode zu machen. Sie hatte, wie einst Diana, verstanden, dass ihr Weg zum Erfolg über ihren Kleiderschrank führte. Klassisch, sehr stilbewusst und ein wenig konservativ – so zeigte sie sich nun immer öfter.

»Kate ist nicht das typische Londoner Girl, wenn es um Mode geht«, urteilte Judy Wade, Chefreporterin des Magazins *Hello*. »Sie trägt niemals Dinge, die trendy sind. Sie bevorzugt Klassisches. Manchmal hat man sie in kurzen Röcken gesehen, wie sie gerade in Mode waren, aber sie kombiniert sie dann mit einem unauffälligen Oberteil oder einem Blazer. Sie hat niemals was Übertriebenes getragen. Sie weiß, was man anziehen muss, um auf Fotos gut auszusehen. Sie ist sehr groß, fast so groß wie William. Sie hat die Maße eines Models.«

Kate wandte sich an die Stylistin Leesa Whisker, die sie dabei unterstützen sollte, sie, die Studentin, in eine Stilikone zu verwandeln. Während einer eingehenden Beratung für die beachtliche Summe von 500 Pfund entwarf die gebürtige Irin, die ihre Kundschaft zu Hause besucht, eine Palette von Farben, Stoffen und Schnitten, die die Persönlichkeit der Freundin des Prinzen unterstreichen sollte. Jeans und legere Jacken wurden gegen sanftfließende Röcke getauscht. Kates geliebte Cowboystiefel machten Platz für elegantere Pumps mit hohen Absätzen. Und Leesa schlug ihrer neuen Kundin vor, mehr Mut zu kräftigen Farben zu zeigen. Immer wieder besuchte sie Kate in ihrem Londoner Appartement, um ihr neue Vorschläge zu unterbreiten. Oft hatte sie eine Auswahl an Kleidungsstücken dabei, die der neuen Linie entsprach: eng anliegend, um die sehr schlanke und hochgewachsene Erscheinung der jungen Frau gut zur Geltung zu bringen. Eines Tages brachte die Stylistin ein türkisfarbenes Abendkleid mit, in das sich Kate sofort verliebte. Als sie es kurz darauf zu einer Veranstaltung trug, war für alle sichtbar die Wandlung vom Aschenputtel zur Traumprinzessin vollzogen.

Unter Leesas Anleitung wurde Prinz Williams Freundin immer stilsicherer – und ein begehrtes Fotomotiv. Zu einem herbstlichen Pferderennen erschien sie mit großer Fellmütze und langem beigefarbenem Mantel, zur Hochzeit von Camillas Tochter Laura favorisierte sie eine helle Brokatjacke mit dazu passendem Pillbox-Hut. Für ihren neuen Look setzte Kate nicht immer auf Designer-Outfits. Oft wurde sie in preisgünstigen Kreationen britischer Boutiquenketten gesehen. Jigsaw und Whistles, L. K. Bennett und Crew waren Marken, die sich selbst weniger gut betuchte junge Frauen leisten konnten. Auch diese Botschaft kam an: Obwohl Kate mit einem der reichsten Junggesellen des Königreichs liiert war, blieb sie doch auf dem Boden der Realität. Sparsamkeit hatte Konjunktur im rezessionsgebeutelten Großbritannien. Sündhaft teure Ledertaschen, wie sie sonst gern von prominenten Damen in die Kameras gehalten werden, kamen bei Kate nicht vor. Sie zeigte sich mit den günstigeren Lederwaren von Longchamp und Bric's.

2008 hatte sie es dann geschafft: Zum ersten Mal erschien sie auf der Liste der zehn bestangezogenen Frauen der amerikanischen Zeitschrift *Vanity Fair*. Miss Middleton war in den Hochadel der Fashion-Welt aufgestiegen.

Kates Shopping-Paradies war die Londoner King's Road. Mindestens einmal in der Woche konnte man sie dort beim Einkaufen beobachten, manchmal begleitet von ihrer Mutter Carole. Die quirlige Einkaufsstraße im Herzen Chelseas, die auf den Sloane Square zuführt, beherbergt viele Boutiquen und ein großes Warenhaus mit einem breiten Angebot an internationaler Markenware. Tiffany und Cartier bieten nebenan ihre teuren Juwelen feil, doch wenn es um Schmuck ging, begnügte sich Kate mit schmalen Ringen und Ketten und viel Ethnoschmuck.

An der King's Road befand sich auch das Lieblingsrestaurant des Prinzen und seiner schicken Begleiterin: das »Bluebird«. Ebenso beliebt war das »Pig's Ear«, ein von Szenegängern frequentierter Pub, der gleich um die Ecke in der Old Church Street lag, in der Kate ihr Appartement hatte. Nur selten sah man sie auf einem Abstecher in einem anderen Viertel. Wenn, dann musste es etwas Besonderes sein, wie das »Dans le Noir?« im Stadtteil Clerkenwell, in dem das Essen in völliger Dunkelheit serviert wurde.

William und Kate feierten nicht nur gern gemeinsam in den angesagten Clubs, daneben reisten sie viel, exotische Luxusressorts waren ihre bevorzugten Ziele. Immer war eine Jacht guter Freunde in der Nähe, wenn sie sich in der Karibik oder am Indischen Ozean sonnten. Auf der Grenadineninsel Mustique im Karibischen Meer nutzten sie die Villa der Jigsaw-Besitzer John und Belle Robinson, die normalerweise für 8000 Pfund die Woche vermietet wurde. William hatte Freunde zu diesem Urlaub eingeladen, und dass auch Kate mit von der Partie war, galt als Prüfsiegel für eine ernsthafte Beziehung. Stundenlang vergnügten sich die Urlauber am weißen Strand der Ferieninsel mit Volleyball und Frisbee. Natürlich waren Paparazzi in der Nähe, die Schnappschüsse von Kate übers Internet nach England mailten, wo sie am 9. August 2008 in den Zeitungen erschienen. Ihr knapper weißer Bikini wirkte sehr gewagt, doch neben dem athletischen William, der nichts weiter trug als ein Paar rote Boxershorts, machte sie eine gute Figur. Allerdings wusste nun jeder, wie die künftige Königin Englands ohne Kleider aussah.

Die Abende verbrachte die Clique in »Basil's Bar«, dem Lieblingslokal von Williams Großtante, Prinzessin Margaret. Es war eine weitere unbedachte Provokation für die Daheimgebliebenen. Die jüngere Schwester der Queen war in den sechziger Jahren eine blendende Schönheit gewesen, beliebt und gerngesehener Gast auf hochkarätigen Society-Events. Nur mit ihren Männern hatte sie so ihre Probleme. Nach dem Verzicht auf ihre große Liebe, den gutaussehenden, aber geschiedenen Peter Townsend, hatte sie Schwierigkeiten, ihrem Leben einen Sinn zu geben. Je mehr Kinder Elizabeth, die Königin, gebar, desto weiter rutschte

Margaret im Rang der Thronfolge ab. Auch ihre Ehe mit Lord Snowdon, die 1960 erst so verheißungsvoll begonnen hatte, hielt nicht, bis dass der Tod sie entzweite. Frustriert zog sich die verwöhnte Prinzessin auf ihre Lieblingsinsel Mustique zurück, wo sie sich mit einem jungen Geliebten vergnügte und angeblich mehr dem Alkohol zusprach, als schicklich gewesen wäre. Nun also sonnte sich Williams Freundin Kate, eine Bürgerliche, im Glanz der Reichen und Schönen auf Mustique.

Aus der unscheinbar auftretenden Miss Middleton war inzwischen ein »Showstopper« geworden, wie die Briten sagen, wenn jemand, der einen Raum betritt, alle Blicke auf sich zieht. Kate im kleinen Schwarzen, die langen, makellosen Beine in Netzstrümpfe gehüllt – da hielten selbst die verwöhnten Freunde aus Williams Clique die Luft an.

Doch nun wurde es der Queen zu bunt. Die Königin sah mit großer Sorge, dass die junge Dame keinem Job nachging, obwohl sie doch recht erfolgreich ein Studium an der Universität abgeschlossen hatte. Während William sich seinem Training in der Armee widmete, schien die intelligente Kate ihr Leben zwischen Shopping Malls und Nachtclubs zu vertändeln. Einen Job als Einkäuferin beim Designerlabel Jigsaw hatte sie wegen zu großen Presseandrangs schon bald wieder aufgegeben. Ein bisschen Mode, dazwischen ein bisschen Fotografie – nach einer planvollen Karriere sah das alles nicht aus. Und wieder hatten die Klatschblätter ein neues Thema gefunden, mit dem sie sich ausführlich beschäftigen konnten.

Katie Nicholl erinnerte sich noch gut an diese schwierige Phase in Kates Leben auf dem Weg zur Prinzessin. »Ich habe selbst gehört, wie Kates Mutter Carole sich am Rande eines Pferderennens in Cheltenham über die Kritik an Kate aufregte. Sie stand mit einer Gruppe von Freunden zusammen und sagte ihnen, das sei unfair. Ihre Tochter würde doch dauernd von Fotografen verfolgt – wie könne sie da einem geregelten Job nachgehen?«

Vielleicht kam es Carole Middleton entgegen, die Journalistin bei diesem Gespräch in der Nähe zu wissen. Es war ihre Art, ein Dementi in die Welt zu setzen, ohne sich direkt an eine Zeitung zu wenden und eine offizielle Erklärung abzugeben. Doch das Thema war zu interessant, als dass es so leicht hätte aus der Welt geschafft werden können. Die britische Presse war nicht naiv und fand es nicht angebracht, wieder einmal die Paparazzi am Pranger zu sehen, wenn etwas für das Königshaus unbequem war. Sie hätte beim Modelabel Jigsaw nur montags, dienstags und mittwochs gearbeitet, rechneten so die Boulevardblätter vor. An den anderen Tagen würde Kate herumsitzen und auf ihren Prinzen warten. Zwar besuchte sie ihn öfter irgendwo im Land, wo immer er während seines Trainings für die Armee stationiert sei, um mit ihm ein verlängertes Wochenende zu verbringen. Doch sie hätte durchaus Zeit gehabt, so das Argument der Journalisten, sich einer sozialen Tätigkeit zu widmen oder als Kuratorin für eine der zahlreichen Kunstsammlungen der Queen zu fungieren. Auch Mario Testino, der Starfotograf, hatte ihr das Angebot unterbreitet, sie in New York weiter in die Geheimnisse der Fotografie einzuweihen. Stattdessen nahm sie aber Werbebilder für den Verkaufskatalog des elterlichen Internethandels »Party Pieces« auf.

Kate schien nicht den Mut zu haben, William allzu lange aus den Augen zu lassen. Schließlich hatte ihre Beziehung erst langsam an Stabilität gewonnen, nachdem die schmerzhafte Trennung beinahe das endgültige Aus bedeutet hätte. Für sie kam die Bemerkung der Queen über ihre angebliche Untätigkeit im Juni 2008 wie eine kalte Dusche. Sie fühlte sich zu Unrecht angegriffen, die Respektlosigkeit der Medien beleidigte sie und auch William. Das Image war verheerend: Kate war gebrandmarkt als arbeitsscheue Glücksritterin, die nur darauf aus war, ihren Prinzen in Ketten zu legen. Als Drahtzieherin wurde die ehrgeizige Mutter Carole identifiziert, die ihre Tochter auf den Thronerben angesetzt hatte.

Es gab Spekulationen darüber, ob der gemeinsame Aufenthalt der Studenten William und Kate im Wohnheim St. Salvadors im schottischen St. Andrews vielleicht gar kein Zufall gewesen war, sondern das Ergebnis sorgfältiger Planung. Kate bemühte sich, diesem Bild einer berechnenden Jagd auf den Prinzen entschieden zu widersprechen. Sie bestand in ihrem Bekanntenkreis darauf, dass sich ihre Freundschaft erst langsam entwickelt hatte und erst später daraus Liebe geworden war. Kate war als junges Mädchen von ihrer Mutter immer darin bestätigt worden, hübsch und talentiert zu sein und später einmal eine gute Partie für jeden Mann abzugeben. Ihr natürliches Selbstbewusstsein war dementsprechend stark. Es war William, der sich glücklich schätzen konnte, sie gewonnen zu haben. So sah es Kate.

Auch im Palast war man nicht glücklich darüber, wie sehr die Arbeitsmoral der Freundin des Prinzen zum Thema geworden war. Zum ersten Mal, seitdem die beiden ein Paar waren, fühlte sich Clarence House, in dem sich das Büro von William befindet, genötigt, zum Vorteil Kates auf die Presse einzuwirken. Hofbeamte ließen unter Journalisten verbreiten, Kate Middleton habe hart in ihrem Job bei Jigsaw gearbeitet und sei dort sehr beliebt gewesen. Die Situation mit den Fotografen, die dort und vor ihrem Haus ständig auf sie gewartet hätten, sei schließlich für sie nicht mehr tragbar gewesen. Deshalb habe sie entschieden, künftig für das Geschäft ihrer Eltern tätig zu sein, das sich außerhalb Londons in Berkshire befindet. Dort verbringe sie täglich viele Stunden. So weit die Sicht des Palastes. Kates Gegner taten das als bequeme Lösung ab.

Für die Medien und für die Öffentlichkeit war Kate immer noch ein Mysterium, und das war Teil des ganzen Problems. Niemand konnte richtig einschätzen, welchen Charakter und welche Eigenschaften die junge Frau hatte, die mit den Jahren dem Königshaus immer nähergekommen war. Für Katie Nicholl war das der Ansporn, zu recherchieren und mehr über die künftige Prinzessin in Erfahrung zu bringen. Mit der Zeit konnte sie mit einigen Menschen sprechen, die ihr ein Bild von Kates Eigenschaften zeichneten. »Sie ist eine sehr stille Person, sehr abwägend und sehr sensibel. Wenn sie mit William und seinen Freunden in einem Lokal verabredet ist, kommt sie zuerst und sieht sich um. Sie wählt dann einen Tisch abseits, weil sie Wert darauf legt, nicht mitten im Zentrum der Aufmerksamkeit plaziert zu werden. Sie ist loyal und freundlich, und sie ist sehr witzig. Sie scheint eben alles zu sein, was William in einem Mädchen sucht. Sie ist einfach nur perfekt. Vielleicht gibt es eine Sache, die er gerne geändert hätte: Möglicherweise wäre es ihm lieber gewesen, er hätte sie erst später in seinem Leben getroffen. Sechs Jahre ohne sie, in denen er reifer werden und sich hätte entwickeln können, wären für ihn, der dauernd unter öffentlicher Beobachtung steht, eventuell besser gewesen.«

In den Augen der Presse blieb Kates Tatenlosigkeit aber weiterhin ein Makel. Sie hatte es nicht geschafft, sich ein eigenes Profil zu erarbeiten. Ihre Persönlichkeit, so sahen es ihre Kritiker, würde allein von ihrer Freundschaft zu Prinz William geprägt werden. Noch gab es keine Aussicht auf Projekte, die ihr Image hätten verbessern können.

Wieder einmal musste Kate ihre Standhaftigkeit unter Beweis stellen. Sie ging weiter aufrecht durchs Leben, das immer mehr von offiziellen Terminen bestimmt war, die sie im Gefolge Prinz Williams besuchte. Es waren keine königlichen Engagements, sondern eher private Ereignisse wie Hochzeiten von Bekannten und Ehrungen, die dem Prinzen während seiner Militärausbildung zuteilwurden. Aber es war ein klares Signal: Kate gehörte nun zu ihm. Trotzdem bemühte sie sich, ihre Auftritte möglichst zurückhaltend zu gestalten, wie im Sommer 2008 auf Windsor Castle.

Als sich die schweren Eichentüren der St. George's Chapel auf dem Gelände von Schloss Windsor öffneten, hielt Kate Middleton unwillkürlich den Atem an. Vierundzwanzig Ritter Ihrer Majestät, der Königin von England, schritten zu Fanfarenklängen die breiten Stufen hinab, mitten unter ihnen Prinz William. Er war in die dunkelblaue, bodenlange Samtrobe eines Ritters des Hosenbandordens gehüllt, dessen neues Mitglied er nun war. Die Queen persönlich hatte ihn für diese Auszeichnung ausgesucht, denn sie allein bestimmt, wer diesem nobelsten Orden des britischen Königreichs beitreten darf. Neben ihr und ihrem Ehemann Prinz Philip gehören ihre Söhne Prinz Charles und Prinz Andrew dem Orden an, ihre Tochter Anne, aber auch Bürgerliche, die sich durch herausragende Taten ausgezeichnet hatten. Nun also war Prinz William in diesen Kreis der Edlen aufgenommen worden.

Er schien sich ein bisschen unwohl zu fühlen in seiner mittelalterlichen Robe. Auf dem Kopf trug er einen breitkrempigen Tudor-Hut aus schwarzem Samt mit weißen Straußenfedern, die bei jedem Windstoß lustig hin und her schwankten. Williams Mienenspiel verriet, dass ihm in diesem Augenblick mehr nach Jeans und Turnschuhen zumute war, in denen er für gewöhnlich steckte. Und die ganze Angelegenheit wurde nicht einfacher durch die Anwesenheit seiner Freundin Kate Middleton, die ihn noch nie zuvor in einem solchen Gewand gesehen hatte. Sie saß in der Kapelle während des Gottesdiensts neben seinem Bruder Harry. Als sie William in seinem altertümlichen Outfit zu Gesicht bekam, entfuhr ihr ein konsterniertes »Mein Gott!«. Harry hatte wie immer einen flotten Spruch auf den Lippen und brachte sie zum Lachen. Es dauerte lange, bis die beiden sich wieder im Griff hatten.

Für William war dies einer der wichtigsten Momente in seinem Leben als Thronfolger. Er war nun einer der wenigen Ritter des Hosenbandordens, der im Jahr 1348 von Edward III. gegründet worden war. Sein Wahlspruch »*Honi soit qui mal y pense*« (»Ein Schuft, der Böses dabei denkt«) geht auf eine galante Legende zurück. Derzufolge soll die Geliebte Edwards III. bei einem Tanz ihr blaues Strumpfband verloren haben. Um die Peinlichkeit zu überspielen, hob der Monarch es auf und befestigte es an seinem Bein. Daraufhin rief er den berühmten Satz, der später zum Motto des Ordens erkoren wurde.

Kate war im Vergleich zu dem Prinzen an diesem Tag wesentlich zurückhaltender gekleidet, aber dennoch beschäftigte die Presse vor allem ihr Erscheinen. Sie trug ein enganliegendes schwarzes Jackett und einen dazu passenden knielangen schwarzen Rock. Nur ihre Kopfbedeckung verriet modischen Pfiff: An ihrem schwarzen Hut mit breiter Krempe steckte eine weiße Feder, die wie ein leises Echo auf das Kostüm Williams wirkte. Wichtiger als all die Äußerlichkeiten war aber ihre Anwesenheit in der Familienkirche der Windsors. Kommentatoren deuteten es als klares Zeichen der Zustimmung. Die Royals hatten sie in ihrer Mitte aufgenommen.

William war nun sechsundzwanzig. Eigentlich sollte er an diesem Tag alleine im Rampenlicht stehen, doch die Fotografen balgten sich vor allem um einen Schnappschuss von seiner Freundin, die für sie die tatsächliche Sensation war. Wahrscheinlich, so mutmaßten viele, stehe bald eine Verlobung ins Haus.

Doch William zögerte noch. Wieder einmal war ihm bewusst geworden, wie sehr er weiter daran arbeiten musste, ein eigenes Profil zu entwickeln. Noch konnte er nicht riskieren, von einer attraktiven jungen Frau an die Wand gespielt zu werden. Er hatte erlebt, wie sehr sein Vater unter der Dominanz Dianas leiden musste, die alle Sympathien auf sich gezogen hatte. Keineswegs war jetzt der richtige Zeitpunkt, die entscheidende Frage zu stellen.

Kate musste sich gedulden, zwei weitere Jahre, ohne zu wissen, wann der Tag des Heiratsantrags kommen würde. Sie tat es mit bewundernswerter Gelassenheit und Haltung, trotz aller bösartigen Kommentare über ihre Fixiertheit auf eine Ehe mit dem Prinzen. Ihr Benehmen blieb makellos, was ihr schließlich den Respekt und die Anerkennung der Royal Family einbrachte. Prinz Charles, so hieß es aus dem Palast, sei Miss Middleton sehr zugetan. Er lud sie nach Balmoral ein, auf das Familienschloss in Schottland. Camilla und er waren auch anwesend, und zum ersten Mal war es ein privaterer Besuch. Charles beauftragte jemanden, der Kate in die Regeln der Jagd einweihte, dem Lieblingssport der Windsors in den Highlands. Es war seine Art, sie in der Royal Family willkommen zu heißen. Für eine Bürgerliche war es ein Ritterschlag, und nach all den Jahren des Wartens konnte sie sich nun sicher sein, Prinz William für sich gewonnen zu haben.

Am 16. November 2010 verkündete dann Clarence House die schon lange überfällige Nachricht: »Der Prinz von Wales ist erfreut, die Verlobung von Prinz William mit Miss Catherine Middleton bekannt zu geben.«

Erstmals würde ein Mädchen vom Lande Einzug halten in den Buckingham Palace – und in diesem Augenblick das Königshaus und eine ganze Nation verändern, aber auch ihre eigene Familie, deren Vorfahren bettelarm waren und einst in den Kohleminen des Nordens ihr Leben aufs Spiel gesetzt hatten.

4
Der Prinz und das Bürgermädchen

»Kate-Country«, die Heimat von Catherine Middleton, liegt eine gute Autostunde von London entfernt. Hier, im ländlichen Berkshire, ist morgens um sieben die Welt noch in Ordnung. Man fährt vorbei an saftig grünen Wiesen, auf denen Schafe, Pferde und Kühe weiden. Die Ländereien werden durchzogen vom Flüsschen Pang, die versteckt gelegenen Farmen aus rotem Klinker heißen Casey Court, Fairholme Farm oder Jewells Farm und bilden mit dem örtlichen Pub »The Bull« ein idyllisches Dreieck in der Gemeinde Stanford Dingley. Die umliegenden Dörfer tragen fröhlich klingende Namen wie Chapel Row, Pangborne, Bucklebury und Bradford. Die wohl schönste Zeit des Jahres ist in dieser Gegend der Herbst, wenn in der Frühe schwerer Tau auf den Feldern liegt und im nahe gelegenen Wald glitzernde Spinnweben eine geheimnisvolle Märchenwelt zaubern. Hier, in der Grafschaft Berkshire, ist Kate, die künftige Prinzessin von Wales und Königin Englands, geboren worden. Hier wuchs sie auf und verbrachte eine glückliche und behütete Jugend.

Für ihre Eltern Carole und Michael Middleton war ihre älteste Tochter schon immer eine kleine Prinzessin, die das Glück ihrer harmonischen Ehe komplett gemacht hatte, als sie am 9. Januar 1982 das Licht der Welt erblickte. Das rote Backsteinhäuschen, in dem die Middletons damals lebten, lag nur wenige Meilen von Stanford Dingley entfernt, in

Bradfield Southend. Für sie war die Wohnung auf dem Land ein wenn auch bescheidener, so doch umso befriedigenderer Aufstieg auf der sozialen Leiter.

Kates Eltern hatten bisher in der kleinen Stadt Slough, nahe Windsor Castle, gewohnt, von wo aus es nicht weit zum Londoner Flughafen Heathrow war. Bis zur Geburt ihrer ersten Tochter arbeitete Carole als Stewardess bei British Airways, ein aufregender Job, in dem sie mit vielen interessanten Menschen in Kontakt kam. Fliegen war damals noch nicht so selbstverständlich wie heute, so dass auch das Luftpersonal der Fluggesellschaft eine Aura des Besonderen umgab. Carole Goldsmith war eine hübsche junge Frau mit schulterlangem brünettem Haar, unter dessen Ponyfransen zwei wache, leicht schräg liegende Augen zu entdecken waren. Ihr Blick schien zu fragen: Was kostet die Welt?

Carole war ehrgeizig, und der gutbezahlte Job bei British Airways schien ein Sprungbrett in eine vielversprechende Zukunft zu sein. Es dauerte nicht lange, da hatte die aufstrebende Stewardess nur noch Augen für einen jungen, attraktiven Mann, den Fluglotsen Michael Middleton, der auf den Flirt gern einging. Bald schon wurde daraus eine ernsthafte Beziehung. Michael, der aus einer angesehenen Familie stammte und eine Pilotenausbildung absolviert hatte, war die erste große Liebe Caroles. Als er seine zukünftige Frau traf, hatte er bereits den Rang eines Flugkapitäns erworben, sich aber für einen Job auf dem Boden entschieden. Er war verantwortlich für die reibungslose Koordination der ankommenden und abfliegenden Maschinen, musste sich um verärgerte Passagiere ebenso kümmern wie um die planmäßige Auslieferung von Luftfracht oder das Betanken der Maschinen.

Michael war nicht nur ein gutaussehender Mann mit einem äußerst charmanten Lächeln, er war auch bekannt für seine Ernsthaftigkeit und sein Pflichtbewusstsein, er war ein

Mensch, dem man vertrauen konnte. Als er Carole einen Antrag machte, kam ihr Ja ohne Zögern. Am 21. Juni 1980 heirateten sie in einer der typischen englischen Landkirchen in der Grafschaft Buckinghamshire, die mit ihrem pittoresken Charme vergangener Jahrhunderte regelrecht dazu einladen, den ewigen Bund der Liebe zu schließen.

Schon bald hielt Carole stolz ihre erste Tochter im Arm, Catherine Elizabeth, ein properes Baby mit einem dichten schwarzen Haarkranz, das praktische weiße Baumwollstrampler trug und während der Spazierfahrten im Kinderwagen in eine schlichte Wolldecke gehüllt wurde, um sie vor den eisigen Januarwinden zu schützen. Am 20. Juni 1982 wurde Catherine Elizabeth in der St.-Andrews-Kirche getauft, einen Tag bevor in London Prinz William auf die Welt kam, der sie neunundzwanzig Jahre später zum Traualter führen würde.

Während von Catherines Geburt nur die engsten Freunde und Verwandten der Middletons Notiz nahmen, war die von William Anlass für den größten Auflauf neugieriger Passanten und aufgeregter Pressevertreter, die das St. Mary's Hospital im Londoner Stadtteil Paddington je gesehen hatte. Prinzessin Diana hatte sechzehn Stunden in den Wehen gelegen, während Prinz Charles an ihrer Seite blieb. Es war eine schmerzhafte und mühevolle Geburt, die die junge Prinzessin von Wales an den Rand der Erschöpfung gebracht hatte. Zeitweilig wurde sogar ein Kaiserschnitt erwogen, doch schließlich kam »Baby Wales« doch noch auf natürlichem Weg zur Welt. Ein zarter blonder Flaum bedeckte sein Köpfchen, das Diana schützend mit beiden Händen umfasste. Draußen konnte sie den Jubel hören, die die Mitteilung von der Geburt ihres ersten Sohnes verursachte. Leicht schob sie den Vorhang vor den Fenstern ihres Krankenzimmers zur Seite, um einen Blick auf die Menschenmenge vor dem Eingang zu werfen. Schon bald würde sie ihr entgegentreten müssen, ein Moment, den sie fürchtete, denn von da an würden die intimen Momente mit ihrem Baby vorüber sein. Es würde nicht mehr ihr, der Mutter, allein gehören, sondern wäre Eigentum des Volkes, der Krone, des Hauses Windsor. Diana hatte ihre Pflicht erfüllt, hatte der Dynastie den ersehnten Thronfolger geschenkt, der der Royal Family den Anspruch auf den britischen Thron auch für die nächste Generation sicherte.

Das Kind, das sie liebevoll in ihren Armen wiegte, war stark und gesund, doch sie fühlte keine Glückseligkeit. Sie war erleichtert, ja, aber sie war auch in Sorge um den kleinen Prinzen, dessen Zukunft von nun an festgeschrieben war. Und sie konnte nur hoffen, dass die Geburt des Thronfolgers ihre Stellung in der Familie Windsor festigen und ihrer Ehe mit Prinz Charles neuen Auftrieb geben würde.

Als der zwei Stunden nach der Geburt endlich am Eingang des Krankenhauses vor die wartenden Reporter trat, rief ein Journalist aus der Menge: »Sieht das Baby Ihnen ähnlich, Sir?« – »Zum Glück nicht«, erwiderte der Prinz in seiner unnachahmlich süffisanten Art. Sein Sohn habe feines blondes Haar und blaue Augen, teilte er mit. Über die Form der Ohren schwieg er sich aus.

Sechsunddreißig Stunden später war es schließlich so weit: Baby Wales, das noch keinen Vornamen hatte, wurde ins Blitzlichtgewitter entlassen, auf dem Arm einer wunderschönen Diana, die ein grünes Kleid mit weißen Punkten trug. Begleitet wurde sie von ihrem sichtlich stolzen Ehemann. Das Klicken der Kameras wollte kein Ende nehmen, es sollte für das Kind zur Begleitmusik seines zukünftigen Lebens im Mittelpunkt des Medieninteresses werden.

Sieben Tage wusste niemand im Königreich, wie die Nummer zwei der Thronfolge eigentlich hieß. Diana hatte moderne Namen wie Sebastian oder Oliver vorgeschlagen, aber

Charles fühlte sich an die Tradition des Königshauses gebunden. Sein Favorit war Albert, nach Königin Victorias Ehemann Albert von Sachsen-Coburg und Gotha. Doch schließlich entschied sich das Paar für William Arthur Philip Louis. Er war der erste künftige Monarch, der nicht im Schloss, sondern in einem öffentlichen Krankenhaus zur Welt kam. Hier hatte sich Diana gegen die Tradition entschieden, denn sie wollte sich und ihr Neugeborenes medizinisch bestens versorgt wissen. Es sollte nicht ihr letzter Bruch mit königlichen Ritualen sein.

Nach außen schien das Glück der »Familie Wales« eine perfekte Fortsetzung ihrer Märchenhochzeit zu sein. Doch ihre Ehe war schon bald alles andere als ein Traum. Diana befand sich in ständiger Sorge, Charles könne sich erneut seiner langjährigen Geliebten Camilla Parker Bowles zuwenden. An das steife Zeremoniell und an die mangelnde emotionale Zuwendung im Palast konnte sie sich immer noch nicht gewöhnen. Sie vermisste ihr freies Leben mit ihren Freundinnen und hatte das Gefühl, ihr Ehemann kümmere sich nicht genug um sie. Sein Terminkalender war ständig randvoll, und sie spürte, dass ihre Interessen sich nicht mit seinen deckten. Jetzt, wo sie Charles zu einem Erben verholfen hatte, schien dieser noch weniger Zeit mit ihr gemeinsam verbringen zu wollen als vorher.

Diana, die während der Schwangerschaft unter heftigen Übelkeitsattacken gelitten hatte, wurde depressiv und verfiel in den »Baby Blues«. Sie sehnte sich nach Aufmerksamkeit und Zärtlichkeit, doch Charles nahm davon wenig Notiz. Als sich Diana hochschwanger auf dem Landsitz Sandringham eine Treppe hinabgestürzt hatte, nahm er diesen verzweifelten Hilfeschrei seiner Frau nur am Rande zur Notiz. Charles sei nach dem Vorfall ungerührt auf die Jagd gegangen, berichtete Diana später ihrem Biographen Andrew Morton.[1] Die Queen, die den Sturz mit angesehen hatte, war schockiert. Doch niemand kam auf die Idee, psychologische Hilfe für die Prinzessin von Wales zu suchen. Und jetzt, mit dem Baby auf dem Arm, hofften alle, ihr seelischer Zustand würde sich stabilisieren. Aber Diana litt noch mehr als zuvor unter der Gefühlskälte ihres Mannes.

Auch wenn sie oft ein Nervenbündel war, so fühlte sie sich doch stark genug, sich um das Wohl ihres Babys selbst zu kümmern. Entschieden mischte sie sich in die Erziehung Williams ein. Er sollte nicht ausschließlich von Kinderfrauen versorgt werden, wie es ihr Mann erlebt hatte. Im Kinderzimmer sollte eine Nanny lediglich die zweite Geige spielen, während Diana ganz in der Mutterrolle aufzugehen gedachte. Viele Jahre lang war es ein Alptraum von ihr, die Söhne könnten sich mehr zu ihren Kinderfrauen hingezogen fühlen als zur Mutter.

Charles war es vordergründig wichtig, dass William in erster Linie auf seine künftigen Verpflichtungen als Thronfolger vorbereitet wurde, doch Diana war besorgt um das Seelenheil ihres Sohnes. Er sollte Geborgenheit spüren und so normal wie möglich aufwachsen. »Dianas Vorstellungen waren in diesen Punkten sehr klar«, wie es Ingrid Seward bemerkte, Autorin mehrerer Bücher über das englische Königshaus. »Tagtäglich konnte sie erleben, was die althergebrachte Erziehung mit ihrem eigenen Ehemann gemacht hatte. Sie wollte, dass William in der Lage war, sich anderen mitzuteilen. Er sollte so normal wie möglich aufwachsen und erkennen können, dass nicht jeder einen Range Rover und ein Haus auf dem Land besitzt.«

Dennoch neigte Diana dazu, ihren Erstgeborenen zu verwöhnen und ihn mit ihrer Liebe zu überhäufen. Wenn er in seinen bestickten Strampelanzügen vor den Kameras ausgewählter Fotografen für die Monarchie posierte, flüsterte sie ihm ins Ohr: »Wer ist jetzt ein kleiner Superstar?« Charles beobachtete diese Szenen mit Missvergnügen, lenkten sie doch von seiner eigenen Bedeutung als künftigem König ab. Wie stark die Anziehungskraft seiner Frau mit dem süßen Baby auf dem Arm war, konnte er auf ihrer ersten gemeinsamen Reise nach Australien und Neuseeland beobachten. Alles drehte sich um Diana und »Billy the Kid«, wie die Medien den kleinen Prinzen getauft hatten. Charles stand von nun an im Abseits.

Zwei Jahre später war Diana erneut schwanger. Wieder kündigten die Ultraschallaufnahmen die Geburt eines Sohnes an, doch Diana behielt diese Tatsache für sich. Sie wusste, Charles wünschte sich ein Mädchen und würde sicher enttäuscht sein. Als Prinz Henry, genannt Harry, am 15. September 1984 zur Welt kam, soll der Prinz von Wales nach Dianas Aussage aus seiner Unzufriedenheit keinen Hehl gemacht haben. Vor allem die roten Haare seines Sohnes hätten ihn zu abfälligen Bemerkungen verleitet, erzählte Diana später Andrew Morton. An diesem Punkt sei ihre Ehe am Ende gewesen. Es sei ohnehin nur einem Wunder zu verdanken, dass sie und Charles es noch einmal geschafft hätten, ein Kind zu zeugen.[2]

Die Öffentlichkeit sollte noch viele Jahre in der Überzeugung leben, das Traumpaar Charles und Diana erfreue sich an einem glücklichen Familienleben zum Wohle der Dynastie.

Während die königliche Ehe in unruhiges Fahrwasser geriet, festigten die Middletons in Berkshire ihre Familienbande. Zwanzig Monate nach Catherine war ihre Schwester Philippa, genannt Pippa, geboren worden, nach vier weiteren Jahren folgte Bruder James. Die beiden Mädchen und der Junge hatten eine glückliche Kindheit voller Scherze und liebevoller Nähe. Carole engagierte sich in der Gemeinde, brachte ihre Töchter in die Schule und zum Schwimmunterricht in die Bradfield Church of England Primary School, die gleich um die Ecke lag. Catherine, wie das ältere der Middelton-Mädchen von allen gerufen wurde, scheute sich nicht, ins kalte Wasser des Pools zu springen, sie war lebhaft und sportlich. Mit ihrer Schwester Pippa bildete sie ein reizendes Duo, das eine enge Vertrautheit miteinander verband, was den beiden den Spitznamen »Wisteria Sisters« einbrachte, waren sie doch so aufstrebend, duftend und schön anzusehen wie die Glyzinien (englisch: *wisteria*), die überall an den verklinkerten Hauswänden emporrankten.

Carole Middleton war mit ihren beiden kleinen Töchtern eine gerngesehene Erscheinung, sie war fröhlich und freundlich und knüpfte schnell Kontakte. Zu Weihnachten übten die Kinder Singspiele ein, es wurden Gedichte vorgetragen und Adventsbasare veranstaltet, um Geld für die örtliche Schule zu sammeln. Catherines Mutter war hilfsbereit, kochte Tee, Kaffee und war sich nicht zu schade, nach der Veranstaltung den Boden zu wischen. Der Bruder der Mädchen, James, erinnerte sich daran, dass im Haus der Middletons immer gebacken und gebastelt wurde, und mit seinen Schwestern dachte er sich wilde Spiele aus. Nicht selten rutschten sie auf dem Hosenboden die Treppe hinunter, und ihr Lachen klang fröhlich durchs Haus.

Carole kannte inzwischen viele Mütter mit Kindern, gemeinsam feierte man ihre Geburtstage. Es wurde üblich, die kleinen Gäste mit Säckchen zu beschenken, in denen sich Leckereien und bunte Überraschungen befanden. Caroles Phantasie war bei drei Kindern ständig gefragt, und mit der Zeit entwickelte sie so viel Freude und Geschick an der Herstellung von Kinderüberraschungen, dass sie ihre Kreationen anderen Müttern, die Partys für ihren Nachwuchs planten, zum Kauf anbieten konnte.

Sie hatte eine Marktlücke entdeckt. Warum sollte sie es also nicht professionell betreiben und einen Handel mit Girlanden, Pappbechern und besonderen Requisiten aufziehen, die jedes Fest zu einem unvergessliches Abenteuer werden lassen konnten? 1987 setzte sie ihr Vorhaben in die Tat um und mietete eine alte Scheune im Nachbarort Yattendon, in der sich die Kisten und Pakete mit buntem Party-Zubehör schon bald bis unter die Decke stapelten. Mit den »Party Pieces« erfüllten sich die Träume kleiner Mädchen und Jungen, die für einen Tag in die Rolle von Prinzessinnen und Piraten schlüpfen durften und deren Kinderzimmer sich kurzerhand in Burgen und Schlösser verwandelten oder in einen Dschungel voller Dinosaurier.

Caroles Geschäftsidee wurde ein voller Erfolg. Mit dem neugewonnenen Reichtum konnten die Middletons für ihre Kinder ehrgeizigere Pläne schmieden, als es allein mit Michaels Gehalt möglich gewesen wäre. Nun konnten sie eine Ausbildung auf einer der teuren Privatschulen ins Auge fassen. Für Catherine war es der erste Schritt auf ihrem Weg in eine glamouröse Welt, in der die Schlösser und Kronen nicht aus Pappe sind, sondern aus echtem Gold und Edelsteinen.

Sechs Jahre währte nun schon die Ehe von Prinzessin Diana mit dem Thronfolger, und sie hatte inzwischen genug erlebt, um ihr Dasein im Palast als wenig märchenhaft zu empfinden. Im Gegenteil: Sie fühlte sich, als hätte man sie in einem goldenen Käfig eingesperrt, in dem das Zeremoniell regierte, das auf die Lebenslust einer jungen schönen Frau keine Rücksicht nahm. All die eleganten Kleider, die sie tragen durfte, der wertvolle Schmuck, die glanzvollen Veranstaltungen füllten ihr Herz nicht mit Wärme und Zufriedenheit. Charles sei nur auf sich selbst bezogen, beklagte sich Diana, die alle Welt für eine Märchenprinzessin hielt. Sie klammerte sich verzweifelt an ihre Kinder. Damit handelte sie sich aber Kritik ein, von ihrem Mann, von ihrer Schwiegermutter und von den Erzieherinnen ihrer Söhne. Sie schien es niemandem recht machen zu können. »Es ist sehr schwierig, einer Mutter vorzuwerfen, dass sie ihre Kinder so sehr liebt«, schilderte Ingrid Seward ihre Beobachtungen. »Sie erfuhr von ihrem Mann keine Liebe, und sie war eine sehr unausgeglichene und unglückliche Frau. Ihre gesamte Liebe gab sie den Kindern – ich glaube nicht, dass das zwanghaft war, aber es war einengend. So war es kein Wunder, dass die Söhne sich gelegentlich ihrer Mutter entzogen.«

Diana sah sich Situationen gegenüber, in denen sie nicht mehr in der Lage war, ihre beiden wilden Söhne zu bändigen. Auch wenn sie überzeugt war, dass die traditionellen Erziehungsmethoden der Royals mehr schadeten als nutzten, musste sie doch erkennen, wie wichtig es für die Kinder war, sich später den Regeln und Ritualen der Monarchie beugen zu können. Trotzdem blieb Diana bei ihrer Meinung, dass sich künftige Könige in der Welt der Normalsterblichen zurechtfinden müssten. Sie bestand darauf, William in einen öffentlichen Kindergarten zu schicken, wenn auch in einer der feineren Gegenden Londons.

Und so hielt an einem sonnigen Tag im September 1985 eine Limousine vor Mrs. Mynor's Nursery School in Notting Hill, der Diana und William entstiegen – natürlich aus diesem besonderen Anlass wieder einmal umringt von zahllosen Pressefotografen. Der kleine Prinz wusste, was von ihm erwartet wurde. Artig blickte er in die Kamera und ließ sich nach der Begrüßung durch die Erzieherinnen ebenso brav an der Hand der Mutter in seine neue Umgebung führen. Doch sobald er sich dort unbeobachtet fühlte, brach sein ungezügeltes Temperament hervor. Seine neuen Spielkameraden staunten nicht schlecht, als er ihnen eines Tages verkündete: »Wenn ich König bin, schicke ich euch alle meine Ritter, und die werden euch töten.« Der kleine Prinz hatte noch viel zu lernen.

Bald führte er sein ungebührliches Benehmen auch vor der versammelten Weltpresse auf, wie 1986, bei der Hochzeit seines Onkels Andrew mit Sarah Ferguson. William schritt als niedlicher Page in Matrosenuniform zunächst Hand in Hand mit einem Blumenmädchen durch die Westminster Abbey, ganz der Würde der Veranstaltung angemessen. Doch kaum hatte er auf seinem Stuhl Platz genommen, überfiel ihn die Langeweile. Gerade als die Fernsehkameras auf ihn gerichtet waren, streckte er den Brautjungfern die Zunge heraus. Prinz Charles, der einen ausgeprägten Sinn für Protokoll und Pflichten hat, war entsetzt. Er befürchtete, dass mit der Erziehung seines Sohnes etwas schieflief. Eines Tages versuchte William sogar, die handgefertigten Schuhe seines Vaters in einer Toilette hinunterzuspülen.

Möglicherweise trug der Prince of Wales eine größere Verantwortung für das Fehlverhalten seines Ältesten, als er sich selbst eingestehen wollte. Diana würde sich später öffentlich darüber beklagen, dass Charles in jener Zeit ein abwesender Vater war. Den Nervenkrisen seiner Frau überdrüssig, hatte er tatsächlich seine Beziehung zu seiner Geliebten Camilla Parker Bowles aufgefrischt, wie es Diana immer befürchtet hatte. Aus dem Kensington Palace, der ehelichen Wohnung, war er so gut wie ausgezogen, seine persönliche Habe hatte er auf seinen Landsitz Highgrove bringen lassen. William und Harry sahen ihren Vater nur noch am Wochenende, wenn sie ihn dort besuchen durften. Diana blieb in London, vertrieb sich die Zeit mit Shoppen und dem Besuch feiner Restaurants, doch all das konnte sie nicht über ihre unglückliche Ehe hinwegtrösten.

Zu dieser Zeit trat Ken Wharfe in ihr Leben. Der Sicherheitsbeamte war bei einer Spezialeinheit von Scotland Yard ausgebildet worden und sollte nun über die beiden Prinzen wachen. Schon die erste Begegnung ließ ihn ahnen, was auf ihn zukam.

»Als ich Diana das erste Mal traf, war William etwa vier Jahre alt«, erzählte Ken Wharfe mit einem Lächeln, das noch

Jahre später seine Belustigung widerspiegelte. »Es war in Sandringham, einem der ländlichen Wohnsitze in Norfolk. Die Prinzessin bat mich herein, und als ich nach rechts sah, entdeckte ich William, der Klavier spielte. Und Harry, sein jüngerer Bruder, war gerade dabei, ein großes Gefäß mit weißen Lilien ins Wanken zu bringen. Das Ganze wirkte für einen königlichen Haushalt ziemlich kurios auf mich. Allerdings stellte sich diese Situation als etwas ganz Normales heraus, denn die Prinzessin erklärte mit einem Blick auf ihre Kinder: ›Ken, ich beneide Sie nicht darum, auf meine beiden Jungen aufzupassen, sie sind richtige Nervensägen!‹ In diesem Moment drehte sich William um und sagte: ›Nein, sind wir nicht!‹ Und Harry pflichtete ihm bei. Das war also tatsächlich ein ganz normaler Haushalt, dachte ich, auch wenn der künftige König von England hier lebte. Und die Chemie zwischen uns stimmte sofort.«

Von nun an war Ken Wharfe immer an der Seite der Prinzen, begleitete sie in den Kindergarten und später zur Schule, fuhr mit ihnen in den Urlaub und versuchte, ihr überschäumendes Temperament zu zügeln und sie an einige unverzichtbare Regeln zu gewöhnen. In Kens Gegenwart verhielt sich William bald vorbildlich. Der Prinz war sich seiner besonderen Rolle bereits in jungen Jahren bewusst, er ahnte, dass er anders war als andere. Und er zeigte bereits im Vorschulalter einen Charakterzug, der ihn bis heute begleitet: Er hatte genaue Vorstellungen von dem, was er wollte, und stand dafür ein. Konnte er jemanden nicht leiden, teilte er das mit, egal ob sich der Betroffene in der Nähe befand oder nicht. »Er hatte eine normale Erziehung, allerdings vor einem sehr privilegierten Hintergrund«, urteilte Ken Wharfe.

Der Bodyguard konnte beobachten, wie früh Diana ihren ältesten Sohn auf seine künftige Rolle vorbereitete. An seinem ersten Schultag schärfte sie ihm ein, wie er mit den wieder einmal zahlreich anwesenden Fotografen umgehen sollte, ein Fach, in dem die Prinzessin inzwischen ein unschlagbarer Profi war. Er müsse sich immer so verhalten, dass die Fotografen keine Gelegenheit bekämen, ein schlechtes Bild von ihm machen zu können. William verzog das Gesicht. Er mochte keine »Tografen«, wie er die Fotografen in seiner kindlichen Manier nannte.

William war scheu, wusste aber zugleich seinen Willen durchzusetzen. Er liebte es, wenn Ken Wharfe mit ihm scherzte, der ab und an den abwesenden Vater vertrat. Wenn die Jungen wieder einmal zu übermütig waren, klopften die Erzieherinnen an Kens Tür und baten ihn, sich doch auf einen Ringkampf mit ihnen einzulassen, damit sie ihre überschüssige Kraft loswerden konnten. Den Prügelknaben zu geben stand zwar nicht im Vertrag des Leibwächters, doch er folgte der Aufforderung nur zu gern. Charles wusste, was vorging. Nach Ken Wharfes Beobachtung fühlte er sich von seiner Frau aus dem Leben mit den Kindern ausgeschlossen. Manchmal gelang es ihr sogar, die gemeinsamen Wochenenden auf Highgrove zu verhindern. Schon bald sollten William und Harry erleben, wie ihre Eltern ihre Ehe vor den Augen der neugierigen Weltöffentlichkeit in einem erbitterten Machtkampf zerstörten.

Auf die kleine Catherine im idyllischen Berkshire wartete ein neuer Lebensabschnitt. Sie sollte im Herbst 1989 eine Privatschule besuchen, die einige Meilen von ihrem Elternhaus entfernt, in Pangbourne, lag. Noch immer hing sie sehr an ihrer jüngeren Schwester Pippa, mit der sie regelmäßig eine Mädchengruppe, die Slough-Brownies, besuchte. Die Brownies, die Pfadfinderinnen, trafen sich in der örtlichen Methodistenkirche, um gemeinsam zu spielen, zu basteln und zu beten. Catherine hatte, wie alle anderen aus der Gruppe auch, einen Eid abgelegt, in dem sie geschworen hatte, gottesfürchtig durchs Leben zu gehen, der Queen zu dienen und sich für andere Menschen einzusetzen.

Bevor sie aber auf die Privatschule wechselte, brannte sie darauf, gerade sieben Jahre alt geworden, mit ihren Kameradinnen einen mehrtägigen Ausflug aufs Land zu unternehmen. Und so machte sich an Ostern ein fröhlich lärmender Trupp von Mädchen auf den Weg in die Cotswold-Region, Ziel war eine Musterfarm in der Nähe des Städtchens Cirencester.

Zum ersten Mal kam Catherine in eine Gegend, die von der Royal Family gern für Freizeitaktivitäten genutzt wird. Hier spielen die Prinzen Polo und nehmen an Fuchsjagden teil. Doch davon wusste das Mädchen nichts, als es zusammen mit den anderen aus der Gruppe der »Heinzelmännchen« die Hühner fütterte und Lämmchen streichelte, die mit der Flasche großgezogen werden mussten. Nachts schlief sie mit ihrer Schwester Pippa im Gemeinschaftsraum, flüsternd tauschten sie sich über die Erlebnisse des Tages aus, die so ganz anders waren, als sie es aus ihrer behüteten Umgebung zu Hause kannte. Es war ein einfaches Leben, das morgens für alle mit einer Wäsche im kalten Bad begann. Danach machten sich die Mädchen daran, die Tiere zu versorgen und bei der Hausarbeit zu helfen. Sie putzten, schüttelten die Betten auf und schnitten Gemüse für das Mittagessen. Catherine beklagte sich nie, sondern genoss die Gemeinschaft.

Im Herbst begann dann das neue Abenteuer der ältesten Tochter der Familie Middleton. Künftig würde sie die St.-Andrews-Schule besuchen, die sich ebenfalls in einer ländlichen Umgebung befand, umgeben von Wiesen und Weiden, versteckt in einem kleinen Wäldchen. Das rote Sandsteingebäude stammte aus Viktorianischer Zeit, wirkte aber einladend und heimelig. Die Institution versprach, ihren Absolventen eine ausgezeichnete Grundlage für den Besuch weiterführender Schulen und für ein späteres Studium zu vermitteln. Catherine sollten alle Möglichkeiten offenstehen, jetzt, wo die Middletons mit ihrem Party-Zubehör so viel Geld verdienten. 10 000 Pfund im Jahr kostete die Schulgebühr, dafür wurde alles geboten, was die Entwicklung neugieriger und begabter junger Menschen fördern konnte. Neben Sprachen und Naturwissenschaften gab es ein breites Sport- und Kulturangebot, das Catherine mit Freuden nutzte. Sie hatte sich ganz dem Motto der exklusiven Bildungseinrichtung verschrieben: »Wir streben nach Höherem.«

Ein Schulkamerad aus jener Zeit, Kingsley Glover, erinnerte sich noch gut an Catherine, die damals noch nicht Kate genannt wurde. Sie sei ein bisschen schüchtern gewesen, aber auch sehr fröhlich und sportlich. Am liebsten hätte sie damals Theater gespielt, dies sei eine ihrer großen Leidenschaften gewesen. Für Jungen hätte sie sich überhaupt nicht interessiert. Catherine lernte viel und fiel durch angenehme Manieren auf. Carole hatte ihre Prinzessin zu einem aufgeweckten und höflichen Menschen erzogen, der bereit war, sich in die Gemeinschaft einzufügen und anderen beizustehen. Nur auf der Theaterbühne der Schule war sie ein kleiner Star. 1992 spielte sie die Eliza Doolittle in *My Fair Lady*, eine junge Frau, die aus kleinen Verhältnissen stammt und zu einer Dame der Gesellschaft gemacht wird. Ihre spektakulärste Rolle hatte Catherine allerdings in der Bühnenfassung des alten Krimistoffs *The Murder in the Red Barn (Mord in der roten Scheune)*, der aus heutiger Sicht wie eine Prophezeiung wirkt. Darin spielte die inzwischen hochgewachsene und hübsche Schülerin die arme Maria Martin, die von einem Prinzen namens William verführt und sitzengelassen wird. Catherine sprach und sang mit fester Stimme, wie einem Video der Schulaufführung zu entnehmen war. Als ein kurzer Ausschnitt davon im Jahr 2009 im Fernsehen gezeigt wurde, staunten die Briten nicht schlecht. Denn bis dahin hatte ja niemand Kate, die Freundin des echten Prinzen William, ein Wörtchen reden hören, so konsequent hatte sie sich damals aus der Öffentlichkeit zurückgezogen.

Kingsley Glover, der in dem Stück auch eine kleinere Rolle übernommen hatte und heute tatsächlich Schauspieler ist, bescheinigte Catherine im Nachhinein großes Talent. Er glaubte schon immer, seine Mitschülerin hätte das Zeug zum großen Star. Dass sie aber einmal die Bühne der Weltöffentlichkeit als Mitglied der Royal Family betreten würde, daran dachte damals natürlich niemand.

Während Catherine aufmerksam am Unterricht teilnahm und ihre Rollen auswendig lernte, spülten die Pappteller, Pappbecher und Pappkulissen des Versandhandels »Party Pieces« märchenhafte Umsätze in die Kasse der Middletons. Zuerst mussten neue Räume für das Unternehmen gesucht werden, um die steigende Flut an Waren unterzubringen, schließlich zog auch die Familie in ein schöneres und größeres Haus, eine Landvilla am Rande der Ortschaft Chapel Row. Es lag am Ende einer Lichtung, umgeben von dichten Hecken, und damit geschützt vor neugierigen Blicken.

Carole war am Ziel ihrer Träume: aufgestiegen aus der Arbeiterschicht in einen Millionärsvorort durch eigener Hände Arbeit. Sie war zufrieden, genoss es, ihr neues Heim gemütlich, aber auch stilvoll einzurichten und beim Einkauf in den schicken Läden Londons nicht mehr auf jeden Cent schauen zu müssen. Für Catherine sollte es aber auch weiter nach oben gehen, denn das schlanke, hübsche Mädchen hatte inzwischen gezeigt, wie viel in ihr steckte. Die Eltern sahen sich nach einer weiterführenden Einrichtung um, die ihrer Tochter die Gemeinschaft mit Mitschülern aus den besseren Kreisen der englischen Gesellschaft ermöglichen würde. Traditionell werden an englischen Privatschulen Verbindungen fürs Leben geknüpft, die in gutsituierte Ehen oder angesehene Jobs münden können. Und nun, da die

Middletons über genügend Geld verfügten, konnten sie Catherine eine Ausbildung finanzieren, die sie später in den Zirkel um Prinz William katapultieren sollte.

»Der Aufstieg der Familie Middleton ist hochinteressant«, urteilte die in Cambridge lebende Historikerin Karina Urbach, deren Forschungsgebiet hochadelige Familienverbände sind. »Was Kates Mutter geschafft hat, ist wirklich sehr beeindruckend. Wir wissen viel darüber, wie Familien absteigen: durch Jobverlust, durch finanzielle Schwierigkeiten, durch Differenzen der Eheleute. Aber was bringt eine Familie nach oben? Carole Middleton hat im Grunde alles richtig gemacht. Sie investierte sehr viel Geld in die Ausbildung und brachte dafür große Opfer, denn sie musste drei Kindern die Privatschule finanzieren. Dadurch zeigte sie, dass ein Aufstieg in dieser Dimension funktionieren kann.«

Auch der nächste Schritt in Caroles Plan zur Weiterqualifizierung ihrer Tochter war ebenfalls eine Investition in die Zukunft. Die Middletons hatten sich nach St. Andrews für die Marlborough School in Berkshire entschieden, die bekannt ist für ihre besonders guten sozialen Netzwerke. Für die Mädchen geht es hier nicht so sehr darum, später einmal als Juristinnen, Ärztinnen oder Journalistinnen zu glänzen, also in Berufen, die von höheren Töchtern gern angestrebt werden. Es geht vielmehr um die richtigen Kontakte, die den jungen Damen dazu verhelfen können, einen vielversprechenden Ehemann zu finden. Carole setzte für die Zukunft ihrer Tochter auf die Vorzüge einer herausragenden Schule und die nötige Portion Glück, was ihr später den Vorwurf einbrachte, sie habe ihre älteste Tochter zielstrebig und skrupellos in die Arme von Prinz William getrieben.

Mit acht Jahren wurde Prinz William aufs Internat Ludgrove in Berkshire geschickt. Diana, die sich zum ersten Mal für längere Zeit von ihrem Lieblingssohn trennen musste, war in Tränen aufgelöst. Ihre Ehe bestand nur noch auf dem Papier, und nun sollte sie ihren Sohn verlieren, der ihre einzige emotionale Stütze war. Je verzweifelter sie wurde, desto mehr beschwerte sie ihre Kinder mit ihrem eigenen Unglück. Mitschüler der Ludgrove School konnten oft beobachten, wie William bedrückt seine Runden auf dem Schulhof zog, die Hände tief in den Hosentaschen vergraben, als lasteten alle Probleme dieser Welt auf seinen schmalen Schultern. Sein ungestümes kindliches Verhalten hatte er zu dieser Zeit längst abgelegt. Zu oft hatte er für seine Mutter Verantwortung übernehmen müssen, wenn diese sich wieder einmal weinend eingeschlossen hatte. William schob ihr dann Taschentücher unter der Badezimmertür durch, versorgte sie mit Schokolade oder buchte ihr einen Tisch in ihrem Lieblingsrestaurant. Diana nannte ihn zärtlich »mein kleiner Wombat«, nach einem australischen Beuteltier, ein Spitzname, den sich William auch später immer wieder selbst gab. Am 10. September 1990 traf der Prinz gemeinsam mit seinen Eltern in der Ludgrove School ein.

Das Internat in Wokingham war mit Bedacht ausgesucht worden, da es für seine beeindruckende Ausstattung und für seine beachtlichen Erziehungserfolge bekannt war. Gleichzeitig legte die Schule großen Wert auf emotionale und religiöse Betreuung der ihr Anvertrauten, was sich im Falle Williams wenig später als großer Segen erwies, als die Eheschwierigkeiten seiner Eltern öffentlich werden sollten. Er wirkte sehr reif für sein Alter, sehr selbstbewusst und intelligent, doch in seinem Innern litt er unter den Zwistigkeiten von Charles und Diana, die ihm nicht verborgen geblieben waren. Im Unterricht legte er großes Engagement an den Tag, interessierte sich für Englisch und Geografie und nutzte die vielfältigen Sportmöglichkeiten Ludgroves. Soziales Engagement und Naturschutz waren große Themen der Schule, Bereiche, für die Prinz William noch heute Einsatz zeigt.

Wie Catherine spielte auch William gern auf der Schulbühne, seine Paraderolle war die von Napoleon im Theaterstück *The Sword of General Frapp* von John Harris. Auch wenn er die Beachtung des Publikums genoss, hasste er es doch, bevorzugt behandelt zu werden. Er wollte nichts weiter sein als ein normaler Schüler. Bis heute versichert Prinz William, auf die Privilegien seines Standes keinen Wert zu legen. Schon als Junge genoss er es, in einer Gemeinschaft behandelt zu werden wie jeder andere.

Während seiner Zeit im Internat war es mit Auftritten auf der Schulbühne jedoch nicht getan. William musste sich immer öfter mit seinen Eltern bei öffentlichen Veranstaltungen zeigen. Seine Unterweisung in das angemessene Verhalten eines Prinzen hatte früh begonnen. Bereits im März 1990 hatte er Charles und Diana nach Wales begleitet. Die Fotografen konzentrierten sich ganz auf Mutter und Sohn – und ließen Charles wieder einmal außen vor. Geschickt lenkte die Prinzessin von Wales, die inzwischen zu einer Stilikone avanciert war, ihren adrett in einen blauen Blazer gekleideten Sohn an den Menschenmassen vorbei, zeigte ihm, wie man Hände schüttelte, Blumensträuße einsammelte und seinem Gegenüber Interesse entgegenbrachte. William, der sich plötzlich im Mittelpunkt der Aufmerksamkeit befand, wirkte noch schüchtern und unbeholfen, doch Diana war der Stolz auf ihren Sohn deutlich anzumerken. William übte eine Faszination auf die wartende Menge aus, die der ihren gleichkam. Es mag in dieser Zeit gewesen sein, als in der tiefverletzten Diana der Gedanke reifte, ihr Erstgeborener könnte der bessere König als Charles sein – eine Überzeugung, an der sie bis zu ihrem Tod festhalten sollte.

Am 3. Juni 1991 erlitt William einen Unfall, der sich zu einem medialen Drama um die Ehe seiner Eltern ausweiten sollte. Auf dem Golfplatz hatte ihm ein Freund mit einem Schläger eine Platzwunde an der Stirn zugefügt, worauf der Prinz mit einer Ambulanz in ein Londoner Krankenhaus eingeliefert werden musste. Diana wachte vierzehn Tage an seiner Seite, während Charles meistens durch Abwesenheit glänzte und weiter Termine und Veranstaltungen wahrnahm. »Was für ein Vater bist du?«, titelten die englischen Boulevardblätter. Diana nahm die Schlagzeilen mit einer gewissen Zufriedenheit zur Kenntnis, denn endlich erkannte auch die Öffentlichkeit, dass mit ihrer Familie etwas nicht in Ordnung zu sein schien. Spekulationen gab es immer wieder, dass sich der Prinz von Wales und seine Frau auseinandergelebt hatten. Offiziell waren sie allerdings noch immer ein Paar.

Aus der Klinik entlassen und wieder zurück in Ludgrove, wurde William vor der Presse abgeschirmt. Doch schon bald kamen peinlichste Details der Ehekrise zutage, die sich in den nächsten Jahren zum »Krieg in der Familie Wales« entwickeln sollte.

1992 erschien das Buch *Diana – ihre wahre Geschichte* von Andrew Morton. Damals verschwieg er die wahre Quelle seiner Informationen. Später stellte sich heraus, dass die Prinzessin von Wales maßgeblich an der Enthüllungsstory mitgearbeitet hatte. Tagelang beantwortete sie Fragen, die Morton über einen Mittelsmann in den Palast einschleusen ließ. Ihre Antworten wurden auf Tonbändern aufgezeichnet und dem Journalisten heimlich zugespielt. Diana hatte sich auf diesen abenteuerlichen und gefährlichen Verrat eingelassen, weil sie sich davon endlich öffentliche Genugtuung versprach. Jeder sollte erfahren, wie es hinter den dicken Mauern des Palastes aussah, wie lieblos und kalt es zuging und wer die Schuld an ihrem Unglück trug. In ihrer Inszenierung war sie das Opfer, denn Charles hatte es gewagt, seine Beziehung zu Camilla Parker Bowles wieder aufzunehmen, deren Name bis zu diesem Zeitpunkt nur Eingeweihte kannten. Nun, nach Andrew Mortons Enthüllungen, wusste die ganze Welt Bescheid. Natürlich ging der Mediensturm, der darauf erfolgte, auch an William nicht spurlos vorüber. »Die Trennung seiner Eltern, die Streitigkeiten und die Scheidung wurden so öffentlich ausgetragen, dass es für ihn sehr beschämend war. Dieses Gefühl der Entwürdigung wird er in gewisser Weise immer mit sich herumtragen«, glaubte Ingrid Seward.

Auch Dianas Liebesaffären mit dem Autohändler James Gilbey und dem Rittmeister James Hewitt waren nun Gegenstand öffentlicher Erörterungen, ebenso ihre jahrelangen Essstörungen und Nervenkrisen. Die gegenseitige Untreue des Paares wurde in allen Details medial ausgebreitet, bis die Queen schließlich ein Machtwort sprach und die Trennung befahl.

William fühlte sich verantwortlich für das Desaster, umso mehr, als Diana ihn oft wie eine erwachsene Vertrauensperson behandelte, mit der sie über ihre verletzten Gefühle sprach. Charles war darüber erzürnt, konnte aber nicht verhindern, dass die emotionale Bindung zwischen Mutter und Sohn bedenkliche Formen annahm. William kannte die dunklen Seiten Dianas, die nach außen hin als glänzender Star gefeiert wurde. Die verlogene Fassade seines Elternhauses bedrückte ihn, denn die eheliche Gemeinschaft war schon seit Jahren aufgehoben worden. Gemeinsame Essen gab es längst nicht mehr, die Familie war unwiderruflich zerbrochen. Trotzdem hoffte der Erstgeborene verzweifelt, seine Eltern würden sich genügend lieben, um noch einmal zueinanderzufinden. Doch als schließlich die Scheidung ausgesprochen wurde, hatte sich auch dieser kindliche Wunsch zerschlagen.

»Von heute aus betrachtet, ist William da ganz gut durchgekommen«, befand die britische Journalistin Judy Wade, die seit Jahrzehnten im Gefolge der Royals unterwegs ist. »Besonders wenn man bedenkt, dass er damals in einer besonderen Situation war. Er stand im Rampenlicht, und die Leute starrten ihn an und fragten sich, wie er damit fertig wurde. Der Krieg zwischen seinen Eltern war sehr boshaft und sehr hässlich, und natürlich hat er genau verstanden, was da passierte. Seine Mutter lief mit ihm und seinem jüngeren Bruder bei Nacht und Nebel aus dem Haus, ohne dass Charles wusste, was da eigentlich vor sich ging und was das zu bedeuten hatte. Ein guter Weg, um Kindern zu erklären, was eine Ehe ausmacht, ist das nicht.«

Am Tag vor der offiziellen Bekanntmachung der Trennung von Charles fuhr Diana nach Ludgrove, um William auf das Ereignis vorzubereiten. Wieder war sie in Tränen aufgelöst, und wieder tröstete sie ihr zehn Jahre alter Sohn. Er nahm sie in den Arm und sagte: »Ich hoffe, ihr beide seid jetzt glücklicher.« Trotz aller Haltung und Größe, die William an den Tag legte, muss die spektakuläre Auflösung der Beziehung seiner Eltern bei ihm tiefe Wunden hinterlassen haben, sicher auch das Bedürfnis nach einem harmonischeren Familienleben. Vielleicht fühlte er sich deshalb später im Haushalt der Middletons in Chapel Row so wohl.

5
Vom Aufblühen und Sterben

Es war 1996, Catherine war gerade vierzehn Jahre alt geworden, als sie zum ersten Mal mit ihren Eltern das schmiedeeiserne Tor zum Marlborough College passierte. Tatsächlich war diese Schule nicht die erste Wahl der Middletons gewesen. Zunächst hatten sie ihre Tochter in Downe House angemeldet, einer Privatschule für Mädchen, die näher am elterlichen Wohnort lag. Doch dort mochte Catherine nicht bleiben. Ihre Mitschülerinnen hatten sie geärgert und gehänselt, was sie einschüchterte. Nun sollte sie also in Marlborough einen Neuanfang wagen.

Es war schon mitten im Schuljahr, als sie dort eintraf, voller Furcht, was sie hier erwarten würde. Auf diesem teuren College würde sie auf viele Mädchen und Jungen treffen, die der höheren Gesellschaftsschicht angehörten. Catherine hatte große Zweifel, ob sie mit ihnen mithalten könnte. Aber es half nichts, es gab keinen Weg zurück.

Bei ihrer Ankunft trug sie bereits ihre neue Schuluniform, einen blauen Blazer mit einem dazu passenden Faltenrock in einem Schottenmuster. Auch ihre neue Schule hatte ein Motto, in diesem Fall war es der Bibel entlehnt. »Aber Gott hat das Gedeihen gegeben« – es stammte aus dem ersten Brief des Paulus an die Korinther, Vers 3,6. Marlborough war 1843 als christliche Schule für die Söhne von Priestern gegründet worden, die hier eine hervorragende Ausbildung erhalten sollten. Schon bald wurde aus der Einrichtung eine der angesehensten Jungenschulen Englands. Seit 1968 nahm man auch Mädchen auf, aber erst einunddreißig Jahre später wurden sie mit den Jungen gemeinsam unterrichtet. Marlborough ist ein zauberhafter Marktflecken mit einer langen Geschichte. Angeblich soll sich auf dem Gelände des College das Grab des Zauberers Merlin befinden. Und William der Eroberer fand den Ort so attraktiv, dass er hier im 11. Jahrhundert ein Schloss errichten ließ.

Catherine jedoch war anfangs blind und taub für die schöne Umgebung. Sie kämpfte mit schrecklichem Heimweh. Noch nie lebte sie so weit weg von zu Hause, fast hundert Kilometer trennten sie von ihren Eltern und Geschwistern. Sie hielt sich von den anderen Mädchen ihres Jahrgangs fern, denn die Verletzungen, die ihr an ihrer vorhergehenden Schule zugefügt worden waren, schmerzten noch sehr. Dort hatten sich die Mitschülerinnen vor allem über ihr Aussehen lustig gemacht. In Downe House war es üblich, die Attraktivität der Kameradinnen zu bewerten wie in einem Schönheitswettbewerb. Während der Mahlzeiten wurden die Noten auf Papierservietten geschrieben. Catherine erhielt stets nur schlechte Beurteilungen, ein grausames Ritual, das zerstörerische Auswirkungen auf ihr Selbstbewusstsein hatte.

Eines der ersten Mädchen, zu dem sie in Marlborough Vertrauen fasste, war Jessica Hay. Die hübsche Blondine war fünf Monate älter und wirkte viel reifer und erfahrener als ihre neue Klassenkameradin, die sie nun erst einmal unter ihre Fittiche nahm. »Sie kam an einem Samstagabend und wurde uns vorgestellt«, erinnerte sich Jessica. »Wir wussten, sie war an ihrer vorigen Schule wirklich sehr schlecht behandelt worden. Als sie dann in unseren Schlafsaal trat, war sie sehr still und sehr scheu.«

Unter Jessicas Anleitung bewegte sich Catherine immer mutiger und suchte bald Kontakt zu ihren Mitschülern. Viele von ihnen stammten, wie sie es sich erwartet hatte, aus der Aristokratie, waren Söhne und Töchter von Herzögen, Grafen und Baronen. Sie selbst hatte keinen Titel vorzuweisen, aber Catherine war dennoch stolz auf ihre Eltern und lernte, auch mit den vornehmen Altersgenossen auf gleicher Augenhöhe zu kommunizieren. Mit der Zeit gelang es ihr, Freundschaften zu schließen und ihre Vorzüge zur Geltung zu bringen. Mit ihr konnte man Spaß haben, sie war fröhlich und intelligent, dabei keineswegs überheblich. Zudem erwies sie sich als loyal und verlässlich, Charaktereigenschaften, die ihr sehr viel später im Zusammenleben mit Prinz William zugutekamen.

Jeden Morgen um sieben Uhr wurden die Mädchen von einem fast unerträglich lauten Gong geweckt. Kichernd und tuschelnd tasteten sie nach ihrer Sportkleidung, denn gleich nach dem Frühstück mussten sie eine halbe Stunde lang Hockey spielen, eine der wichtigsten sportlichen Betätigungen in Marlborough. Catherine liebte das Training, wie schon in St. Andrews fühlte sich das schlanke und durchtrainierte Mädchen beim Sport am wohlsten. Sie spielte Tennis und Netzball und beteiligte sich an Cross-Country-Läufen. Bis zum Lunch nahmen die Mädchen am Unterricht teil, in fast jedem Fach war Catherine eine der besten Schülerinnen. Wurde Jessica mit ihren Rechenaufgaben nicht fertig, konnte sie auf die Hilfe ihrer Freundin zählen. »Sie war einer der genialsten Menschen, denen ich je begegnet bin«, lobte Jessica. »Wenn jemand ein Problem hatte, war es Catherine, die Trost spendete. Sie war sehr diplomatisch, und sie konnte sehr lustig sein, weil sie einen so trockenen Humor besaß. Sie hatte einfach einen großartigen Charakter.«

Nach dem Lunch versammelten sich die Schülerinnen wieder zum Sport oder zum Theaterspielen. Am Nachmittag gab es noch einmal Unterricht, und von sechs bis neun mussten die Hausaufgaben erledigt werden. Viel freie Zeit stand den Schülerinnen nicht zur Verfügung, abends durften sie fernsehen oder sie zogen sich in die Gemeinschaftsküche zurück, um sich ihr Lieblingsessen in der Mikrowelle zuzubereiten: Es bestand aus einer Scheibe Brot, die mit Butter und einer bräunlichen Gewürzpaste namens »Marmite« bestrichen wurde. In der Hitze des Ofens schmolz das Ganze und verströmte einen unwiderstehlichen Geruch.

Catherine verstand es, sich in die Gemeinschaft einzufügen, ohne über die Stränge zu schlagen. Wenn sie sich von den Partys fernhielt, die zum Ziel hatten, möglichst schnell Wein- und Wodkaflaschen kreisen zu lassen, nahm ihr das niemand übel. So fiel die älteste Tochter der Middeltons nicht aus der Rolle, sie bewahrte sich ihre Würde, ohne zur Verräterin zu werden. Bald nahmen die Jungen wahr, dass aus der verschüchterten »Middlebum«, wie man sie scherzhaft nannte, eine schöne junge Frau wurde.

Nach den Sommerferien 1998, die Catherine im Haus ihrer Eltern verbrachte, kam die Sechzehnjährige als reizvolle Erscheinung in die Schule zurück. Die Jungen versuchten, mit ihr zu flirten, die Mädchen fingen an, sie für ihre Eleganz zu bewundern. Ihre Kleidung fiel nicht besonders aus dem Rahmen, aber die Art, wie sie ihr Haar trug und den Kopf selbstbewusst hielt, verliehen ihr Glamour. Sie hatte einen eigenen Stil entwickelt, der sie später, als sie mit Prinz William liiert war, sofort zu einem begehrten Fotomotiv für die Reporter der Fashion-Magazine machte. Allzu heftige Annäherungsversuche ihrer Mitschüler wehrte Catherine entschieden ab. Mit ihr konnte man Spaß haben, mehr aber auch nicht. Es war, so sollten sich ihre Mitschülerinnen später erinnern, als würde sie sich für einen besonderen Mann aufsparen wollen.

Wie viele hatten auch Jessica und Catherine Poster attraktiver junger Männer an die Wände ihrer Schlafräume gepinnt. Auf einem war wohl Prinz William abgebildet, der inzwischen zu einem sympathischen Teenager herangewachsen war. So erzählte es zumindest Jessica, auch wenn Kate sich nur an das Foto eines Jeans-Models erinnern will. Unabhängig davon: Ihre unerschütterliche Entschlossenheit, sich von keiner Schülerliebe irritieren und ablenken zu lassen, und ihre hohen moralischen Maßstäbe machten sie zu einer besonderen Persönlichkeit. Scherzhaft verpassten ihr die Mitschülerinnen einen neuen Spitznamen: »Princess in Waiting« – »Prinzessin im Wartestand«. Viele Jahre später sollte sie erfahren, was das tatsächlich zu bedeuten hatte. Noch ahnte sie nicht, wie schmerzhaft es für sie sein würde, mehr als acht Jahre auf den wahren Prinzen in ihrem Leben warten zu müssen.

William hatte inzwischen ebenfalls die Schule gewechselt, seit 1995 ging er auf das Eliteinternat Eton. Durch die Trennung der Eltern verdoppelte sich für ihn wie für seinen Bruder Harry die Anzahl der Ausflüge, Skiurlaube und Reisen in ferne Länder: Mal waren sie mit dem Vater unterwegs, mal mit der Mutter. Diana blieb ihrem Erziehungsideal – die Prinzen so normal wie möglich aufwachsen zu lassen – treu. Sie aß mit ihnen Hamburger in Fast-Food-Restaurants, und gemeinsam fuhren sie Achterbahn in einem Vergnügungspark. Und immer stellte Diana sicher, dass Reporter vor Ort waren, um sie als liebevolle und verantwortliche Mutter zu porträtieren. Natürlich mit negativen Auswirkungen für Charles, der mit dergleichen Amüsements nichts anzufangen wusste. Doch seine Söhne liebten ihn ebenso wie Diana, wie Ingrid Seward berichtete: »Wann immer die Kinder an den Wochenenden nach Highgrove kamen, rannten sie zuerst in den Garten und riefen nach ihrem Papa. Sie bewunderten Charles. Aber Diana war es nur recht, wenn er in einem schlechten Licht dastand, da es sie zu einer besseren Mutter machte. Diana benutzte ihre Kinder als Waffe, weil sie nach all den Tränen und den Streitereien wusste, dass sie Charles damit treffen konnte.«

Je älter William wurde, desto mehr schätzte er die Ausflüge zu seinem Vater aufs Land. Er liebte Highgrove, da er sich hier mit seinem Bruder frei bewegen durfte, ebenso wie Schloss Balmoral, wo er nach Herzenslust auf die Pirsch gehen konnte oder im Fluss Dee das Angeln erlernte. An diesen Orten war er sicher vor den neugierigen Augen der Paparazzi, die ihm seit Kindertagen lästig waren.

Als er in Eton eingeschult wurde, war auch dieser Tag vom Klicken Hunderter Kameraobjektive bestimmt. William, der von Diana, Charles und seinem Bruder Harry begleitet wurde, versuchte, ein fröhliches Gesicht zu machen. Doch wie immer, wenn seine Eltern seit ihrer Trennung zusammen auftraten, war die Spannung in der Luft fast mit Händen zu fassen. Noch ahnte niemand, dass es der letzte Auftritt der Prinzessin und des Prinzen von Wales sein sollte. Gemeinsam hatten sie entschieden, dass Eton das beste College für ihren ältesten Sohn wäre. Nicht weit vom Familienschloss der Windsors entfernt, zeichnete sich das Internat für Jungen in der englischen Grafschaft Berkshire durch Tradition aus, aber auch durch ein modernes Erziehungssystem und gute Kameradschaft unter den Schülern.

William lernte gleich am ersten Tag Dr. Andrew Gailey kennen, den Leiter von Manor House, seinem Wohntrakt auf dem Gelände des Eliteinternats. Dr. Gailey war zur Begrüßung ans Tor geeilt, vor dem schon etwa 300 Reporter warteten. William, auch wenn er ein Lächeln aufsetzte, hasste diese Momente, in denen sämtliche Augen auf ihn gerichtet waren und er sich schmerzhaft bewusst wurde, dass er kein Schüler war wie alle anderen. Doch als die Pressemeute endlich abgezogen war, begann für ihn eine Zeit, in der er sich unter seine Mitschüler mischen konnte, ohne eine Sonderbehandlung zu erfahren. Die jungen Bewohner von Manor House wurden von Elizabeth Heathcombe betreut, die über das Wohl der Schüler wachte. Ob seelische oder schulische Probleme, bei Elizabeth fanden die pubertierenden Jungen immer ein offenes Ohr. Schon bald sollte die emotionale Unterstützung für Prinz William sehr wichtig werden.

»William genoss die Zeit in Eton«, stellte der Kameramann Eugene Campbell fest, der den Prinzen auf einigen seiner Lebensstationen mit besonderer Genehmigung des Palastes begleiten und filmen durfte. »Er musste sich nicht vor Objektiven, die auf ihn gerichtet waren, in Acht nehmen. Er musste nicht nach Leuten Ausschau halten, die ihn verfolgten. Er war dort beschützt, nicht durch Sicherheitsleute, sondern durch die Schule.«

Die Bodyguards, die natürlich auch in Eton anwesend waren, traten nur in Aktion, wenn William das Schulgelände verließ, um in den Läden des Ortes einkaufen zu gehen oder in einem der vielen kleinen Cafés einen Tee zu trinken. Einmal in der Woche überquerte er die schmale Brücke, die über die Themse führte, um im angrenzenden Windsor den Schlosshügel zu erklimmen und seine Großmutter, die Queen, zu besuchen. »Ich gehe rüber zum WC«, rief er dann zum Abschied seinen Kameraden zu, die sich jedes Mal über die respektlose Abkürzung für Windsor Castle amüsierten.

William entwickelte jedoch mit den Jahren eine große Hochachtung für das Erbe und die Tradition seiner Familie, und er bekam eine Vorstellung von seiner zukünftigen Verantwortung, die er als König haben würde. Oft traf er im Schloss auf seinen Großvater, Prinz Philip, den er sehr bewunderte und der neben der Queen einer der wenigen Menschen war, denen er vertraute. Meist aber verbrachte er die Teestunden allein mit seiner Großmutter. Die Königin nahm sich viel Zeit für ihren Enkel, sprach mit ihm über das, was ihn bedrückte. Vielleicht wollte sie nicht wieder dieselben

Fehler begehen, die ihr bei der Erziehung von Charles unterlaufen waren. Ihn hatte sie viel allein gelassen, war oft auf Reisen gegangen.

Mit der Zeit lebte William sich in Eton ein. Diana hatte ihrem Sohn geholfen, neue Vorhänge an den Fenstern von Manor House anzubringen, die dem kargen Schlaf- und Arbeitsraum eine freundlichere Note gaben. An der Wand hatte er ein Poster von Cindy Crawford angebracht, allerdings war er im ständigen Zweifel, ob nicht das deutsche Supermodel Claudia Schiffer die schönere Frau sei. Nachts schlief er in einem schmalen Bett, ein Eisengestell, die Matratze sowie Kissen und Oberbett durfte er mit seiner eigenen Wäsche beziehen – eine Reminiszenz an sein fernes Zuhause. Nur sein geliebtes Kuscheltier, seinen Wombat, hatte er nicht mehr mitgenommen. Die Schuluniform war gewöhnungsbedürftig – täglich musste er eine schwarze Anzugjacke mit Schwalbenschwanz tragen, dazu eine schwarze Weste sowie ein weißes Hemd mit weißer Fliege. Die Etikette verlangte, dass alles eigenhändig gebügelt wurde. Für den Prinzen war das eine ungewohnte Betätigung, denn zu Hause legte ihm jeden Morgen ein Diener die frisch geplättete Kleidung zurecht.

William lernte eifrig, auf seinem Stundenplan standen Englisch, Latein, Französisch, Geographie, Geschichte, Mathematik, Chemie, Biologie und Physik. Besonders liebte er aber die Kurse in Kunst und Design, und wie auf seiner früheren Schule war er ein begeisterter Sportler.

Alles verlief ruhig, und niemand war auf den Sturm vorbereitet, der sich über den Köpfen der Royal Family zusammenbraute und der William ein weiteres Mal dazu verdammen sollte, die Hauptfigur in einem Drama zu sein.

Es war der 20. November 1995, ein kalter Abend, als William in das Büro des Schulleiters gerufen wurde. Dr. Gailey hatte ihm erlaubt, mit ihm gemeinsam fernzusehen, denn es war seine Mutter Diana, die zur besten Sendezeit dem Journalisten Martin Bashir ihr erstes längeres TV-Interview in der BBC-Sendung *Panorama* geben sollte. Was der Prinz während des Beitrags sah und hörte, erschreckte und empörte ihn zutiefst. Vor dreiundzwanzig Millionen Zuschauern breitete seine Mutter die Geschichte ihrer Ehe aus, sprach über ihr Verhältnis zu James Hewitt, dem Reitlehrer ihrer Kinder, und offenbarte, ihn geliebt und bewundert zu haben. William, der Hewitt nur als Freund seiner Mutter kennengelernt und von dem er die ersten Lektionen im Polospiel erhalten hatte, war sichtlich schockiert.

Der Schulleiter, der den Prinzen aufmerksam beobachtete, begann, sich Sorgen zu machen. Doch Diana war noch längst nicht fertig. Sie beschuldigte Camilla Parker Bowles und Charles, die Ehe zerstört zu haben, weiterhin sprach sie ihrem Mann die Fähigkeit ab, ein guter König sein zu können. Damit hatte Diana ihren Sohn William in Konkurrenz zu seinem Vater gebracht, was der kleine Prinz unmittelbar als große Bürde empfand. Er verstand, wie sehr die Aussagen seiner Mutter die Würde des englischen Königshauses beschädigten. Was immer auch vorgefallen war, die Windsors waren seine Familie, und er fühlte sich als Teil von ihnen. Lange sollte William seiner Mutter nicht verzeihen können, dass sie ihre schmutzige Wäsche so öffentlich hatte waschen müssen, ohne Rücksicht auf ihn und seinen Bruder Harry zu nehmen. Die Konsequenzen spürte William bereits am nächsten Morgen auf dem Schulhof. Nun wusste jeder, was in der Ehe seiner Eltern vorgefallen war. Beim nächsten Besuch im Kensington Palace sprach er kein Wort mit seiner Mutter. Es sollte Wochen dauern, bis er sich ihr wieder zuwandte.

Erst als sich Charles und Diana endgültig getrennt hatten, gab es für William wieder Hoffnung auf eine bessere Zukunft. Er wünschte sich, seine Mutter werde jetzt glücklicher sein und vielleicht die Liebe finden, nach der sie sich so schmerzlich sehnte. Im Sommer 1997 aber kam ein Verehrer ins Spiel, den William nicht mochte: Dodi Al-Fayed, dessen Vater Mohammed Al-Fayed das Londoner Nobelkaufhaus Harrods besaß. Zwar amüsierte Dodi die Prinzen mit seinen Geschichten aus Hollywood, wo er im Filmgeschäft tätig war, und konnte mit dem Reichtum seines Vaters imponieren, doch das alles war nur Fassade. Nach einem gemeinsamen Urlaub im Mittelmeer auf einer fünfzehn Millionen Pfund teuren Jacht, die Dodis Vater extra zu diesem Zweck erworben hatte, bat William seine Mutter inständig, sich von dem Playboy zu trennen. Doch da hatte Diana längst den Plan gefasst, sich ein weiteres Mal mit Dodi auf der »Jonikal« zu treffen. William und Harry sollten den zweiten Teil ihres Sommerurlaubs mit ihrem Vater auf Schloss Balmoral verbringen.

In der Nacht zum 31. August 1997 schliefen die Prinzen friedlich in ihren Betten, als die Todesnachricht eintraf: Diana und Dodi hatten in Paris einen schweren Autounfall erlitten. Erst sah es so aus, als könne die Prinzessin im Krankenhaus gerettet werden, doch schon bald war auch sie verstorben, ebenso wie Dodi und sein Fahrer.

Als die Queen von Charles mit der schrecklichen Botschaft geweckt wurde, war sie es, die entschied, die Kinder schlafen zu lassen. Es würde genügen, sie am nächsten Morgen zu informieren. Sie sollten noch ein wenig Kraft sammeln für die Leidenszeit, die jetzt vor ihnen lag. Wie sehr die Nation, ja die Welt um ihre Ikone Diana trauern würde, ahnte im Schloss Balmoral niemand. Auch als sich die Blumen in London vor den Palästen meterhoch stapelten, kam es der königlichen Familie nicht in den Sinn, ihre Trauer öffentlich zu zeigen und sich an die Seite des Volkes zu stellen, das seine »Prinzessin der Herzen« verloren hatte.

William spürte sofort, dass etwas Schreckliches geschehen

war, als er aufwachte und sein Vater an seinem Bett saß. Die Augen von Charles waren gerötet von Tränen, als er seinem ältesten Sohn die furchtbare Nachricht mitteilte. William war starr vor Schock, aber er bestand darauf, seinen Vater zu begleiten, als dieser Harry mit der traurigen Wahrheit bekanntmachen wollte. Von diesem Moment an sollte kein Tag vergehen, an dem sich die Prinzen nicht fragten, was in jener Nacht in Paris mit ihrer geliebten Mutter geschehen war.

Catherine Middleton besuchte noch die Marlborough School, als sie die Berichte über Dianas Tod im Fernsehen verfolgte. Die Mädchen saßen im Gemeinschaftsraum und sahen zu, wie Prinz William und Prinz Harry den Sarg ihrer Mutter auf ihrem letzten Weg zur Aussegnung in die Westminster Abbey begleiteten, den Kopf in tiefer Verzweiflung gesenkt. In dieser mächtigen Kathedrale, in der Catherine fünfzehn Jahre später ihren Märchenprinzen heiraten würde, trauerte dieser um seine verlorene Mutter und um seine Jugend. Diese war niemals unbeschwert gewesen, nun aber war sie endgültig vorbei. Jessica Hay erinnerte sich an sehr emotionale Momente, während sie mit Catherine und den anderen Schülerinnen die Fernsehübertragung verfolgte. »Es war für uns alle ein bewegender Tag, auch wenn keine von uns Diana je getroffen hatte. Das alles ist Catherine sehr nahe gegangen, sie ist ohnehin eine sehr emotionale Person. Danach hatten wir einen Gottesdienst in der Kapelle der Schule, wir waren alle in Tränen aufgelöst. Catherine fragte sich, wie die Prinzen so gefasst sein konnten. Ich glaube, sie hat deshalb heute so viel Respekt vor William, weil er sich damals genau so verhalten hat, wie seine Mutter es von ihm erwartet hätte.« Catherine Middleton hatte, wie viele Mädchen ihrer Zeit, ein Auge auf Prinz William geworfen, wie ihre Freundin Jessica Hay verriet. »Es gibt keinen anderen wie ihn«, soll sie gesagt haben. Die Jungen an ihrer Schule waren ihr zu ungehobelt, benahmen sich oft zu gewöhnlich. Catherine machte aus ihrer Abneigung keinen Hehl, manchmal riss sie die Vorhänge an ihrem Fenster zur Seite und schnitt den vorübergehenden Mitschülern hässliche Fratzen. Manchmal entblößte sie sogar ihren Allerwertesten, ein Schabernack, zu dem sich die meisten Mädchen hinreißen ließen. Es ist dies der einzige »Ausrutscher«, den die neugierige Presse bisher im Leben der sonst so tadellosen künftigen Prinzessin ausmachen konnte. Berichte, wonach sie mit einem gewissen William Marx, einem Mathematikgenie ihres Jahrgangs, eine zarte Romanze gehabt hätte, wurden nicht bestätigt.

Im Jahr 2000 gelang der jungen Frau, die einmal die Prinzessin von Wales sein würde, ein ausgezeichneter Schulabschluss. Es hätte der erste Schritt zu einer beruflichen oder wissenschaftlichen Karriere sein können, denn mit ihren hervorragenden Noten war Catherine in der Lage, sich ihren künftigen Studienort selbst aussuchen zu können. Doch sie war noch nicht sicher, wohin sie gehen wollte. Nur über ihr Studienfach gab es keinen Zweifel: Sie wollte sich für Kunstgeschichte einschreiben.

6
Sehnsucht nach Freiheit

Wie bei den Kindern reicher Eltern in Großbritannien üblich, konnte sich Catherine erst einmal nach dem College-Abschluss Zeit lassen. Sie wollte ein sogenanntes Gap Year einlegen, ein freies Jahr, das viele gutsituierte junge Menschen in England nutzen, um in einem neuen Umfeld Erfahrungen zu sammeln. Das konnte eine gewöhnliche Bildungsreise sein oder ein freiwilliger Dienst bei einer Hilfsorganisation. Die älteste Middleton-Tochter entschied sich für einen Aufenthalt in Florenz, berühmt für seine atemberaubende Renaissance-Architektur und die mit wertvollen Kunstschätzen angefüllten Museen.

Schon bald durchstreifte die hübsche junge Frau die verwinkelten Gassen im Herzen der Stadt, die von der ehrfurchteinflößenden Silhouette des marmornen Domes überschattet wurden. Hier und da warf sie einen Blick in die üppig dekorierten Schaufenster der Boutiquen internationaler Designer. Catherine entwickelte ein gutes Auge für Schönheit und Stil, und sie war inzwischen eine talentierte Fotografin geworden. Hier, am Geburtsort der Renaissance, boten sich die prächtigsten Motive. Es war eine Zeit der ungetrübten Freude und der Leichtigkeit, in der sie zwischen Ponte Vecchio und den Uffizien, zwischen Palazzo Pitti und dem überdachten Markt von San Lorenzo umherstreifte und ihr die Laute der fremden Sprache immer vertrauter wurden.

Zum ersten Mal in ihrem behüteten Leben war Catherine auf sich selbst gestellt. Sie teilte sich ein Appartement mit anderen Mädchen, die wie sie aus England nach Italien gekommen waren, um hier ihre ersten unabhängigen Schritte zu wagen. Die Wohnung lag über einem italienischen Delikatessengeschäft in der Nähe der Piazza della Repubblica. Oft trafen sich die Mädchen im angesagten »Antico Caffè del Moro«, einer Cocktailbar, in der viele Künstler verkehrten. Catherine hob sich in keiner Weise von ihren Altersgenossinnen ab, sie trug lässige V-Pullover und Jeans und gab ihren Outfits mit Ethnoschmuck einen besonderen Pfiff. Doch es war etwas in der Haltung der hübschen Brünetten mit den schulterlangen Locken, das die Aufmerksamkeit der italienischen Männer weckte, die sie mit herausfordernden Blicken bedachten, wenn sie federnden Schrittes ein Lokal betrat.

Eines Tages verbreitete sich ein Gerücht, das die kunstbeflissenen Engländerinnen in Aufregung versetzte. Zeitungen hatten gemeldet, Prinz William werde in Florenz erwartet, um hier zu studieren.

Es war das einzige Mal, dass die Freundinnen Catherine über den Prinzen sprechen hörten, als sie die Neuigkeit diskutierten. Von ihrer jugendlichen Schwärmerei für den Windsor-Spross war sie nämlich längst abgekommen und hatte ein Auge auf einen Jungen namens Harry geworfen, der sie mit seinem forschen Benehmen beeindruckte, aber nach einer Weile auch abschreckte. Noch immer fühlte sie sich nicht wohl in der Gesellschaft junger Männer, und die Annäherungsversuche der italienischen Kellner ließen sie kalt. Ab und an trank sie ein Glas italienischen Wein, aber ausgelassene Partys, bei denen oft viel getrunken und manchmal auch leichte Drogen konsumiert wurden, vermied sie weiterhin. Catherine blieb standhaft und kontrolliert, ohne dabei aber langweilig zu sein. Sie war fröhlich, doch immer auf der Hut, sich nicht gehen zu lassen und dadurch in Schwierigkeiten zu geraten.

Nach drei Monaten verließ sie Florenz, um sich einem anderen Abenteuer zuzuwenden. Im fernen Chile wollte sie sich für die britische Hilfsorganisation Raleigh International engagieren, ohne zu ahnen, wie nahe sie damit ihrem zukünftigen Ehemann kommen würde, dem sie bislang noch nicht persönlich begegnet war.

William sah seinem letzten Jahr in Eton mit gemischten Gefühlen entgegen. Zwei Jahre waren inzwischen seit dem Tod seiner Mutter vergangen, und noch immer quälten ihn tiefe Gefühle von Trauer und Verlust, aber auch eine wachsende Abneigung gegen die Presse, der er eine Mitschuld an dem tragischen Unglück im Pariser Alma-Tunnel gab. Er konnte nicht vergessen, dass es Fotografen und Kameraleute waren, denen Diana in den letzten Minuten ihres Lebens, eingeklemmt im Fond der Luxuslimousine, hilflos ausgeliefert war. William wusste, mit seinem College-Abschluss im Jahr 2000 würde für ihn die Schonfrist ablaufen, die ihm eine ungestörte Entwicklung und ein nahezu normales Dasein hinter den Mauern des Eliteinternats beschert hatten. Er schätzte es, vor den Augen neugieriger Journalisten und der Öffentlichkeit abgeschirmt zu sein, nicht posieren zu müssen wie bei den jährlichen Großveranstaltungen im Königshaus, und er beschloss, alles daranzusetzen, sich auch für die Zukunft die Möglichkeit zu verschaffen, so frei und unbeschwert wie möglich leben zu können.

Oft saß er an seinem Holzschreibtisch in Manor House und grübelte, wie es mit ihm weitergehen könnte. Am glücklichsten fühlte er sich unter Kameraden, die ihn wie ihresgleichen behandelten, vor allem in den verschiedenen Sportmannschaften der Schule, die ihn wegen seines Teamgeists sehr schätzten. Seit seinem ersten Jahr in Eton war William auch Mitglied des Cadet Corps, in dem Schüler ein militärisches Basistraining absolvieren konnten. Der Prinz bekam dadurch eine Ahnung, wie ein Leben als Soldat aussehen könnte, und er muss wohl damals vor allem einen Vorteil daran erkannt haben: Hinter den abgeschotteten Mauern einer Kaserne wäre er geschützt vor den Nachstellungen der Presse.

Je länger er über all das nachdachte, war er fester denn je entschlossen, seinen eigenen Weg zu gehen, auch wenn er sich damit Ärger einhandeln würde. Da er aber wie seine verstorbene Mutter die Menschen begeisterte, wenn er sich einmal öffentlich zeigte, war er für die Strategen im Buckingham Palace zu einem wichtigen Faktor geworden, der die Sympathiewerte für die Royal Family wieder in erfreuliche Höhen treiben konnte. Seit Diana tot war, hatte die Monarchie ihren Star verloren, es war ruhiger um sie geworden, aber auch langweiliger. William, so vermuteten die Berater der Queen, könnte diese Lücke füllen und die Skandale vergessen lassen.

Welche magische Ausstrahlung er besaß, hatte sich völlig überraschend 1998 gezeigt, als er mit seinem Bruder Harry und Vater Charles Kanada besuchte. In Vancouver sollten die Prinzen Hände schütteln, Blumen entgegennehmen und ein paar unverbindliche Worte mit den Schaulustigen links und rechts des Weges austauschen, wie es bei solchen königlichen *walkabouts* üblich ist. Normalerweise werden solche Auftritte penibel geplant und verlaufen recht ruhig und gesittet ab. Doch nicht in Vancouver. Was sich hier abspielte, verblüffte alle, die Veranstalter, die Journalisten und vor allem die Prinzen. Als William aus dem Schatten seines Vaters vor die Menschen trat, brach ein Sturm der Begeisterung los. Die weiblichen Teenager, die seit Stunden auf diesen Moment gewartet hatten, gerieten in Verzückung. Hysterische Schreie wurden laut. »William, William, William«, schallte

ür immer zusammen: William und Kate lächeln in die Kamera des Starfotografen Mario Testino. Es ist eines von zwei offiziellen Verlobungsfotos, die am 16. November 010 in Clarence House aufgenommen wurden.

oben: Prinzessin Diana und Prinz Charles verließen am 22. Juni 1982 das St. Mary's Hospital in London mit ihrem neugeborenen Sohn. Noch kannte niemand den Namen des jüngsten Sprosses der Windsors. Erst Tage später gab der Palast bekannt, dass er William Arthur Philip Louis heißen wird.

links: Prinz William ist immer dabei – mit der Prinzessin von Wales bei einem offiziellen Besuch in Neuseeland im April 1983.

rechte Seite: Prinzessin Diana mit Prinz William, den sie später liebevoll »Wombat« nannte. Am Ringfinger ihrer linken Hand trägt sie den Saphir, ein Verlobungsgeschenk ihres Mannes Charles. William schenkte dieses Schmuckstück 2010 Kate Middleton zur Verlobung.

oben: *Landleben inmitten von Wildblumen auf Highgrove im Juli 1986. Diana konnte mit Wandern, Jagen und Angeln nichts anfangen – ganz im Gegensatz zu Kate.*

unten: *William hasste die Fotografen seit seiner Kindheit. Er konnte nicht verstehen, warum sie immer in der Nähe waren. Später sollte er sie für den Tod seiner Mutter Diana verantwortlich machen. Das Foto wurde im Dezember 1983 im Garten des Kensington Palace aufgenommen.*

rechte Seite: *Vor den Fotografen gaben sie sich als heile Familie: Charles, Diana, William und Harry bei einem Urlaub im August 1987 auf den Stufen des Marivent-Palasts auf Mallorca.*

oben: *Prinzessin Diana legte Wert darauf, ihren Sohn William so normal wie möglich aufwachsen zu lassen. Nicht immer war der kleine Prinz so gesittet wie auf diesem Foto. Einmal versuchte er, die handgefertigten Schuhe seines Vaters in der Toilette hinunterzuspülen.*

unten: *Eine ganz normale Familie? Diana mit ihren Söhnen William und Harry in Kensington Palace. Auf dem Flügel stehen Fotos der Windsors. Charles habe sich immer ein Mädchen gewünscht, sagte Diana später.*

rechts: An der Hand seiner Mutter lernte William, was es heißt, Mitglied der königlichen Familie zu sein. Er musste lächeln, winken und höflich sein, wie hier bei seinem ersten offiziellen Auftritt im März 1991 im walisischen Cardiff.

unten: Beide Prinzen entscheiden sich später für die militärische Karriere – William und Harry bei Feierlichkeiten zum Victory Day am 19. August 1995 in London.

oben: *Prinz William wurde am 6. September 1995 in Eton eingeschult. Das traditionsreiche Internat liegt unweit von Windsor Castle, dem Familienschloss. Oft besuchte der Schüler dort seine Großmutter zum Tee.*

links: *Hinter den Mauern des Eliteinternats war Prinz William vor Fotografen geschützt.*

Das Ende einer Kindheit: William und Harry trauern um ihre Mutter, die am 31. August 1997 bei einem Autounfall in Paris ums Leben kam. Während des Trauerzugs folgen sie dem Sarg Dianas in Begleitung von Prinz Philip, Earl Spencer, dem Bruder von Diana, und Prinz Charles (v. l. n. r.).

oben: *Auf dem College in Eton versuchte sich William im Kochen. Es gehörte nicht zu seinen Stärken. Später musste ihm seine Freundin Kate in der Küche oft helfen.*

unten: *William mit seinem Vater im Garten ihres Anwesens Highgrove im September 2000. Gegenüber der Presse sagte Charles, dass sein Sohn nach einem Jahr Auszeit das Studium im schottischen St. Andrews aufnehmen würde.*

Rechts: *So gewann sie das Herz ihres Prinzen: Auf einer Modenschau im schottischen St. Andrews trug Kate ein durchsichtiges Kleid. Bei dieser Veranstaltung im März 2002 soll William zum ersten Mal bemerkt haben, dass das fröhliche Mädchen für ihn mehr ist als nur eine Kommilitonin.*

Unten: *Prinz William am Tag seines Studienabschlusses am 23. Juni 2005 im schottischen St. Andrews. Er hatte zuerst Kunstgeschichte studiert, aber später zu Geographie gewechselt. Williams Freundin Kate Middleton erhielt am selben Tag ihr Diplom in Anwesenheit der königlichen Familie.*

Prinz William salutierte während seines Besuchs der HM Naval Base Clyde im schot- tischen Faslane im Oktober 2010. Seine militärische Karriere ist für ihn auch ein Möglichkeit, sich den öffentlichen Pflichten zu entziehen.

Kate Middleton zog die Aufmerksamkeit der Fotografen auf sich, als sie in eleganter Aufmachung mit William im Jahr 2006 eine Hochzeit besuchte. Laura, die Tochter von Camilla Parker Bowles, gab in der St. Cyriac's Church in Wiltshire Harry Lopes das Jawort.

oben: Kate Middleton noch in ihrem alten Look beim Gatcombe Park Festival im August 2005: Jeans, Schlapphüte und Cowboystiefel wurden einst von ihr bevorzugt.

unten: Kate versteckt sich hinter einer Sonnenbrille während eines Pferderennens in Cheltenham im März 2007.

rechts oben: Am 15. Dezember 2006 hatte Kate ihren großen Auftritt während der Militärparade in Sandhurst. William hatte sie, ihre Mutter und ihren Vater (rechts) zu der Veranstaltung eingeladen, mit der seine Ernennung zum Offizier gefeiert wurde.

rechts unten: Böse Überraschung zum 25. Geburtstag: Am 9. Januar 2007 warteten Paparazzi vor dem Londoner Appartement von Kate. Sie folgten ihr bis zu ihrem Auto und bedrängten sie wie einst Diana.

Kate zeigt Stilgefühl, sehr zur Freude der Fotografen. Sie sehen in ihr schon die nächste Diana. Hier besuchte sie im März 2007 das Cheltenham-Musik-Festival in Gloucestershire.

es über den Platz, als sei er ein Popstar. Niemals zuvor hatte ein britischer Prinz einen solchen Begeisterungssturm entfacht. Charles blickte sichtlich irritiert auf die vielen Plakate mit aufgemalten Herzen, die seinem ältesten Sohn galten. Der hatte schüchtern den Kopf gesenkt, die blauen Augen waren hinter seinen dichten Ponyfransen verborgen, was ihn für die außer sich geratenen Mädchen nur noch attraktiver machte. Schließlich konnte er sich überwinden und wechselte einige belanglose Worte mit seinen Fans, die ihn dafür nur umso heftiger umwarben. Alle waren auf einmal verrückt nach William, und in diesen Tagen in Kanada konnte die Presse über ein neues Phänomen berichten: die »Willsmania«.

Für Diana wäre es nicht überraschend gewesen, wie ihr Sohn auf die Menschen wirkte. Sie hatte immer geahnt, wie sehr er ihr in dieser Hinsicht ähnlich sein würde. Ihre ganzen Hoffnungen für die Monarchie hatten auf ihm geruht, denn den Rest der Familie Windsor hielt sie für altmodisch und nicht belehrbar. Doch weil William am Beispiel seiner Mutter erlebt hatte, welche Schattenseiten der Ruhm mit sich bringen konnte, wollte er sich dem Rampenlicht entziehen. Einem Freund in Eton gestand er: »Wenn du erlebst, wie deine Mutter tränenüberströmt nach Hause kommt, weil sie von dämlichen Fotografen verfolgt wurde, kannst du verstehen, warum ich die so hasse. Mir war immer ganz schlecht, wenn ich mich den Kameras stellen musste. Ich habe das verabscheut. Damit aufzuwachsen war das Schlimmste für mich.«[3]

Schon als Kind hatte William eine ihm ganz eigene Art entwickelt, sich den Kameras zu entziehen. Aus den Augenwinkeln beobachtete er ihre Positionen – und kehrte ihnen geschickt den Rücken zu, auch wenn Diana ihn anhielt, sich so zu präsentieren, dass die Fotografen vorzeigbare Aufnahmen von ihm machen konnten. Zwar sah er, je älter er wurde, immer mehr ein, dass Auftritte vor den Medien zu den Aufgaben eines künftigen Königs gehörten, da die Monarchie sich nur so in ihrer repräsentativen Rolle rechtfertigen konnte. Aber seine Abneigung vermochte er nicht vollkommen zu unterdrücken.

Zu Williams achtzehntem Geburtstag entschloss sich der Palast, einen Pressetermin mit ihm zu arrangieren. Es wurde nach einem Journalisten gesucht, der den Prinzen in Eton besuchen und stellvertretend für alle Medien interviewen würde. Es sollte keiner der Berichterstatter sein, die gewöhnlich das Leben der königlichen Familie begleiteten. Die Wahl fiel auf Eugene Campbell. Der Kameramann arbeitete für das Fernsehunternehmen ITN und war meist zur politischen Berichterstattung in Krisengebieten unterwegs.

Eines Morgens, noch im Jahr 1999, wurde Campbell in einem Ausbildungscamp der britischen Armee, in dem er gerade einen Erste-Hilfe-Kurs absolvierte, zum Telefon gerufen. Am anderen Ende meldete sich ein Mitarbeiter aus der Pressestelle des Palastes. Ob er sich vorstellen könne, an einem Projekt mit Prinz William zu arbeiten?, wurde Campbell gefragt. Überrascht betrachtete er den Hörer, bevor er sich so weit sammeln konnte, um sich nach den näheren Umständen dieser »heiklen« Mission zu erkundigen. Erst langsam verstand er, warum ein krisengestählter Typ wie er einen solchen Auftrag erhielt. Der Prinz, so befürchtete der Palast, könnte Schwierigkeiten machen, wenn man ihn nicht umsichtig behandeln würde. Ein gewöhnliches Interview, zu dem sich Hunderte von Fotografen und Kameraleuten vor der Schule aufbauen würden, käme somit nicht in Frage. Die Idee sei nun, nur eine Person zu nehmen, zu der William eine persönliche Beziehung aufbauen könnte. So würde er sich möglicherweise entspannen, und auf diese Weise hätte man vielleicht bessere Bilder als die üblichen Schnappschüsse einer aufgeregten Meute von Fotografen, die sich wahrscheinlich rüde um die besten Positionen streiten und durch lautes Rufen ihr Motiv verschrecken würden.

Campbell, der es gewohnt war, Minenfelder zu umgehen, sagte schließlich zu. Außer ihm sollte nur noch ein Fotograf des *Daily Telegraph* an der »Mission William« beteiligt sein. Man einigte sich auf ein erstes Treffen in Eton, zu dem neben dem Prinzen auch sein Tutor erscheinen sollte. Gleich nach ihrer Ankunft ließ man Campbell und den Fotografen in einem Besprechungszimmer Platz nehmen. Als William den Raum betrat, trug er seine formelle Schuluniform. Zunächst wirkte er steif und abweisend. Aber auch die Journalisten hielten sich zurück, denn sie hatten nicht die geringste Vorstellung, wie der Prinz auf sie reagieren würde. Man sah ihm an, dass die Situation für ihn nicht einfach war, er verhielt sich nicht unfreundlich, aber blieb sehr distanziert. Für Eugene begann nun der schwierigste Part seiner Aufgabe. Ein Interview zu führen, das war für ihn Routine, aber hier galt es, erst einmal Überzeugungsarbeit zu leisten. Dem erfahrenen Reporter war von der ersten Sekunde an klar, dass er menschlich auf dem Prüfstand war. Es lag an ihm, William zu überzeugen, dass er anders war als die Paparazzi, die seiner Mutter aufgelauert hatten. »Wir mussten ihm glaubhaft machen, dass wir normale Menschen waren und nicht die Absicht hatten, ihn hinters Licht zu führen«, erinnerte sich Campbell an den wohl ungewöhnlichsten Einsatz seines Reporterlebens.

William war schließlich von der Aufrichtigkeit Campbells überzeugt. Als das Eis gebrochen war, öffnete er dem Kameramann seine kleine private Welt in Eton. Er ließ sich beim Studieren in der Bibliothek filmen, beim Kochen mit umgebundener Schürze und beim Wasserballspiel. Es entstanden Aufnahmen von einem jungen Mann ohne Starallüren, der mit seinem natürlichen Charme und seinem verschmitzten Humor die Herzen seiner Mitschüler gewonnen hatte, so dass sie vergaßen, wer er eigentlich war. Für seine Kameraden war er keine »Königliche Hoheit«, nicht Prinz William, sondern einfach nur Wills.

Mit seinem achtzehnten Geburtstag im Juni 2000 sollte auch bald seine Schulzeit zu Ende gehen, und William musste nun die Weichen für sein weiteres Leben stellen. Seit Monaten diskutierten er und seine besten Freunde über die Zeit »danach«. Die meisten dachten ähnlich wie Catherine über ein Gap Year nach. William träumte von einem einfachen Leben auf dem Land, möglichst weit weg von England und jedweder Zivilisation. Der Prinz fragte Charles um Rat, sogar Camilla und deren Sohn Tom Parker Bowles, ebenso Peter und Zara Phillips, die Kinder von Prinzessin Anne. Auch die besten Freunde des Prinzen, William van Cutsem und Lady Gabriella Windsor, wurden um ihre Meinung gebeten, doch sie alle hatten zu unterschiedliche Ideen. Nichts schien auf Williams Bedürfnisse zu passen. Da machte ihm sein Vater eines Tages einen Vorschlag: Wie wäre es, wenn du dich Raleigh International anschließen würdest, ihre Mitarbeiter leisten gemeinnützige Arbeit in den entferntesten Gegenden der Welt?

Raleigh war 1984 von dem Abenteurer, Publizisten und ehemaligen Offizier John Blashford-Snell gegründet worden und kümmerte sich um kommunale Projekte in Gegenden, die von der Zivilisation abgeschieden waren und dringend praktischer Unterstützung bedurften. Die Arbeit für Raleigh kam meist einer Expedition gleich, die die jungen Menschen in unterentwickelte Gebiete führte und ihnen neben der Begegnung mit fremden Kulturen und einer meist atemberaubenden Natur auch die Bekanntschaft mit dem eigenen Ich versprach. Sich selbst zu entdecken und sein eigenes Potenzial zu erforschen, war eine Vorstellung, die Prinz William faszinierte. Costa Rica, Namibia oder die

Mongolei waren mögliche Einsatzorte, doch William entschied sich für jenen Teil von Patagonien, der zu Chile gehört.

Nachdem die Entscheidung gefallen war, konnte er es kaum noch erwarten, die Reise dorthin anzutreten. Doch zunächst musste noch Zeit überbrückt werden, und so durchwanderte William mit den Welsh Guards, einem königlichen Garderegiment, den Dschungel in Belize, einer ehemaligen englischen Kolonie in Südamerika, einst Britisch-Honduras genannt. Dort lernte er, sich selbst zu versorgen und mit dem zurechtzukommen, was die Natur zu bieten hatte. Seine nächste Station war die Insel Rodrigues im Indischen Ozean, nahe Mauritius. Für einen Monat beteiligte sich der Prinz dort an einem Projekt der englischen Geographischen Gesellschaft zum Schutz bedrohter Korallenriffe. Doch das Ziel, dem er mit größter Spannung entgegensah, war das kleine Dorf Tortel in Südchile, wo er zehn Wochen lang Aufbauarbeit leisten wollte.

Was ihn dort erwartete, war das genaue Gegenteil seiner behüteten Welt in Palästen und Internaten. Tatsächlich wussten die Menschen im entlegenen Patagonien nicht, wer ihnen half, ihre Hütten zu reparieren und frisch zu streichen. Dass der hochgewachsene blonde junge Mann mit dem offenen Lachen ein echter Prinz aus England war, schien sie nicht zu interessieren. Wichtiger war, dass er die Kinder von Tortel in seiner Muttersprache unterrichtete, mit ihnen herumtollte und ihnen Geschichten vorlas. Es war genau das Leben, nach dem sich William immer gesehnt hatte.

Neben den handwerklichen Tätigkeiten zum Wohl der Dorfbewohner von Tortel sollte aber auch das Abenteuer nicht zu kurz kommen. Seit Kindertagen war der Prinz nur zu gern in der Natur unterwegs, auf dem Pferderücken oder, das Gewehr geschultert, auf der Pirsch in den schottischen

Highlands. Aber Südchile war anders, wild und gefährlich, gnadenlos und voller Überraschungen. Die Betreuer von Raleigh planten einen Ausflug zu den Fjorden und Archipelen an der Küste Patagoniens, und schließlich war es so weit: Drei Wochen wollten sie durch unbewohntes Gelände streifen, ihr Ziel war ein Dorf namens Punto Mano. Nach der anstrengenden Tour, so erfuhren die Jugendlichen, warte zur Belohnung der Einblick in eine unberührte Natur. Vor der Küste tummelten sich Delphine, Seelöwen und der vom Aussterben bedrohte Kondor. William freute sich auf die Tour, er kannte keine Angst. Doch er würde mit Situationen konfrontiert werden, die seinen Mut und sein Durchhaltevermögen auf eine harte Probe stellten.

Kaum hatte die kleine Gruppe, bestehend aus sechs Jungen und ebenso vielen Mädchen, ihre Kajaks bestiegen, mit denen es an der Küste entlang in die Wildnis gehen sollte, kam eine Sturmfront auf. Ein bis zwei Tage, so waren sie unterrichtet worden, könne das schlechte Wetter anhalten. Tapfer paddelten die Jugendlichen gegen den immer heftiger werdenden Sturm an. Der Regen peitschte ihnen ins Gesicht und nahm ihnen die Sicht. Drei Stunden lang kämpften sie unermüdlich gegen ihn an, um endlich in eine schützende Bucht zu gelangen. Sie zogen ihre Kajaks an Land, um am Strand ihre Zelte aufzubauen. Bei dem kräftigen Wind benötigten sie dafür länger, als sie gedacht hatten. Kaum hatten sie ihre provisorische Unterkunft hergerichtet, kam der Regen Sturzbächen gleich vom Himmel.

Fünf Tage und Nächte waren die Abenteurer in ihrem kleinen Lager gefangen, der Regen machte keine Pause, und der Wind rüttelte heulend an den Planen ihrer Zelte. Meterhohe Wellen türmten sich vor der Küste auf und zerstörten die Hoffnung, vielleicht den Rückzug ins sichere Tortel antreten zu können. Sie mussten einfach ausharren.

Während sie auf besseres Wetter warteten, vertrieben sie

sich die Zeit mit Singen, mit Spielen und damit, sich gegenseitig Witze zu erzählen. Jede Faser, die sie am Körper trugen, war durchnässt. Manche trauten sich nicht einmal aus dem Schutz ihrer Zelte an den Strand, so war es den Mutigen überlassen, das nötige Feuerholz zu sammeln. Es war nicht einfach, die Flammen zu entzünden, doch als es schließlich gelungen war, spendete die Wärme ihnen ein wenig Trost. Mit der Zeit nahm die Sorge zu, die Zelte könnten überflutet werden, so heftig waren die Wolkenbrüche.

William, der sich noch niemals in einer solchen Lage befunden hatte, begann, mit seinem Schicksal zu hadern. Warum nur hatte er sich auf dieses Wagnis eingelassen? Doch nach fünf Tagen hörte der Regen ebenso plötzlich auf, wie er begonnen hatte. Endlich konnten sie ein Feuer anmachen, ihre Kleider trocknen und schließlich ihre Tour fortsetzen. Für den Prinzen war es ein eindrückliches Erlebnis, das ihn noch lange beschäftigen sollte.

Zurück in Tortel, wartete wieder harte körperliche Arbeit auf die Jugendlichen. Sie hatten nun die Aufgabe, die Wege im Dorf zu befestigen und Holzstege zu zimmern.

Im fernen England klingelte in dieser Zeit erneut das Telefon bei Eugene Campbell. Wieder bat ihn der Palast um einen Sonderbericht, denn die fleißige, gemeinnützige Arbeit des Prinzen in Chile würde hervorragendes Material für eine Berichterstattung über den jüngsten Hoffnungsträger der Monarchie abgeben. Also machte sich Campbell auf ins entfernte Tortel, um einen Film über das soziale Engagement des Thronfolgers zu drehen.

Es war noch nicht lange her, als er William das letzte Mal in Eton gesehen hatte, doch jetzt begegnete er einem jungen Mann, der ihn in Erstaunen versetzte. William war braun gebrannt und muskulös. Er wirkte erwachsener und verantwortungsvoller, und die Dorfbewohner schenkten ihm ihr Vertrauen. Wie schon zuvor zeigte sich William vor der

Kamera von Campbell sehr kooperativ. Alles sollte natürlich wirken, ganz so, wie er seinen Aufenthalt in Südchile empfand. Der Prinz selbst machte den Vorschlag, ihn bei den täglichen Verrichtungen in der kargen Holzhütte zu filmen, die er sich mit einigen anderen aus der Raleigh-Gruppe teilte, beim Kochen, beim Schrubben der primitiven Toilette, beim Holzhacken. Das alles schien dem Adelsspross wie selbstverständlich von der Hand zu gehen. William präsentierte sich völlig ungezwungen und gewann damit auch Campbells Anerkennung, der sonst kein großer Verehrer der Royals war: »Ich mochte ihn, und ich respektierte ihn. Nicht wegen seiner Herkunft, sondern wegen seiner Persönlichkeit. Wenn er einen Raum voller Menschen betritt, fügt er sich in die Gruppe ein, als sei er einer von ihnen. Er will am normalen Leben teilnehmen. Von einem Royal erwartet man das eigentlich nicht.«

Eugene Campbells Bericht zeigte den Briten einen ungewöhnlichen Prinzen. Bodenständig, intelligent, sympathisch und um seine Mitmenschen besorgt, ein junger Mann, der sein außergewöhnliches und zum Teil tragisches Schicksal in die eigenen Hände genommen hatte. In Patagonien erfuhr William, wie sich Freiheit und Verantwortung anfühlen. Für ihn war das der richtige Weg gewesen, und er hatte in ihm die Idee reifen lassen, sich so lange wie nur möglich seine Unabhängigkeit zu erhalten.

Seinen Vater und seine Großmutter schockierte er, als er wieder zurück in England war, mit dem Entschluss, sich künftig nur noch William Wales zu nennen. Er trug sich sogar mit dem Gedanken, ganz auf die Thronfolge zu verzichten, was einer Rebellion im Hause Windsor gleichkam. Die Queen fühlte sich an die schlimmste Krise der Monarchie erinnert, als ihr Onkel, Edward VIII., 1936 abdankte, um seine Geliebte Wallis Simpson zu heiraten. Damals hatte ihr Vater die Last der Krone übernehmen müssen, und Elizabeth wurde Thronfolgerin, obwohl das Schicksal eigentlich einen anderen Weg für sie vorgesehen hatte. Seit damals hatte sie sich in die Pflicht ihrer Aufgabe gestellt, ohne zu klagen. In der Erbmonarchie, davon war sie überzeugt, musste jeder seinen Platz einnehmen – er war festgefügt, von der Wiege bis zur Bahre. Dem konnte ihrer Überzeugung nach auch William nicht entrinnen.

Prinz Charles sah die Entwicklung seines Sohnes wiederum mit Sorge. Nahm im Wesen seines Erstgeborenen der widerspenstige Charakter seiner Mutter überhand? Diana hatte sich immer wieder gegen die einengenden Regeln gestemmt, die Teil der Monarchie waren. Was sollte werden, wenn William sich seiner Pflicht entzog? »Es gab eine Zeit«, berichtete die Journalistin Judy Wade, »da lief Prinz Harry herum und prahlte: ›Ich mache es, ich werde König! Nennt mich König Harry!‹ William begehrte auf, weil er stets gezwungen worden war, sich anzupassen. Vom Moment der Geburt an hatte man ihn beobachtet und ihm zu verstehen gegeben, was er alles tun muss, dass er keine andere Wahl hätte. Jeden jungen Mann würde das zum Rebellen machen.«

William unternahm im Jahr seiner Volljährigkeit noch eine weitere Reise, die ihn dieses Mal nach Kenia führte. Anschließend war ihm klar, dass er sein Studium an einem Ort beginnen wollte, der ihm so weit wie möglich freie Entfaltung gewähren würde. Seine Wahl fiel auf eine Universität im schottischen St. Andrews.

Einen Monat, nachdem Prinz William Chile verlassen hatte, kam Catherine Middleton dort an. Ohne zu ahnen, dass sie bereits den Spuren ihres künftigen Ehemannes folgte. Auch sie absolvierte in diesem Land Aufbauhilfe für Raleigh International, allerdings ohne Zwischenfälle und ohne die Begleitung eines Kamerateams. Danach reiste sie im Sommer

2001 mit ihrer Familie nach Barbados, einer Insel der Kleinen Antillen, die zum Commonwealth gehört. Sie stiegen in einem exklusiven Hotel ab, das wegen seines langen Sandstrands und seiner tropischen Gartenanlage ein beliebtes Reiseziel für Menschen mit Geld ist. Die Middletons hatten eine Zeit gewählt, in der die Hotelpreise günstiger waren als während der Hochsaison um Weihnachten herum. Catherine genoss es, lange Sonnenbäder zu nehmen und dabei zu lesen. Wie immer mied sie den Trubel in den Bars und Diskotheken, sie blieb lieber für sich.

Inzwischen hatte sie viele Erfahrungen gesammelt, die sie mit ihrem künftigen Ehemann teilte, ohne zu wissen, dass sie sich schon bald begegnen würden. Wie William liebte sie das Leben auf dem Land, eine der wichtigsten Voraussetzungen, um sich in der Royal Family wohl zu fühlen, die sich vorzugsweise beim Polo, Jagen und Fischen entspannt. Und beide waren auf exklusiven Privatschulen gewesen, die nicht weit voneinander entfernt lagen und in denen sie ihre sportlichen Ambitionen ausleben konnten. Ihre Auszeit nach der Schule hatten sie zum Reisen genutzt, sogar ähnliche Abenteuer in Chile erlebt. Zu guter Letzt hatten sie sich jeweils unabhängig voneinander für das schottische St. Andrews entschieden. In Williams Fall war es überraschend, dass er eine relativ kleine Universität gewählt hatte, und nicht die renommiertere Oxford University oder etwa Cambridge, wo sein Vater studiert hatte. Im Fall der Millionärstochter Catherine war es sogar äußerst bemerkenswert, dass sie überhaupt eine weiterführende Ausbildung anstreben konnte. Denn es war noch gar nicht so lange her, da gehörten ihre Vorfahren zur Arbeiterklasse des britischen Königreichs.

7
Für König und Vaterland

Im Stammbaum der künftigen Königin Englands finden sich Namen wie Harrison, Goldsmith, Lupton und Glassborrow. Catherines Großmutter Dorothy Harrison lebte noch in großer Armut im Londoner Stadtteil Southall, einem Viertel, das heute von indischen Einwanderern geprägt ist. Sie kam aus einer Familie von Bergarbeitern, die seit den Zeiten von Queen Victoria in den Kohleminen von Durham County im Norden Englands mühsam ihr Geld verdienten. Die Arbeit unter Tage ernährte die Harrisons zwar, aber sie war gefährlich und gesundheitsschädlich. Mit dem Schweiß der einfachen Leute erwirtschaftete das viktorianische England einen bisher nicht gekannten Wohlstand, dank einer Industrialisierung, die vorangetrieben wurde durch Ausbeutung der Bodenschätze.

Während Williams Ahnin Victoria 1876 zur Kaiserin von Indien gekrönt wurde, stiegen die Männer der Familie Harrison hinab in die dunklen Schächte, nicht ahnend, dass eine ihrer Nachfahrinnen eines Tages den englischen Thronfolger heiraten würde. Damals, Ende des 19. Jahrhunderts, war ein solcher spektakulärer sozialer Aufstieg undenkbar. Als Queen Victoria starb und ihr Sohn Edward VII. zum König gekrönt wurde, erklommen die Harrisons die erste Stufe der sozialen Leiter, die von der niedrigsten Arbeiterschicht in die Höhen des Buckingham Palace führen sollte. Thomas Harrison, geboren 1904, war der erste Mann der Familie, der nicht im Bergbau arbeitete, sondern ein Handwerk erlernen durfte. Er wurde Schreiner, nachdem er den Wirren des Ersten Weltkriegs unbeschadet entronnen war. Zu jung, um an der Front zu kämpfen, hatte er sich mit seiner Mutter in Hetton-le-Hole durchgeschlagen, einem Dorf im Nordosten Englands. Sein Vater starb im Schützengraben, wie viele der Minenarbeiter, die sich bei Ausbruch des Krieges zum Militär gemeldet hatten. Thomas war vierzehn Jahre alt, als man 1918 den Frieden verkündete. Fortan arbeitete er in der Schreinerei seines Großvaters mütterlicherseits.

Die Welt nach dem Ersten Weltkrieg war in stetigem Wandel begriffen. Auch durch Hetton-le-Hole fuhren immer mehr Automobile, ein Kino eröffnete, und die jungen Leute tanzten vergnügt und unbeschwert in den Jazzclubs, die überall aus dem Boden schossen. Auch Monarchen kamen und gingen: Edward VII., ein starker Raucher, starb nach einem Herzinfarkt, sein Sohn George V. beschloss, die Royal Family von ihrem deutschen Namen Sachsen-Coburg und Gotha zu befreien und fortan als Windsor weiterzuregieren. Ihm folgte Edward VIII. auf den Thron, der es dort ja wegen seiner unstandesgemäßen Geliebten nicht lange ausgehalten hatte.

Thomas Harrison lernte in der turbulenten Zeit Elizabeth kennen, mit der er 1934 vor den Traualtar trat. Schon bald hatten sie eine gemeinsame Tochter: Dorothy, Catherine Middletons Großmutter. Nach ihrer Geburt zog die Familie nach Southall, in eine ärmliche Wohnung in einer Straße namens Bankside. Hier wuchs Dorothy auf.

Es war ein bescheidenes Leben in einem der hässlichsten Viertel Londons, mit Hühnern hinter dem Haus und zerschlissener Kleidung auf der Wäscheleine, doch Dorothy hatte schon früh Pläne für eine bessere Zukunft. Immerhin durfte sie eine der neuen modernen Schulen besuchen, und sie hatte nicht vor, ihr Leben lang arm zu bleiben. Sie war zwölf, als sie im Kino war, wo in einer Wochenschau über die junge Prinzessin Elizabeth berichtet wurde, die 1947 den gutaussehenden Offizier Philip Mountbatten zum Ehemann nahm. Schon wenige Jahre später sollte sie als Elizabeth II. den Thron Englands besteigen und 1953 in einer beeindruckenden Zeremonie zur Königin gekrönt werden.

Im selben Jahr gab Dorothy ihrer Jugendliebe Ronald Goldsmith das Jawort, der nicht weit entfernt von der Bankside aufgewachsen war. Auch Rons Jugend war von Entbehrungen geprägt, sein Vater war an Asthma gestorben, als er gerade sechs Jahre alt war. Seine Mutter Edith stand mit ihren beiden jüngsten Kindern alleine da, mittellos, aber mit einem eisernen Willen. Sie war entschlossen, mit ihrer Hände Arbeit für das Auskommen der Familie zu sorgen und ihrer Tochter Joyce und ihrem Sohn Ron eine Schulausbildung zu ermöglichen. Die drei älteren Geschwister waren bereits ausgezogen. Tagsüber stand Edith am Fließband einer Lebensmittelfabrik, abends kümmerte sie sich um den Haushalt. Nicht selten wurde Ron, ein hübscher kleiner Junge mit blonden Haaren, in den nahe gelegenen Pub geschickt, um für seine Mutter ein Feierabendbier zu besorgen. Nach dem Tod des Vaters hatte Rons Familie aus einem Haus in der Clarence Street in die benachbarte Dudley Road umziehen müssen. Die Wohnung war sehr bescheiden, selbst für eine Gegend, in der vorwiegend Arbeiter wohnten, die ihren Lohn in den umliegenden Fabriken verdienten.

Ronald war bekannt für seine Liebenswürdigkeit und seinen mitreißenden Humor, der ihn auch in den schwierigsten Zeiten nicht verließ, selbst nicht in den Bombennächten des Zweiten Weltkriegs, die er oftmals zitternd und betend im nahegelegenen Luftschutzkeller verbrachte. Er ließ auch den Mut nicht sinken, als er sich nach 1945 mangels geregelter Arbeit mit Gelegenheitsjobs durchschlagen musste. Catherine Middletons Großvater war ein begabter Schreiner und Maler, und gemeinsam mit seiner Frau Dorothy, die eine Anstellung als Verkäuferin in einem Juweliergeschäft gefunden hatte, konnte er davon träumen, ein eigenes Baugeschäft zu eröffnen und die heruntergekommene Wohnung in der Dudley Road gegen ein Eigenheim auszutauschen. Bevor ein Umzug in greifbare Nähe rückte, wurde ihre Tochter Carole geboren, Catherine Middletons Mutter.

Dorothy Goldsmith, so berichtete die britische Journalistin und Kate-Middleton-Biographin Claudia Joseph, war eine ehrgeizige Frau. Sie wollte sich nicht mit der Mittellosigkeit, in die sie und ihr Mann Ron hineingeboren worden waren, abfinden. In der Familie gab man ihr den Spitznamen »Lady Dorothy«, da sie nach Höherem strebte und ständig damit beschäftigt war, nach Möglichkeiten Ausschau zu halten, die das Familieneinkommen erhöhten. Es war dieser Wille zum sozialen Aufstieg, den Dorothy an ihre Tochter Carole weitergab. Geboren noch in der ärmlichen Wohnung in der Dudley Street, zog sie mit ihren Eltern bald in ein kleines Reihenhaus in einem besseren Viertel von Southall. In diesem lebten in den sechziger Jahren zwar ebenfalls fast ausschließlich Fabrikarbeiter, aber auch Angestellte, die in Windsor Castle oder dem angrenzenden weitläufigen Park eine Beschäftigung gefunden hatten.

Carole und ihr Bruder Gary verlebten eine unbeschwerte Kindheit, doch der Besuch einer der teuren Privatschulen lag für die Familie Goldsmith außer Reichweite. Tanzen war die große Leidenschaft der hübschen Carole, die sich zur Musik aus dem Fernseher wie ein Filmstar bewegte. Sie fand einen Job in einem Bekleidungsgeschäft, bevor sie schließlich bei British Airways als Stewardess anfing. Hier begegnete sie ihrer großen Liebe: Michael Middleton. Catherines Vater stammte aus einer Familie von Anwälten. Seit Anfang des 19. Jahrhunderts waren die Söhne der Middletons Anwälte in der nordenglischen Industriestadt Leeds, die mit der industriellen Revolution einen rasanten Aufschwung erlebte. Olive Lupton, Catherines Urgroßmutter, ging 1914 die Ehe mit Noel Middleton ein, der früh seine Eltern verloren hatte, aber durch den Wohlstand der Familie abgesichert war und nach einer guten Schulausbildung eine Karriere als Anwalt gemacht hatte. Olive stammte aus einer der besser betuchten Familien von Leeds, die ihren Reichtum als Stoffhändler erworben hatte. Sie war weitläufig verwandt mit Thomas Fairfax, der während des englischen Bürgerkriegs im 17. Jahrhundert General eines vom Parlament zusammengestellten Reiterheeres war. Über die Linie der Spencers ist auch Prinz William mit Fairfax verwandt, was ihn zu einem Cousin fünfzehnten Grades von Catherine Middleton macht.

Olives Vater Francis war ein angesehener und prominenter Anwalt in Leeds, kümmerte sich um soziale Angelegenheiten und sorgte dafür, dass die Wohnverhältnisse in den Slums der Stadt verbessert wurden. Ihr Ehemann Noel Middleton kämpfte im Rang eines Leutnants im Ersten Weltkrieg und überlebte, anders als viele männliche Mitglieder aus ihrer Familie. Die Middletons waren musisch begabt. Noel organisierte als Vorstand eines Philharmonieorchesters Konzerte und er liebte es, zu malen und zu fotografieren, ein Talent, das sich auf Catherine Middleton vererbte. Das Paar hatte drei Söhne, der jüngste, Peter, kämpfte während des Zweiten Weltkriegs für die Royal Air Force, später arbeitete er als Pilot in der Zivilluftfahrt. Er heiratete Valerie Glassborow, ihr gemeinsamer Sohn Michael, der 1949 zur Welt kam, ist Catherine Middletons Vater.

Während die Vorfahren der künftigen Königin Englands mütterlicherseits sich aus schwierigen Verhältnissen nach oben kämpften, blickten die Middletons auf eine seit Generationen erfolgreiche bürgerliche Existenz zurück. Nur eine Ausnahme ist im Stammbaum Catherines bemerkenswert:

Edward Glassborow, ihr Urururgroßvater, saß 1881 im Gefängnis, wie eine Volkszählung aus dieser Zeit vermerkt, ohne sein Vergehen zu erwähnen. Doch bereits sein Sohn half, dass die Familienschande vergessen wurde: Er war ein erfolgreicher Banker.

Die Geschichte der Vorfahren Catherine Middletons wäre nicht weiter bemerkenswert, denn sie gleicht der vieler britischer Familien aus der Mittelschicht. Interessant wird sie aber durch die Tatsache, dass sie mit der nächsten Generation der Royal Family auch zu den Windsors gehören wird. Die Kinder von William und Kate werden auf bürgerliche Vorfahren zurückblicken. Vielleicht, so hoffen die Anhänger der Monarchie, gelingt es dem jungen Paar, durch ihre Verbindung Thron und Volk näher zueinanderzubringen. An Selbstbewusstsein jedenfalls mangelt es Catherine nicht. Einst darauf angesprochen, wie glücklich sie sich doch schätzen müsse, mit einem Prinzen liiert zu sein, antwortete sie: »Er hat Glück, dass er mit mir ausgehen darf.«

Catherine war am Ende ihrer Schulzeit zu einer schönen, stilbewussten jungen Frau herangereift, die in eine unbeschwerte Zukunft blicken konnte. Ausgestattet mit Intelligenz, Reichtum und einer privilegierten Bildung, hätte alles aus ihr werden können: Ärztin, Juristin, Pilotin. Doch sie entschied sich für Kunstgeschichte, ein Weg, der sie direkt in die Arme des Prinzen führen sollte, den die Medien zum begehrtesten Junggesellen ausgerufen hatten.

8
Eine königliche Romanze

Es war 2004, als sich Prinz William und Kate auf den Skihängen von Klosters zum ersten Mal öffentlich als Paar zeigten. »*Wills gets a girl!*«, titelte die englische Boulevardzeitung *Sun*, und die Briten staunten über den Frauengeschmack ihres »Prince Charming«. Dieses schlanke, junge Mädchen hatte also sein Herz erobert? Sollte er tatsächlich ernsthaft an ihr interessiert sein? Die Zweifel waren groß ob der unerwarteten Tatsache, dass sie brünett war – William, daraus hatte er nie ein Hehl gemacht, begeisterte sich eigentlich eher für Blondinen. Seine frühere Flamme, Jecca Craig, war blond, und auch seine Schwärmerei für das hellhaarige Spice Girl Emma Bunton war bekannt. Aber bald schon sickerten Informationen an die Presse, dass es diese auf den ersten Blick unscheinbare Brünette war, in die sich der einundzwanzigjährige William ernsthaft verliebt hatte. Er wollte so viel Zeit wie möglich mit ihr verbringen, deshalb hatte er den Entschluss gefasst, sie mit in den Winterurlaub zu nehmen, den Charles mit seinen Söhnen oft im schweizerischen Skiort Klosters verbrachte.

William, gewohnt, seinen Kopf durchzusetzen, hatte alle Bedenken beiseitegeschoben und genoss vor den Augen der wie immer neugierigen Journalisten die Anwesenheit seiner Freundin. Es war eine schlechte Idee, denn von diesem Augenblick an stand sie im Fokus der Medien, die Reporter jagten ihr rücksichtslos auf der Piste nach – denn da war sie plötzlich, die so lange erwartete Sensation im englischen Königshaus. Seit dem Tod Dianas hatte es keine richtig aufregende Story mehr gegeben – nun war sie greifbar nah, auf den Skihängen von Klosters. Bald fanden die Reporter heraus, dass es sich bei der unbekannten Schönen um eine Studienkameradin des Prinzen handelte.

In der Universitätsstadt St. Andrews verlebten William und Kate die schönste Zeit ihres Lebens. Über die grünen Hügel an der Küste Schottlands bläst immer eine kräftige Brise. Der Osten des Landes ist rau, manchmal abweisend, an dunklen Wintertagen können das ewige Klagen des Windes und der undurchdringliche Nebel heftig aufs Gemüt schlagen. Und doch hatte sich Prinz William ausgerechnet diesen abgelegenen Ort für sein Studium ausgewählt, ganz bewusst, um sich der Aufmerksamkeit durch die Medien zu entziehen.

Am 24. September 2001 drängten sich Reporter vor dem Glockenturm mit der gotischen Uhr am Eingang zur St. Salvator's Hall, als ein grüner Vauxhall mit Prinz Charles am Steuer vorfuhr. Auch einige neugierige Studenten hatten sich eingefunden und konnten ein Feixen nicht unterdrücken, als der Thronfolger die Einfahrt verpasste und wenden musste. Schließlich hielt er in der schmalen Straße vor dem Campus, um seinen Sohn William an diesem ersten Tag seines studentischen Lebens vor den etwa dreitausend Schaulustigen aussteigen zu lassen. Der junge Prinz war betont lässig gekleidet für diesen Anlass, mit dem doch ein wichtiger Schritt in seine Zukunft verbunden war. In seinen hellblauen Jeans und dem dunkelblauen Pullover wirkte er wie ein ganz normaler Student aus England, scheu lächelnd schenkte er seinen künftigen Kommilitonen und den Kameras diesen ganz besonderen Blick, der auch seiner Mutter Diana so eigen war. Es war keine Zeremonie vorgesehen, alles sollte so selbstverständlich wie möglich ablaufen. William beanspruchte für sich keine besonderen Privilegien, obwohl sie ihm zustanden.

Er hoffte auf ein möglichst normales Studentenleben in St. Andrews. Gegründet wurde die Institution 1413, somit ist es die älteste Universität Schottlands und ein Traum für jeden Bodyguard, der ein Mitglied der königlichen Familie bewachen muss. Überschaubar, am Ende einer Halbinsel gelegen, jederzeit abzuriegeln – Fremde fallen hier sofort auf. Der Campus liegt mitten im Herzen des malerischen Küstenstädtchens und vermittelt jedem neuen Studenten sofort ein Gefühl der Geborgenheit.

Die Windsors waren begeistert von Williams Wahl, und seine Urgroßmutter, Queen Mum, die damals noch lebte, hatte ihn mit den Worten verabschiedet: »Wenn es irgendwo eine gute Party gibt, lad mich ein!« Die Royals haben eine enge Bindung an Schottland. Das Familienschloss Balmoral, in jedem Sommer die Residenz der Queen, liegt in den Highlands, nicht weit von St. Andrews entfernt. William hatte dort viele glückliche Stunden seiner Jugend verlebt, aber auch den schwersten Tag seines Lebens, denn er erfuhr vom Unfalltod seiner Mutter Diana, als er auf Balmoral Castle weilte.

Er liebe Schottland, hatte er in einem Interview vor Studienbeginn erklärt. Die Hügel und Berge und das Kleinstadtflair von St. Andrews gefielen ihm sehr. Da er noch nie am Meer gelebt habe, freue er sich auf die neue Erfahrung. Er hoffe, so fuhr er fort, viele neue Freunde zu gewinnen, ihre Herkunft und ihr familiärer Hintergrund seien ihm egal. Akademische Meriten zu erzielen lag nicht im Fokus des Prinzen. Ihm ging es um ein möglichst unabhängiges Leben. Und doch war die Wahl von St. Andrews auch ein Zeichen, das weit über die persönlichen Vorlieben Williams hinauswies. Jedenfalls wollte es der damalige Rektor, Andrew Neil, so deuten: »Ich glaube, ein Grund, warum William auf St. Andrews aufmerksam wurde, hing damit zusammen, dass Schottland gerade sein eigenes Parlament bekommen hatte. Die Windsors legen sehr viel Wert darauf, als Royal Family des ganzen Königreichs wahrgenommen zu werden. Ich denke, es war eine Geste an Schottland, dass der Thronerbe auf eine schottische Universität geht, und St. Andrews erschien dafür geeignet. Es ist eine Eliteuniversität, die auf ebenso alte Traditionen zurückblicken kann wie Oxford und Cambridge. Viele englische Schuljungen kommen hierher, und daher war es für William kein fremdes Territorium.« Tatsächlich ist die Universität von St. Andrews eine der angesehensten auf den Britischen Inseln, mit so illustren Absolventen wie König James II. von Schottland, dem Medizin-Nobelpreisträger Sir James Black sowie Edward Jenner, der den Impfstoff gegen die Pocken entdeckte.

Auch wenn sein Eintritt ins Studentenleben möglichst zurückhaltend wirken sollte, so befand sich William doch von nun an in allerbester Gesellschaft. Die meisten Erstsemester in St. Andrews sind Absolventen teurer Privatschulen. Und kaum war bekannt, dass die Nummer zwei der britischen Thronfolge hier studierte, stieg die Beliebtheit des schottischen Küstenstädtchens sprunghaft an, ohne besondere Werbung. Allein die Tatsache von Williams Anwesenheit veränderte alles. Zwar gab es da schon immer die sogenannte Golf Connection, junge, betuchte Männer aus Amerika, die hier neben dem Studium auch die vorzüglichen Greens ausgiebig nutzten, doch plötzlich ereignete sich, wie Andrew Neil es ausdrückte, ein kleines »Wunder« – und das war weiblich. Die Anzahl der Studienbewerberinnen aus den USA stieg um 35 Prozent. Die Aussicht, einen richtigen europäischen Prinzen zum Kommilitonen zu haben, war zu verlockend; es bestand ja immerhin eine kleine Chance, plötzlich Prinzessin zu werden. Hatte sich nicht schon in Monaco mit der Amerikanerin Grace Kelly ein ähnliches Märchen ereignet? Andrew Neil beobachtete die neue Entwicklung mit einigem Amüsement: »Natürlich ging es um William. Aber alle Frauen verhielten sich trotzdem gesittet. Es gab keine Groupies, kein Gedränge von weiblichen Studenten, die ihn bewunderten und verrückt danach waren, ihn zu sehen. Dazu waren sie alle zu intellektuell und gelassen. Aber es machte schon was aus, dass wir auf einmal die vielen amerikanischen Frauen hier hatten. Das hat unser internationales Ansehen enorm gesteigert.« Was zählt da schon der Nobelpreis von Sir James Black gegen den Imagegewinn durch einen blaublütigen Single.

Es schien jedoch, als fürchtete sich William davor, Begehrlichkeiten zu wecken. Er zog sich erst einmal zurück. An den Feiern zum Studienbeginn nahm er nicht teil. Alkoholgeschwängerte Partys mied er konsequent, um jeden Medienaufruhr vorsorglich zu vermeiden. Prinz Charles hatte seinen Sohn gründlich vorbereitet auf die Gefahren, die ein lockeres Studentenleben für einen künftigen König bereithielt. Drinks und Drogen mussten für William tabu sein, denn das hätte sein Image für immer ruinieren können. Das falsche Mädchen, das unangenehme Geschichten an die Medien verkaufen würde – ein Alptraum für die Presseagenten des Palastes. Im 19. Jahrhundert konnte sich der Thronfolger Edward VII., Sohn Queen Victorias, noch von Kameras unbeobachtet auf dem Landsitz Madingley Hall nahe Cambridge mit Schauspielerinnen vergnügen, doch bald machten unabhängig davon wüste Gerüchte über das Lotterleben die Runde. Sein Vater, der streng auf Moral bedachte Prinz Albert, sah rot. Er ritt bei Nacht und Nebel nach Cambridge, um seinen liederlichen Sohn zur Rede zu stellen. Dabei erkältete er sich und starb an den Folgen der gutgemeinten Erziehungsmaßnahme. Queen Victoria, heißt es, soll ihrem Sohn zeitlebens die Schuld am Tod ihres über alles geliebten Ehemannes gegeben haben. Prinz William war also gewarnt. Künftig sollte er sorgfältig auswählen, wen er in seine Nähe ließ.

Bereits am ersten Tag des Semesters begegnete er Jules Knight, mit dem er sich anfreundete. »Ich erinnere mich noch genau«, erzählte der gutaussehende Musiker, der nach dem Studium eine Karriere als Sänger der Gruppe Blake machte. »Wir standen vor dem Buchanan Lecture Theater, einem monströsen Gebäude aus den sechziger Jahren, das mitten in dem sonst so schönen St. Andrews liegt. Es war ganz schön kalt, aber trotzdem waren da eine Menge Leute, und William stand unter ihnen. Er wurde mir vorgestellt, wie jeder andere, es war ganz zwanglos. Auch Kate habe ich an diesem Tag kennengelernt. Schon bald formierte sich eine Gruppe von Studenten, die Freunde wurden. Wir hatten ähnliche Ansichten und trafen uns von da an immer öfter.«

Auch wenn William sich bemühte, so zu sein wie die anderen, blieb er doch eine Attraktion. Für seine Mitstudenten war es aufregend, zu einem besonderen Kreis von Studenten zu gehören, die mit dem künftigen König von Großbritannien zusammen studierten. Und alle waren sehr neugierig auf ihn, wollten wissen, wie der berühmteste Neuankömmling in St. Andrews als Mensch war. Sie entdeckten bald, dass er sich vollkommen normal verhielt, sehr bescheiden war und sich gab wie jeder andere. »Wir sahen gleich, dass er sehr charmant war«, urteilte Jules Knight. »Er war eigentlich eher still und sehr unvoreingenommen, konzentrierte sich auf sich selbst. Aber er war an allem interessiert, redete gern mit uns und verhielt sich sehr mitfühlend.«

Zunächst einmal genoss William, die ganz normalen Dinge des Lebens zu tun, selbständig einzukaufen, Videos auszuleihen, das örtliche Kino zu besuchen und mit seinen Mitstudenten auszugehen. Beliebter Treffpunkt in St. Andrews ist die Bar »Ma Bells«, in der William wie alle anderen an seinen Cocktails nippte. Wann ihm zum ersten Mal die langhaarige Brünette mit dem umwerfenden Lächeln ins Auge fiel, hat er bislang für sich behalten. Nur so viel gab er beim Verlobungsinterview preis: Er habe gleich gesehen, dass sie etwas Besonderes sei.

Die britischen Boulevardjournalisten sind sich aber einig: Es war bei einer studentischen Modenschau, als dem Prinzen beim Anblick von Catherine Middleton der Atem stockte. Sie steckte in einem Traum von Nichts, einem durchsichtigen Gewebe, das Nötigste verdeckt von einem schwarzen Bandeau-Top und schwarzen Hotpants – mit schwingenden Hüften glitt die superschlanke, zwanzig Jahre alte Studentin als Model über den Laufsteg. Unten saß William im Publikum, der 200 Pfund für den Platz in der ersten Reihe bezahlt hatte. Mit der Fashion Show wurde Geld für einen guten Zweck gesammelt, gesponsert wurde die Veranstaltung von dem französischen Couturier Yves Saint Laurent.

Jules Knight konnte damals beobachten, wie die Beziehung zwischen William und Kate begann. »Wir alle hatten uns sehr auf diesen Tag gefreut, waren gespannt, wie unsere Kommilitonen ihre Sachen auf dem Laufsteg präsentieren würden. Manchen traute man das gar nicht zu, wie unserem Freund Fergus Boyd. Doch plötzlich war er da und lief auf und ab, genau wie Kate. Plötzlich sahen wir, wie sexy und wie schön sie war. Alle schauten nach oben zu ihr hin und dachten: Wow – sie sieht umwerfend aus!« William, so konnte Jules sehen, war von ihr sehr beeindruckt. Sie bewegte sich wie eine Raubkatze auf dem Laufsteg und verdrehte ihm den Kopf.

Von diesem Tag an gehörte Kate zum inneren Zirkel des Prinzen. Sternzeichen Krebs – er, und Sternzeichen Steinbock – sie: bei Astrologen angeblich keine Kombination mit vorteilhaftem Haltbarkeitsdatum. Doch von nun an sollten »Big Willie« und »Babykins« unzertrennlich sein.

Ihre Beziehung entwickelte sich langsam. Am Anfang waren sie nicht oft alleine, sondern sahen sich in der Gruppe der Freunde. Kate gehörte auch an der Universität zu denen, die sich gewissenhaft auf ihre Seminare vorbereiteten. Sie war beliebt, weil man sich gut mit ihr unterhalten konnte und sie sich für andere interessierte.

William spürte bald, dass er in ihr eine Seelenverwandte gefunden hatte, die ihm in den nächsten Jahren Halt und Orientierung geben sollte. Denn die erste Krise kam sehr bald. Als sich die grauen Novembertage ankündigten, in denen das Tageslicht schon am frühen Nachmittag einer nebligen Düsternis Platz machte, überfielen den jungen Prinzen Selbstzweifel und Heimweh. Wenn um vier Uhr die Straßenlaternen brannten und eine steife Brise das Meer aufschäumte, begann die Zeit der Winterdepression, ein bekanntes Phänomen in St. Andrews, das bislang so manchen jungen Studenten wieder vertrieben hatte. Auch William wurde davon erfasst, wie der Rektor der Universität, Andrew Neil, bemerkte: »William war einer von denen, die unter der dunklen Zeit im November litten. Ich glaube, er spürte, einen Fehler gemacht zu haben. Er war weit weg von zu Hause, fühlte sich einsam und vermisste den Rest seiner Familie. Wir liefen Gefahr, ihn zu verlieren.«

Kunstgeschichte, das Fach, für das sich William zunächst entschieden hatte, machte ihm immer weniger Freude. Er hatte ein Mädchen namens Carly gedatet, doch die Beziehung hatte sich bald zerschlagen – und William fühlte sich immer stärker zu Kate Middleton hingezogen, die in derselben Studentenunterkunft wohnte wie er. Mit ihr musste er über seine Probleme gesprochen haben, denn ihr wird zugeschrieben, den Prinzen zum Weiterstudieren in St. Andrews motiviert zu haben. Auch Prinz Charles hatte seinem Sohn ins Gewissen geredet und ihm vor Augen geführt, welch unglückliches Bild ein künftiger König abgeben würde, der Schottland den Rücken kehrt. William schwankte, und Kate richtete ihn wieder auf. Sie soll ihm geraten haben, doch einfach das Fach zu wechseln: Geographie schien die bessere Wahl. Und so geschah es. Von nun an beteiligte sich William öfter am studentischen Leben; er folgte dem Beispiel Kates und begann, sich endlich wohl zu fühlen. Sport wurde sein liebster Zeitvertreib. Er spielte Rugby und Fußball und wurde zum Kapitän der Wasserballmannschaft gewählt. Der Prinz schwamm sich im wahrsten Sinne des Wortes frei, er genoss es, im darauffolgenden Sommer die Kraft der Wellen mit seinem Surfbrett zu brechen, und manchmal sah man ihn sogar mit einem quietschgelben Bananenboot in der Dünung.

Im nächsten Semester rückten William und Kate noch dichter zusammen. Gemeinsam mit zwei Freunden gründeten sie eine Studenten-WG. Beide waren nun in ihrem einundzwanzigsten Lebensjahr, teilten Tisch und Teller, aber nicht das Schlafzimmer.

Jules Knight war oft zu Besuch und fand vor allem die besonderen Sicherheitsvorkehrungen bemerkenswert. Überall waren diskret Überwachungskameras installiert, ohne das Haus wie eine Festung erscheinen zu lassen. Jedes Mal, wenn man ein Fenster öffnen wollte, musste zuerst ein Schalter betätigt werden. Geschah das nicht, erschienen nur wenige Minuten später Polizisten, um nach dem Rechten zu sehen. Eines Abends hatte die Clique in einem nahe gelegenen Pub gefeiert und sich dann in Williams Haus versammelt, um noch einige Drinks zu nehmen und etwas zu essen. Als jemand einen Toast anbrennen ließ, heulte der Feueralarm los und ließ sich nicht wieder abschalten. Kurz entschlossen sprang William zum Sicherungskasten und stellte den Strom fürs ganze Haus ab. Er übersah, dass am selben Verteiler auch die Sicherheitsanlage angeschlossen war. Es dauerte nicht lange, da kamen die Leibwächter des Prinzen in Panik hereingestürmt – sie glaubten an einen terroristischen Überfall. Es waren Anekdoten wie diese, die das Studentenleben mit dem künftigen König von England für seine Freunde so spannend machten. In diesen Momenten wurde ihnen schlagartig bewusst, dass er eben keiner war wie alle anderen.

Auch in der Öffentlichkeit waren William und Kate bemüht, Distanz zueinander zu halten, keine Berührung, keine Vertraulichkeiten, oft verließen sie getrennt die Maisonette-Wohnung ihres Stadthauses. Sie waren sehr bemüht, alle Gerüchte Lügen zu strafen, die ihnen eine Romanze nachsagten. Es war ein zurückgezogenes Leben, ganz nach Williams Geschmack. Am Tag verließ er die Wohnung nur, um zu Fuß oder mit dem Fahrrad Seminare oder die Bibliothek zu besuchen und im nahen Safeway-Supermarkt einzukaufen. Gemeinsam wurde gekocht, anschließend Musik gehört – mit diesem Wohlfühlprogramm schienen die Bewohner der WG zufrieden zu sein.

Erst im Jahr 2003 gingen William und Kate dazu über, ihre Zweisamkeit nicht mehr ganz so konsequent zu verstecken. Sie besuchten gemeinsam einen Studentenball und Sportveranstaltungen, doch noch immer gab es keine offizielle Bestätigung für ihre Beziehung. Presse und Fernsehsender hatten bislang keine Witterung aufgenommen, vorerst hielten sich alle an die Vereinbarung mit dem Königshaus, den Prinzen während seiner Studienzeit nicht zu behelligen. Ein Agreement, das nach dem Tod Prinzessin Dianas zwischen dem Palast und den Verantwortlichen der großen Medienunternehmen geschlossen wurde. Jules Knight bestätigte, dass es funktioniert hatte: »Es gab dort keine Paparazzi oder Filmteams, was für sie ein ruhiges Studentenleben möglich machte.« Jules war vor allem davon beeindruckt, wie normal sich William verhielt. Kate sei nicht anders, stünde mit beiden Beinen fest auf dem Boden. Er glaubt, das Paar wache jeden Morgen auf mit dem Wunsch, später nicht so sehr unter öffentlicher Beobachtung zu stehen. »Sie sind Menschen wie du und ich, nur in einer außergewöhnlichen Situation. Für Kate war das zu Beginn sehr schwierig, aber mit der Zeit ist sie da hineingewachsen, und William war ihr ein guter Lehrmeister.«

Der hatte lange gezögert, seine Freundin mit ins Rampenlicht zu ziehen. Er war sich der besonderen Umstände bewusst, die eine Beziehung zu ihm mit sich brachte. »Es gibt sehr viele Spekulationen über jedes Mädchen, mit dem ich zusammen gesehen werde«, sagte er in einem Interview mit der BBC anlässlich seines einundzwanzigsten Geburtstags. »Mich irritiert das nur, aber für die Mädchen ist es schwer zu ertragen. Die Ärmsten werden plötzlich zu öffentlichen Personen, ihre Eltern erhalten seltsame Anrufe. Das ist unfair gegenüber meinen Begleiterinnen, kommt aber ständig vor. Ich selbst kann das nicht ausstehen.« William blieb in diesem Gespräch bei seiner Aussage, er sei noch immer ein Single. Vorläufig hielten sich alle an die Spielregeln. Die Presse unternahm nichts, um das Gegenteil zu beweisen, und William und Kate äußerten sich nie über ihre Beziehung in der Öffentlichkeit. Der Prinz sprach überhaupt nur selten mit Journalisten, und wenn, dann in Form vereinbarter Interview-Termine.

Im März 2005 aber wich er plötzlich von dieser Linie ab. Es war eine fröhliche Runde junger Leute, die sich an einem Winterabend im Skiort Klosters im Nachtclub »Casa Antica« zusammengefunden hatte. William gehörte dazu, sein Bruder Harry und Kate Middleton. An der Bar lehnte ein junger Reporter einer Boulevardzeitung, er hatte einen Tipp erhalten, dass sich die jungen Royals mit ihren Freunden dort vergnügten. Die Stimmung war schon ziemlich ausgelassen, als plötzlich Guy Pelly, einer der besten Freunde Williams, aus dem Hinterzimmer auftauchte, mit nichts anderem bekleidet als Boxershorts. Er steuerte direkt auf den Reporter zu, setzte sich auf dessen Schoß und begann eine belanglose Plauderei. Pelly hatte sich schlicht in der Adresse geirrt, denn er nahm an, seine Vertraulichkeiten mit einem der neuen Bodyguards zu teilen. Als er sich seiner Situation bewusst wurde, verschwand er so schnell, wie er gekommen war. William hatte die Szene mit einigem Amüsement verfolgt, sorgte sich aber um die Schlagzeilen, die den eigentlich harmlosen Zwischenfall am nächsten Tag möglicherweise in eine Orgie verwandeln würden. So entschloss er sich, diesmal direkt auf den Reporter zuzugehen. Es entwickelte sich eine harmlose Konversation, die William dazu nutzte, eine Botschaft an den Mann zu bringen. Drei kurze Sätze zu seiner Zukunft und zu seinem Privatleben, an denen er sich für die nächsten Jahre würde messen lassen müssen.»Sehen Sie«, teilte er dem verblüfften Reporter mit, »ich bin gerade mal zweiundzwanzig Jahre alt. Ich bin zu jung zum Heiraten. Ich will nicht heiraten, bevor ich nicht wenigstens achtundzwanzig oder gar dreißig bin.« Er sollte Wort halten.

9
Ehe für die Krone

Eine Familie auf dem Thron Englands als Modell für die übrige Gesellschaft, als Garantie für eine ungebrochene Kontinuität über Jahrhunderte hinweg, diese Schablone für die Regentschaft im Vereinigten Königreich hatte sich im 19. Jahrhundert entwickelt. Queen Victoria und ihr deutscher Ehemann Prinz Albert von Sachsen-Coburg und Gotha lebten vor, wie eine erfolgreiche Verbindung die Monarchie stabilisieren konnte. Neun Kinder kamen zur Welt, ein sichtbarer Beweis ihrer unerschütterlichen Liebe zueinander. Der Einfluss der Krone sei nicht nur an politische Belange gebunden, befand der damalige Premierminister Benjamin Disraeli. Es sei von besonderem Wert, dass die Nation von einer Familie repräsentiert werde. Insofern kam der Queen und ihren Angehörigen eine Vorbildfunkton zu. Die Königin habe »ihr Leben auf dem Prinzip häuslicher Liebe aufgebaut«, bemerkte Disraeli 1861 im Parlament.[4]

Funktioniert diese Familie auf dem Thron aber nicht, so kann daraus eine gefährliche Situation für die Krone entstehen. Ein faules Ei, eine disziplinlose, unangepasste oder charakterlose Persönlichkeit in den Reihen der Royal Family – und das gesamte System der Erbfolge kann zusammenstürzen. Das größte Risiko für das monarchische System stellen die Thronfolger dar. Sie sind in eine Position hineingeboren, aus der es für sie keinen Ausweg gibt. Ihre Rolle ist ihnen in die Wiege gelegt, sie können ihren beruflichen Werdegang nicht selbst gestalten, nicht frei über ihr Leben verfügen, und oftmals in der Geschichte mussten sie ihr Privatleben an den Bedürfnissen der höfischen Disziplin ausrichten. Auch im englischen Königshaus gab es immer wieder Beispiele aufbegehrender Thronfolger, die in eine Existenzkrise gerieten. Der schon erwähnte spätere König Edward VII., der Jahrzehnte warten musste, bis er seiner Mutter Queen Victoria nachfolgen konnte, vergnügte sich gern mit fragwürdigen Damen. Edward VIII. brachte 1936 den Thron ins Wanken, weil seine Geliebte Wallis Simpson nicht nur unstandesgemäß war, sondern auch noch dubiose Beziehungen zu den deutschen Nationalsozialisten unterhielt. Er musste abdanken. Und in der jüngsten Geschichte sorgte die skandalöse Ehe von Prinz Charles und Prinzessin Diana dafür, dass die britische Monarchie nicht nur an Ansehen verlor, sondern sich am Rande einer Katastrophe befand.

Thronfolger sind die größten Unsicherheitsfaktoren in der Erbmonarchie, vielleicht nur noch übertroffen von ihren Ehefrauen, die von außen den königlichen Familienverband betreten und möglicherweise schwache Nerven zeigen, oder, was als das größere Unglück betrachtet würde, sich als nicht gebärfähig erweisen. Denn, so stellte die Historikerin Karina Urbach fest: »Die Erbfolge ist essenziell für eine Royal Family. Man kann sich das wie ein Ökosystem vorstellen. Wenn ein Teil aus dem Gefüge ausbricht, dann ist das ganze System außer Balance und in Gefahr. Man braucht also einen starken Thronfolger, man braucht jemanden, der als Leittier der Familie vorsteht. Aristokratische Familien funktionieren so.«

Bei der Geburt des ersten Sohnes lässt sich nur schwer vorhersagen, ob sein Charakter diesen hohen Anforderungen in der Zukunft entsprechen wird. Das Ergebnis der Mixtur aus Erbanlagen und Erziehung ist beim königlichen Nachwuchs ebenso schwer kontrollierbar wie bei Normalsterblichen. Doch der Thronfolger ist nicht austauschbar. Ist einer nicht fit für den »Top Job«, wie Prinzessin Diana es Prinz Charles unterstellte, kann er nicht einfach abserviert werden. Das würde das Prinzip unterminieren, das sich seit Jahrhunderten mit dem simplen Satz beschreiben lässt: »Der König ist tot, lang lebe der König.« Wer die Wahlmonarchie einführen will, sägt am Thron. Wenn der Regent nach Belieben bestimmt werden kann, ist das Ende des aristokratischen Anspruchs auf eine privilegierte Stellung gekommen, denn der leitet sich aus einer ungebrochenen Linie von Stammbäumen ab, die sich bis ins Mittelalter, im Falle der britischen Monarchie bis ins 11. Jahrhundert zu William I., zurückverfolgen lässt.

Was aber tun, wenn der Thronfolger so seine Macken hat? Dann ist es an der Partnerin, das Defizit auszugleichen. Beeindruckendes Beispiel einer solchen Symbiose war die berühmte Queen Mum, die noch mit über neunzig Jahren im Hintergrund die Fäden in der königlichen Familie zog. Die Mutter der heutigen Queen und Ehefrau von König George VI. war eigentlich nicht dazu ausersehen, einmal mit ihrem Mann den Thron Englands zu besteigen. In Schottland als Tochter eines Landedelmanns geboren, wurde sie mit dem Bruder des Thronfolgers Edward verheiratet. Als dieser 1936 wegen jener schon erwähnten Wallis Simpson abdankte, fand sich die junge Elizabeth, geborene Bowes-Lyon, plötzlich als Königin Englands wieder. Es war zwar nur eine repräsentative Rolle an der Seite ihres Mannes, aber trotzdem für beide ein großer Schock, denn sie waren niemals auf diese immense Aufgabe vorbereitet worden. Dazu kam, dass George VI. unglaublich schüchtern war und auch noch stotterte. Doch hier erwies es sich als großes Glück, dass Queen Mum durch ihr Temperament seine Schwächen ausgleichen konnte: Extrovertiert und fröhlich, gelang es ihr, zu den Menschen Kontakt herzustellen, egal welcher Schicht sie angehörten. Im Zweiten Weltkrieg stärkte sie den Rücken ihres Ehemannes, und nachdem London von deutschen Bomben getroffen war, schritt sie voran, als die beiden die Schäden am Buckingham Palace begutachteten. Nun war es ihnen ergangen wie auch allen Opfern der Angriffe: Das Heim von König und Königin war durch die Detonationen beschädigt, doch die beiden harrten mit ihren Untertanen in der Hauptstadt aus. Ein stärkerer Auftritt einer führenden Familie auf dem Thron, die auch in Krisenzeiten Mut und Übersicht zeigt, erschien kaum denkbar. Queen Mum hatte instinktiv verstanden, was in dieser prekären Lage wichtig war. Taten zählten, nicht Worte. Das Stottern des Königs war nebensächlich, solange er sich nicht ins schottische Hochland verdrückte, um sich dort vor dem Feind zu verstecken. Diese Option hatte es gegeben. König und Königin hatten sie nicht wahrgenommen. Diese Geste der nationalen Verbundenheit hat Queen Mum zu einem Symbol für die Briten werden lassen, die ihr bis in ihr hohes Alter von über hundert Jahren Respekt zollten.

In diesem Geiste suchte Queen Mum auch nach einer passenden Braut für ihren Lieblingsenkel Charles. Sie war es, die das Potenzial der kaum achtzehnjährigen Lady Diana Spencer zuerst erkannte. Viele Pluspunkte hatte diese mögliche Kronprinzessin auf ihrer Seite. Zum einen war sie bildhübsch, was Charles' Geschmack entgegenkam. Sie war Jungfrau, was es der Presse unmöglich machen würde, Skandalgeschichten aus einem früheren Liebesleben auszugraben. Und sie war ein Mädchen aus der englischen Aristokratie, die die königlichen Spielregeln verstehen musste, war sie doch buchstäblich auf den Stufen von Schloss Sandringham aufgewachsen. Das Anwesen ihrer Eltern in Althorp lag nicht weit entfernt vom Landsitz der Queen in der Grafschaft Norfolk. Man ging also davon aus, dass sich Diana gut in die Familie Windsor einfügen würde. Über den großen Altersunterschied sah man hinweg, und auch Dianas Unerfahrenheit wurde eher als Vorteil gewertet. Sie war noch formbar. Aber in ihr schlummerten auch Charaktereigenschaften, die sich mit der egozentrischen und introvertierten Art des Thronfolgers nicht vertrugen und zu einem explosiven Gemisch beitragen sollten.

Für Penny Junor, die britische Biographin von Charles, war die Verbindung nur auf dem Papier perfekt: «Sie war viel jünger als er. Aber das schien kein großes Problem, es gibt Ehen, die trotzdem funktionieren. Sie hatte Erfahrung mit den Royals, da sie die Tochter eines Stallmeisters war. Ihr Vater arbeitete für die Königin. Sie wusste um das Protokoll, das mit der Monarchie verbunden ist. Sie stammte von uraltem Adel ab, aber was niemand wusste: Sie war eine verletzte Seele.» Diana hatte die Scheidung ihrer Eltern nie verwunden und in ihrem jungen Leben keine Gelegenheit gehabt, zu erfahren, wer sie selbst war.

Doch die fast 200 Jahre alte Dynastie der Windsors brauchte eine Braut wie sie, die für den Nachwuchs sorgte – und das Land brauchte in den von Sozialreformen stark gebeutelten beginnenden achtziger Jahren ein Zeichen der Hoffnung, des Aufbruchs, ein nationales Freudenfest. Charles und Diana waren bei diesen Planungen längst zu Marionetten des Zeitgeists geworden.

Hochzeiten sind die höchsten Feiertage der Monarchie, denn die Vorzeigefamilie erneuert hier ihr Versprechen an das Volk. Die Familie auf dem Thron wird weiterleben, das Märchen von Prinz und Prinzessin wird sich wiederholen, bei allen Unsicherheiten und Gefahren unserer modernen Zivilisation gibt es damit ein beruhigendes Element der Kontinuität. So ist es auch nicht verwunderlich, dass noch am Tag der Bekanntgabe der Verlobung von William und Kate, dem 16. November 2010, in Großbritannien die Debatte begann, ob der Tag ihrer Hochzeit, dessen Datum zu dieser Zeit noch gar nicht bekannt war, ein nationaler Feiertag sein sollte. Premierminister David Cameron, der sich beeilte, in Downing Street No. 10 vor die Presse zu treten, erinnerte sich mit glänzenden Augen an die letzte wundervolle Märchenhochzeit fast dreißig Jahre zuvor, als er als Jugendlicher auf der Straße campiert hatte, um einen Blick auf das frischvermählte Paar Diana und Charles werfen zu können. Kurz nach dem Bekenntnis Camerons fiel der Entschluss, den Hochzeitstag von William und Kate zum nationalen Feiertag zu erklären. Die Macht der Magie spielte wieder eine eigenständige Rolle, auch wenn sich die nächste Generation der britischen Royals noch so sehr um Understatement bemühte.

Die sentimentalen Erinnerungen an die letzte große Märchenhochzeit entwickelten einen Sog, dem sich nur sehr abgebrühte Zeitgenossen entziehen konnten, auch wenn die daraus entstandene Ehe in einem Desaster geendet hatte. Alles würde noch einmal von vorn beginnen, und auch diesmal gab es die Hoffnung auf ein Happy End, so wie damals. Als Diana wie ein glänzender Stern am königlichen Firmament auftauchte, wurde sogleich der Mythos der großen Liebe beschworen, obwohl sich das Paar nur flüchtig kannte. Der Prinz, so wurde in der Presse kolportiert, habe sich bei einer Begegnung auf einer Gartenparty Hals über Kopf in die junge Diana verliebt. Sie habe sein Herz gewonnen, als sie mit ihm auf einem Heuballen saß und sich ohne Scheu nach seinen Gefühlen erkundigte. Die Wahrheit, wie Charles sie später aus seiner Sicht beschrieb, sah anders aus. Er fühlte sich in die Ehe gedrängt und gab seinem Vater, Prinz Philip, daran die Mitschuld. Noch in einem frühen Stadium der Beziehung hatte er seinen Sohn darauf aufmerksam gemacht, wie sehr die Presse sich für die junge Lady Diana Spencer interessierte. Falls Charles nicht gedenke, sie zu heiraten, solle er die Verbindung abbrechen oder sich öffentlich zu ihr bekennen, um Schaden für ihre Reputation abzuwenden.

Eingeweihte kannten den wahren Grund für Charles' Zögerlichkeit. Er hieß Camilla Shand. Sie war die Frau, die er wirklich liebte. Aber zu dieser Zeit war nicht daran zu denken, sie zur Prinzessin von Wales zu machen. Inzwischen war sie mit dem Offizier Andrew Parker Bowles verheiratet, stand aber noch immer in Kontakt zu Charles. Schließlich beugte sich der Thronfolger, der die dreißig bereits überschritten hatte, in sein Schicksal. Er hatte erfahren, wie schwer es für ihn war, die passende Frau zu finden. Öffentlich klagte er, von seiner zukünftigen Braut würde zu viel erwartet. Es gehe ja nicht nur darum, ihn zu heiraten, sondern es gehe auch um die künftige Königin Englands. Eine Situation, der sich drei Jahrzehnte später auch sein Sohn William stellen musste.

Es ist eine Herkulesaufgabe, eine Frau zu finden, die die besondere Lage eines Thronfolgers versteht. An Gelegenheiten, attraktive Heiratskandidatinnen kennenzulernen, hatte es Charles nicht gemangelt. Aber entweder verlor er das Interesse oder die Damen zogen sich zurück, da sie die Aussicht auf ein Leben im goldenen Käfig verschreckte. So blieb am Ende nur Diana.

Am 24. Februar 1981 gab Buckingham Palace die offizielle Verlobung von Charles, Prince of Wales, mit Lady Diana Spencer bekannt. Beim ersten gemeinsamen Interview prangte ein 28 000 Pfund teurer, oval geschliffener dunkelblauer Saphir, umrandet von vierzehn Diamanten und 18 Karat schwer, an ihrem linken Ringfinger. Jenes Schmuckstück, mit dem fast genau dreißig Jahre später ihr Sohn William um die Hand seiner Freundin Catherine Middleton anhalten sollte. Juwelen gehören ebenso wie höfische Kleidung seit Jahrhunderten zu den wichtigsten Requisiten des monarchischen Zeremoniells. Ihre Bedeutung in der nonverbalen Kommunikation mit den Untertanen und in jüngster Zeit mit den Massenmedien kann gar nicht hoch genug eingeschätzt werden. Je prächtiger die Staffage, desto fragiler ist oft die Basis, auf der die aristokratische Existenz gründet. Über die wahre Natur der Beziehung von Charles und Diana konnte der funkelnde Saphir an der Hand der frisch verlobten Lady Spencer aber nicht hinwegtäuschen. Sie, die von ewiger Liebe und einem unauflösbaren Bund träumte, musste nachdenklich geworden sein. Aber sie war nach wie vor überzeugt, die einzige Ehe, die niemals geschieden werden könne, sei die Ehe des Prinzen von Wales. Charles kümmerte sich wenig um die romantischen Träumereien seiner Zukünftigen, er setzte sein Leben fort, wie er es gewohnt war. Während eines Indienbesuchs in der Verlobungszeit hatte er sich kein einziges Mal bei Diana gemeldet. Als die britische Presse die Geschichte einer blonden Frau kolportierte, die Charles auf einer seiner Reisen durch Großbritannien nachts im Zug besucht hatte, wusste Diana nur eines: Sie war es nicht gewesen. Schon bald fiel ihr Verdacht auf Camilla Parker Bowles, die seltsam genau über das Leben des Prinzen informiert war. Doch mit dem Ehering am Finger, so glaubte Diana, werde sie die Rivalin für immer los.

Je unsicherer der Boden unter ihren Füßen wurde, desto eifriger stürzte sich die junge Braut in die Vorbereitungen der Hochzeit. Ihr Beitrag zum Zeremoniell, das weitgehend vom Palast bestimmt wurde, war das Design des Hochzeitskleids. Und hier war Diana fest entschlossen, ein unmissverständliches Zeichen zu setzen.

Da man ihr bei der Wahl des Modeschöpfers freie Hand ließ, wollte sie jemanden finden, der ihre romantischen Träumereien in Stoff umsetzen konnte. Sie wurde auf ein junges britisches Paar aufmerksam, dessen erste Erfolge gerade in der britischen Ausgabe der Modezeitschrift *Vogue* präsentiert worden waren. Elizabeth und David Emanuel hatten in der Nähe der exklusiven Bond Street ein kleines Studio eröffnet, in dem sie prächtige Braut- und Abendroben entwarfen.

Tagelang spekulierten die Medien bereits darüber, wer wohl den begehrten Auftrag für Dianas Brautkleid erhalten würde. Die Emanuels gehörten nicht zum Kreis der Kandidaten, deshalb kam der Anruf Dianas für sie überraschend. Elizabeth war gerade damit beschäftigt gewesen, das Hochzeitskleid einer Klientin abzustecken, als es klingelte. »Hier ist Diana«, hörte sie vom anderen Ende der Leitung. »Ich würde gern wissen ... Liz, würden Sie und David mir die Ehre erweisen, mein Hochzeitskleid zu schneidern?« Für Elizabeth und David begann die aufregendste Zeit ihres Lebens.

Diana war für sie keine Unbekannte, denn sie hatte schon Kreationen aus ihrer Werkstatt getragen, zum Beispiel eine blassrosa Bluse mit Rüschenkragen und Seidenschleife, die sie sich zu einem Foto-Shooting mit Lord Snowdon ausgesucht hatte. Das Porträt wurde zum offiziellen Verlobungsfoto erklärt. Diana zeigte darauf zum ersten Mal ihr schüchternes Lächeln und ihre Vorliebe für einen romantisch angehauchten Stil. Gewagter war das nächste Emanuel-Outfit, ein nachtschwarzes Abendkleid, das sie zu ihrem ersten offiziellen Termin mit Prinz Charles trug. Als sie an jenem Märzabend vor der Goldsmith Hall, einem repräsentativen Veranstaltungsgebäude, aus der Limousine stieg, erlebten die wartenden Reporter eine Überraschung, die ihnen den Atem raubte. Prinz Charles, der als Erster den Wagen verließ, raunte ihnen zu: »Wartet, was ihr als Nächstes zu sehen bekommt!«

Diana entstieg dem Fond wie ein Filmstar, ihr Dekolleté wirkte sensationell und sexy in dem tief ausgeschnittenen Ballkleid. »Sie sah fantastisch aus«, erinnerte sich der Fotograf Arthur Edwards. Der Stargast des Abends war eigentlich Fürstin Gracia Patricia von Monaco, die für einen wohltätigen Zweck Gedichte vortrug. Doch Diana stellte sie mühelos in den Schatten. Schüchtern lächelnd, strahlte sie einen verletzlichen Zauber aus – Fotografen wie Edwards witterten schon früh ihre Chance auf gute Geschäfte mit der künftigen Prinzessin. »Sie hatte etwas Anziehendes. Sie wusste, sie konnte von uns alles haben, weil sie uns half, Zeitschriften zu verkaufen. Sie hatte dieses besondere Gespür für Mode – stets wandlungsfähig«, schwärmte er noch lange Zeit später.

Das schwarze Kleid hatte die Wahrnehmung Dianas in der Öffentlichkeit über Nacht verändert. Aus der unschuldigen Kindergärtnerin war ein Medienstar geworden, eine Stilikone – es war ein Vorgeschmack auf die »Diana-Days«, die nun angebrochen waren. Das Hochzeitsgewand sollte ihr nächstes unmissverständliches Statement werden.

Als die Presse Wind von ihrem Auftrag an die Emanuels bekam, brach in der beschaulichen Brook Street die Hölle los. Vor dem Eingang des Hauses Nr. 26 campierten nun Tag und Nacht Reporter, die darauf warteten, dass Diana zur Anprobe erschien. »Sie haben sogar unsere Abfalleimer durchwühlt, um mit Hilfe der Stoffreste herauszufinden, wie das Kleid aussehen würde«, amüsierte sich Elizabeth Emanuel in einem Interview.

Tatsächlich hatte es bereits kurz nach der Verlobung eine Zeichnung der Designer in der *Vogue* gegeben, die dem endgültigen Entwurf sehr ähnelte. Es traf den Geschmack Dianas, die gerade in ihrer »Rüschenphase« war. Nur wenige Menschen waren eingeweiht, auch im Buckingham Palace wusste niemand, was sie plante. Bis zur Hochzeit sollte das Brautkleid ihr Geheimnis bleiben, das sie nur mit den Emanuels, ihrer Mutter Frances Shand Kydd, die sie zur ersten Anprobe begleitete, und einigen verschwiegenen Näherinnen des Ateliers teilte. Sie wusste aber sehr genau, was sie wollte. Sie war, so bemerkte Elizabeth Emanuel, eben ein typischer »Sloane Ranger«.

Elizabeth und David erlebten sie als schüchtern und liebenswürdig, mit diesem koketten Augenaufschlag unter dem dichten Pony ihrer Kurzhaarfrisur. Sie liebte Rüschenblusen und Cardigans, wie sie gerade in Mode waren. Doch dies hier war Haute Couture, eine völlig neue Erfahrung! Aus Buckingham Palace kamen wider Erwarten keine Anweisungen, und so mussten sich die Designer bei dem Job ihres Lebens ganz auf Diana verlassen. Sie bedrängten sie mit endlosen Fragen: Mussten alle Stoffe und Spitzen aus britischer Produktion sein? Wurde eine besondere Stickerei mit königlichem Motiv erwartet? Wie sah die Tiara aus? Wer war für die Brautfrisur verantwortlich, wer für das Bouquet? Wie viele Brautjungfern würde es geben? Wer war für die Sicherheit zuständig, denn die neugierigen Reporter wurden immer zudringlicher? Offensichtlich gab es kein Handbuch der Hochzeitsetikette, das Aufklärung versprach, so blieb es ein gewagtes Spiel nach dem Motto »Versuch und Irrtum«.

Immerhin konnte man sich an Vorbildern orientieren. Vor allem das Hochzeitskleid von Queen Victoria aus dem 19. Jahrhundert schien den Stil zu treffen, der modisch war, aber doch besonders. Als bekannt wurde, dass die Trauung in St. Paul's Cathedral vollzogen werden sollte, war der Ehrgeiz der Emanuels vollends geweckt. Mit seinem breiten, langen Gang bot das Gotteshaus Platz für Extreme: einen weitausladenden schwingenden Rock und eine außergewöhnlich lange Schleppe. In den Archiven forschten die Designer nach: Wie viele Meter maß die längste bisher angefertigte Schleppe in der Geschichte königlicher Hochzeiten? Sieben Meter schienen der gültige Rekord zu sein – das konnte überboten werden! Schließlich wurde eine mehr als siebeneinhalb Meter lange Stoffbahn an der Taille des Hochzeitskleids befestigt.

Alle Entwürfe, alle Stoffmuster, alle Dokumente wanderten nachts in einen Safe in der Brook Street, den die Emanuels vorsichtshalber angeschafft hatten. Mit einem Kran war er in den zweiten Stock gehievt worden, da nur eine enge, gewundene Stiege zum Atelier hinaufführte. Hier musste auch Lady Diana emporklettern, wenn sie zur Anprobe erschien.

Alle wurden immer nervöser, je näher der große Tag kam, nur Diana schien die Ruhe selbst. Aber ihr Taillenumfang strafte diesen Eindruck Lügen. Jedes Mal hatte sie wieder einige Pfund abgenommen, und Elizabeth Emanuel musste den Stoff des Modellkleids, der aus schlichter Baumwolle gefertigt worden war, wieder und wieder einfassen. Die Zeit drängte, aber noch traute sie sich nicht, das Original zu verändern, denn das war aus kostbarer Seide. Was, wenn Diana noch dünner würde? Den Gewichtsverlust erklärte sich Elizabeth mit all der Aufregung, der Diana vor der Hochzeit ausgesetzt war, nicht ahnend, dass die junge Braut von düsteren Vorahnungen gequält wurde. Zur ersten wütenden Auseinandersetzung des Brautpaares war es wegen Camilla gekommen, und beide, Diana und Charles, hegten inzwischen ernste Bedenken, ob ihre Verbindung tatsächlich eine gute Idee war. Doch zur Umkehr war es längst zu spät. Außerdem wollten beide mit dieser Ehe etwas erreichen, wie der Königshausexperte Christopher Wilson beschrieb: »Charles und Diana hatten ihre eigenen Beweggründe für diese Heirat, und beide verfolgten offensichtliche, ehrgeizige Ziele. Sie wollte Prinzessin von Wales und letztlich Königin werden; er wollte eine für ihn und die Öffentlichkeit akzeptable Ehefrau, die ihm einen Erben schenken würde.«[5]

Diana konnte den Druck, der kurz vor der Hochzeit auf ihr lastete, kaum noch ertragen. In aller Öffentlichkeit brach sie in Tränen aus und entfachte damit Gerüchte, die Hochzeit werde abgesagt. Es schien ihr nun zu dämmern, was es wirklich bedeutete, Prinzessin von Wales zu sein. Mit ihrem Kummer blieb sie alleine, weder ihr künftiger Ehemann noch die königliche Familie brachten Verständnis auf. Die Trauung des Jahrhunderts musste stattfinden. Sie war auf den 29. Juli 1981 festgesetzt worden.

Draußen auf der Mall, der Paradestraße, die zum Haupttor des Buckingham Palace führt, hatten sich am Vortag der Hochzeit schon Tausende eingefunden, die sich ihren Platz in der ersten Reihe der Schaulustigen sichern wollten. Sie übernachteten auf Liegestühlen und auf der Erde in Schlafsäcken, um die Kutsche mit dem Brautpaar am nächsten Tag aus nächster Nähe sehen zu können. Vor der St. Paul's Cathedral bot sich ein ähnliches Bild, die Menschen tanzten und sangen, voller Vorfreude auf das große Ereignis, das Großbritannien endlich wieder einen Grund zum Jubeln lieferte.

Als es dunkel geworden war, stieg David Longman die Stufen zu Londons größtem Gotteshaus empor. Der Hofflorist wollte noch einmal den Blumenschmuck überprüfen, der ebenso aus seinem Atelier stammte wie das Brautbouquet, das Diana am nächsten Morgen bei der Zeremonie in Händen halten würde. »Das war ein ganz besonderer Moment für mich«, erinnerte sich David Longman. »Es muss so gegen zehn Uhr abends gewesen sein, als sich die mächtigen Westtore der Kathedrale öffneten. Ich stand auf den Stufen, die die Braut am nächsten Morgen emporsteigen würde. Ich sah die Straße hinunter und sah all die Menschen, die sich dort versammelt hatten, um die Hochzeit mitzuerleben. Das war ein überwältigender Moment.«

Als die Sonne glutrot in den Himmel stieg, machten sich die Designer David und Elizabeth Emanuel mit klopfendem

Herzen auf den Weg nach Clarence House, der Stadtresidenz von Queen Mum. Noch einmal gingen sie in Gedanken den Ablauf des Tages durch, um sicher zu sein, dass sie an alles gedacht hatten. *»Something old, something new, something borrowed, something blue«* – der Tradition nach sollte eine Braut an ihrem Hochzeitstag etwas Altes, etwas Neues, etwas Geborgtes und etwas Blaues tragen. Aus Queen Marys Hochzeitsrobe hatten die Emanuels ein Stück Spitze verarbeitet, Dianas Tiara war aus dem Familienschmuck der Spencers »geborgt«, und in den Kragen des Brautkleids war eine blaue Schleife eingenäht worden. Im Label hatten die Emanuels ein kleines goldenes Hufeisen aus walisischem Gold versteckt, es war ihre Art, Diana Glück zu wünschen.

Als die Kutsche erschien, mit der die Braut zur Kathedrale gefahren werden sollte, stockte den Emanuels der Atem. Wie sollte ihre ausladende Kreation dort jemals hineinpassen? »Diana war zu dieser Zeit die außergewöhnlichste Persönlichkeit, die bekannteste Frau der Welt«, erzählte Elizabeth Emanuel von den dramatischen Momenten vor der Hochzeit. »Das wollten wir mit dem Brautkleid unterstreichen, deshalb hatte es einen so weitschwingenden Rock. Wie aber sollten wir Diana nur in diese kleine Kutsche hineinbekommen? Wir pressten und schoben schließlich, bis alles verstaut war.«

In St. Paul's waren die Hochzeitsgäste bereits eingetroffen und hielten ihre Blicke auf riesige Fernsehschirme gerichtet, auf denen das Geschehen vor der Kirche zu sehen war. Als die Kutsche der Braut eintraf, ging ein Raunen durch die Gemeinde. 750 Millionen Menschen weltweit verfolgten die Übertragung, die meisten hingerissen von Dianas zartem Gesicht hinter dem Schleier. Die Monarchie entfaltete in diesem Moment ihre ganz besondere Magie. Die zukünftige Prinzessin von Wales konnte die romantischen

Gefühle, die sie selbst noch bis vor kurzem hegte, nicht mehr teilen. Sie sei sich vorgekommen wie ein Opferlamm auf dem Weg zur Schlachtbank, lästerte sie später über jene letzten Augenblicke vor der Trauungszeremonie.

Als sich die Tür der Kutsche öffnete und sie ausstieg, ging ein Raunen durch die Menge. Elizabeth Emanuel rief ihrem Mann zu: »O Gott, es ist zerknittert!« Zentimeter für Zentimeter entfaltete sich die Seidenschleppe, Diana war die Treppe schon halb hinaufgestiegen, da wehte ein Windstoß ihren Schleier zur Seite. In diesen dramatischen Minuten, so erinnerte sich Elizabeth Emanuel, glich sie einem Schmetterling, der sich entpuppte.

Endlos schien der Weg durch das Kirchenschiff, den Diana am Arm ihres kränklichen Vaters Earl Spencer zurücklegte, bis sie schließlich ihren künftigen Ehemann in die Augen blicken konnte. Charles wartete bereits am Altar.

»Du siehst wunderschön aus«, flüsterte er.

»Schön für dich«, erwiderte Diana.

Während des Eheversprechens verwechselte sie die Reihenfolge der vielen Vornamen ihres Bräutigams, doch das sollte die einzige Panne an diesem denkwürdigen Tag bleiben.

»Es war die perfekte Windsor-Show«, urteilte der englische Biograph Hugo Vickers. »Allerdings traf das nur auf die Äußerlichkeiten zu. Beide machten sich große Sorgen. Diana wäre wohl gern aus all dem ausgestiegen, aber dazu war es zu spät. Charles hatte bereits begriffen, dass diese Ehe komplizierter werden würde als gedacht. Sie kannte ihn kaum. Es war eben eine sehr altmodische dynastische Heirat. Sie nannte ihn ›Sir‹, bis zu ihrer Verlobung, wahrscheinlich sogar bis zu ihrem Hochzeitstag. Sie hatten sich ja kaum richtig ins Gesicht gesehen – letztlich war diese Heirat für sie beide ein riesiger Schock.«

Und im Hintergrund wartete die Geliebte. Noch gaben

alle Eingeweihten vor, nichts von der Existenz Camilla Parker Bowles' zu wissen, obwohl sie während der Zeremonie in der Kirche anwesend war. Auch Diana spürte ihre Nähe. Da bist du also, dachte sie. Von nun an sollte sie die Sorgen um Camilla nicht mehr loswerden. Der Monarchie bescherte die künftige Prinzessin von Wales mit ihrem »Opfergang« aber vorerst bisher nie da gewesene Zustimmungsraten.

Fast dreißig Jahre sollten bis zur nächsten Traumhochzeit im Haus Windsor vergehen. Viele Scheidungen und ein Todesfall später ist es Dianas Sohn, Prinz William, der sich seiner Pflicht nicht mehr entziehen kann. Auch diesmal sind die Erwartungen an das Hochzeitspaar hoch gesteckt – doch wie lässt sich ein Unglück, wie es Williams Eltern erfahren haben, vermeiden?

10
Elizabeth und Philip – eine Liebesheirat

Möglicherweise findet der Prinz die Anleitung zum Glücklichsein bei seinen Großeltern, der Queen und Prinz Philip. Über sechzig Jahre währt ihre Ehe nun schon, die aus Liebe geschlossen wurde. Bereits mit dreizehn Jahren habe sich die junge Prinzessin Elizabeth entschlossen, den schmucken Marinesoldaten zum Mann zu nehmen, berichten ihre Biographen. »Philip hatte sich im Zweiten Weltkrieg als Offizier bewährt«, stellte Hugo Vickers fest. »Zu dieser Zeit war das ›in‹, wie man heute sagen würde. Junge Offiziere mit Kriegserfahrung waren in ihrer Popularität vergleichbar mit den Fußballstars unserer Tage. Philip hatte sich mächtig hervorgetan.«

Der Prinz, der einen griechischen Titel hatte und deutsche Wurzeln, kam aus einem schwierigen Elternhaus. Der Vater hatte ihn vernachlässigt, die Mutter war psychisch krank, und eine richtige Heimat kannte Philip nicht. Sein Großvater war einst König der Griechen gewesen, aber die Eltern hatten das Land nach einem Militärputsch verlassen müssen. Zunächst kam Philip bei Verwandten unter, danach verbrachte er viele Jahre in einem strengen Internat im schottischen Gordonstoun, bevor er zur Marine ging.

Auch Elizabeth, genannt Lilibet, hatte eine Jugend verlebt, die nicht frei von Belastungen war. Als ihr Vater, George VI., nach der Abdankung seines Bruders Edward VIII. zum König gekrönt wurde, musste sie in die Rolle der

Thronfolgerin schlüpfen, eine Pflicht, die ihr nicht in die Wiege gelegt worden war. Ihr ganzes Leben war nun vorbestimmt, sie hatte keine andere Wahl mehr, als einst die Krone Großbritanniens zu tragen. Ihre Schwester, die kokette Margaret Rose, bedauerte sie aufrichtig. Die »Ärmste« musste sich nun den langweiligen Prozeduren des Hofzeremoniells unterziehen. Elizabeth leistete ihren Eltern bei Empfängen und Staatsbanketten Gesellschaft, um erste Erfahrungen auf dem diplomatischen Parkett zu sammeln.

Die junge Prinzessin war zielstrebig. Und mit derselben Entschlossenheit, mit der sie ihre offiziellen Pflichten versah, machte sie sich auf die Suche nach einem Partner, der ihr außergewöhnliches Leben mit ihr teilen sollte. Im Juli 1939 besuchte die Royal Family das Naval College in Dartmouth. Lord Louis Mountbatten, Sohn eines deutschstämmigen Admirals der British Navy, begleitete Elizabeth und ihre Eltern und versäumte es nicht, bei dieser Gelegenheit seinen Neffen vorzustellen. Philip Mountbatten war ein eindrucksvoller Mann, groß gewachsen und gut aussehend. Er soll Elizabeth vom ersten Moment an gefallen haben, so sehr, dass sie nie einen anderen Heiratskandidaten in Betracht ziehen würde.

»Wie gut er ist, wie hoch er springen kann!«, flüsterte die Prinzessin ihrer Kinderfrau Crawfie zu. Typisch für sie, ihren Zukünftigen zu beurteilen wie eines ihrer Zuchtponys. Seine Frau liebe alles, was vier Beine habe und Heu kaue, kommentierte Philip später in seiner unnachahmlichen Art die Tierliebe der Queen. Ihr gutes Gespür hatte sie auch bei der Wahl ihres Ehemannes nicht im Stich gelassen. Wie Elizabeth war er ein Nachkomme Queen Victorias, und seine Erziehung ließ hoffen, dass er seine künftige Rolle als Prinzgemahl würdig auszufüllen wusste. Seine Biographen beschreiben ihn als intelligenten, pragmatischen und kompetenten Menschen, kühl und wenig romantisch. Einer, der immer eine Lösung weiß und seine Gefühle gern versteckt. Gelegentlich schluckt er zu viel Ärger hinunter und explodiert dann ohne Vorwarnung. Auf der einen Seite legt er untadelige Manieren an den Tag, auf der anderen kann er arrogant und verletzend sein. Bis heute ist er selbst für Palastkenner eine rätselhafte Persönlichkeit geblieben. Er vertraut vorwiegend sich selbst, was seiner Unabhängigkeit, aber auch seiner Einsamkeit in der Jugend zugeschrieben wird. Elizabeth, die von Geburt an von Dienern und Jasagern umgeben war, schätzte es, dass der stolze Marineoffizier sich niemals untertänig zeigte, obwohl er nicht viel mehr als einen Penny in der Tasche hatte und kaum über angemessene Garderobe verfügte. Das Urteil der Höflinge fiel entsprechend aus: Sie hielten ihn für ungebildet, schlecht erzogen, ungehobelt – und untreu. Doch Elizabeth bemerkte davon nichts, vielleicht interessierte es sie auch nicht. Sie war hoffnungslos verliebt. Auf ihrem Schreibtisch stand ein gerahmtes Porträt Philips, ein Zeichen dafür, wie ernst es ihr war. Für Philip, den Heimatlosen, war sie der Rettungsanker in einem Dasein ohne familiäre Wurzeln.

Am 9. Juli 1947, als der Zweite Weltkrieg überstanden und Elizabeth volljährig war, wurde die Verlobung des Paares offiziell bekanntgegeben. Ein kleines Problem im Stammbaum des Bräutigams war zuvor diskret beseitigt worden. Dem Titel nach war Philip ein Prinz von Griechenland und Dänemark, aber in seinen Adern floss mächtig viel deutsches Blut. Seine älteren Schwestern waren mit deutschen Prinzen verheiratet, die nach dem Krieg von den Alliierten verhört wurden. Einer hatte sich sogar als Mitglied der NSDAP hervorgetan. Noch erinnerten sich die Briten nur zu gut an die Bomben, die Hitler auf London hatte abwerfen lassen. Der Hof war sich der Gefahr allzu großer Nähe Philips zu seinen deutschen Verwandten wohl bewusst. Um diesem Dilemma zu entgehen, verzichtete er auf seine Titel, konvertierte zur

Church of England und war jetzt schlicht und einfach der britische Marineoffizier Philip Mountbatten. Seine Schwestern sollten nicht zur Hochzeit eingeladen werden.

Nun konnten sich die Briten ihrer Begeisterung über das anstehende Freudenfest hingeben. Noch litt das Land unter den Problemen der Nachkriegszeit. Lebensmittel waren rationiert, ebenso waren Stoffe Mangelware. Doch trafen Unmengen von Geschenken im Buckingham Palace ein, von bescheidenen Handarbeiten aus der Bevölkerung bis zu illustren Präsenten der Mächtigen der Welt war alles dabei. Der Aga Khan schickte ein selbst aufgezogenes Fohlen, das Volk Kenias schenkte der Prinzessin eine Jagdhütte.

Sogar Mahatma Gandhi, der besitzlose Asket, hatte eine Gabe aus Indien gesandt: einen eigenhändig gewebten Stoff. »So ein schreckliches Ding«, rief Elizabeths Großmutter, Queen Mary, aus, als sie des leinenen Läufers ansichtig wurde. Prinz Philip reagierte auf ihren Snobismus in seiner bewährten Art – er pries lautstark Gandhis außergewöhnliche Persönlichkeit.

In den Kinos liefen in den Wochenschauen Berichte, in denen dem Publikum diese Geschenkflut präsentiert wurde. Immer wieder betonte man auch die Anteilnahme des gesamten britischen Empires an den bevorstehenden Feierlichkeiten, es war eine Art weltmächtige Gebetstrommel, die an Glanz und Gloria früherer Zeiten erinnerte. Dabei ahnten die meisten inzwischen, dass die Vorkriegsordnung nicht wiederherzustellen war, sie spürten die Not ja jeden Tag am eigenen Leib. Der königliche Haushalt bildete da keine Ausnahme. Auch hier war Organisationstalent gefragt, um ein würdiges Fest auf die Beine zu stellen.

So musste selbst der Hochzeitskuchen aus gestifteten Zutaten gebacken werden. Eine amerikanische Lady aus Brooklyn schickte einen Truthahn auf die Insel, weil die Prinzessin in England lebe und dort niemand was zu essen habe. Es gab keinerlei öffentliche Diskussion über den finanziellen Aufwand für die königliche Hochzeit, denn der Nutzen in diesen düsteren Zeiten schien größer als die Last. Endlich gab es wieder einen Lichtblick. »Es war eine Märchenhochzeit«, erinnerte sich Lady Patricia Mountbatten, eine Cousine Prinz Philips, die zu den Feierlichkeiten geladen war. »Diese süße junge Prinzessin, die einen so glamourösen Mann heiratet, einen Marineoffizier, der eine gute Karriere gemacht hatte – das kam sehr gut an nach dem Krieg.«

Großbritannien war 1947 noch stark vom Krieg gezeichnet, London eine Stadt voller Tristesse. Die Labour Party hatte versucht, mit sozialen Reformen und hohen Erbschaftssteuern die Vermögensverhältnisse im Land zu verändern. Für die Oberschicht, die der Monarchie traditionell sehr nahe stand, war das schwer zu verkraften. Viele Aristokraten mussten ihre geliebten Landhäuser aufgeben und ihre Butler entlassen, was einen enormen Einschnitt für ihr Selbstverständnis bedeutete. Sie nagten zwar nicht am Hungertuch, aber die goldenen Zeiten waren vorbei. Für die verwöhnte Upper Class ein Trauma. Die Hochzeit der Prinzessin ließ noch einmal das Gefühl früherer Größe ahnen, es war die britische Version des Durchhalteslogans »Wir sind wieder wer«.

Der 20. November 1947 hatte für Elizabeth begonnen wie jeder andere Tag: mit einer Tasse Tee im Bett. Draußen vor dem Palast drehte der Dudelsackpfeifer seine morgendliche Runde. Der Himmel über London war grau, doch im Palast herrschte schon früh aufgeregtes Treiben. Um neun Uhr betrat Norman Hartnell, der Schneider des Brautkleids, mit seinem Team die Privatgemächer der Prinzessin. Voller Stolz entfaltete er sein Meisterwerk, einen Traum aus cremefarbenem Satin, der mit Zehntausenden von Perlen bestickt war.

Er hatte sie extra aus Amerika einfliegen lassen. Auch wenn der Schnitt des Kleides schlicht war, verlieh ihm die Perlenstickerei ein glamouröses Flair. Hartnell hatte feine Schleifen, Blüten und Girlanden auf dem schimmernden Stoff des bodenlangen Gewands gezaubert, das in einer fünf Meter langen Schleppe auslief. Ihm war das Kunststück gelungen, die Prinzessin in eine leibhaftige Botschaft des Aufschwungs zu verwandeln. Die Inspiration für das Motiv hatte er einem Gemälde des italienischen Renaissancekünstlers Sandro Botticelli entlehnt: »Primavera«, eine allegorische Darstellung des Frühlings, eine poetische Anspielung auf Wiedergeburt und Wachstum.

Eine Stunde und zehn Minuten brauchte Hartnells Team, um die Braut anzukleiden. Krönung der Garderobe war eine Tiara aus dem Familienbesitz, eine Leihgabe ihrer Mutter. Das »geborgte« Requisit hatte schon einige königliche Häupter geziert, Queen Victoria hatte es Queen Mary vermacht, diese wiederum gab es 1936 an Queen Mum weiter. Nun fehlte noch der Brautstrauß, den der Blumenbinder Martin Longman, Vater von Dianas Florist, entworfen und zusammengestellt hatte. Bald schon sollte die Braut in die Kutsche steigen, die sie nach Westminster Abbey bringen würde, doch noch immer war das Bouquet nicht aufzufinden. Eine wilde Suche begann, die am Ende dazu führte, dass künftige Brautsträuße in zweifacher Ausführung hergestellt wurden. Schließlich fanden sich die Blumen in einem Vorratsschrank. Ein allzu umsichtiger Diener hatte sie darin verwahrt, weil dort kühlere Temperaturen herrschten.

Die Gästeliste las sich wie das *Who's who* der europäischen Aristokratie. Mit vielen von ihnen waren Braut und Bräutigam verwandt, ihre gemeinsamen Wurzeln lagen in Sachsen-Coburg und Gotha, Braunschweig, Hessen-Darmstadt und Mecklenburg-Strelitz. Da fiel es kaum ins Gewicht, dass Philips Schwestern fehlten. Prinzessin Juliana und Prinz Bernhard aus den Niederlanden, der Prinzregent Belgiens, der Ex-König von Jugoslawien und die Ex-Königin von Rumänien, die gekrönten Häupter aus Dänemark, Norwegen und Griechenland sowie Vertreter des spanischen Hofes versammelten sich in der Kathedrale in Westminster, um die Ankunft der Braut zu erwarten.

Zum ersten Mal dokumentierten Filmkameras den Weg der Hochzeitskutsche aus Buckingham Palace über die Mall bis hin zur Kirche, doch von der Zeremonie selbst waren sie ausgeschlossen. Einen zeitgenössischen Bericht lieferte Elizabeths Vater, König George VI., in einem Brief an seine Tochter, der sich heute in den Archiven von Windsor Castle befindet. Er fürchtete, sie nach der Trauung zu verlieren. Sein Schreiben ist ein rührendes Zeugnis einer engen Verbindung – der König pflegte seine Kernfamilie als »Wir vier« zu bezeichnen: Er selbst war das Oberhaupt des Quartetts, mit Queen Mum an seiner Seite und den hübschen Töchtern Elizabeth und Margaret Rose als schmückende Kronjuwelen. Dieses vierblättrige Kleeblatt könnte nun auseinanderfallen, das beschäftigte George. Er sah die häusliche Ordnung durch die Heirat gefährdet, fast flehentlich beschwor er Elizabeth, sich auch in der Ehe seiner Liebe bewusst zu bleiben:

Ich war so stolz auf Dich und tief gerührt, als Du gemeinsam mit mir Deinen langen Gang durch die Westminster Abbey zurückgelegt hast, aber als ich dann Deine Hand dem Erzbischof übergeben habe, hatte ich plötzlich das Gefühl, etwas sehr Kostbares verloren zu haben. Du warst während der Feier so ruhig und gefasst und hast Deine Worte mit solcher Überzeugung gesprochen, dass ich wusste, alles ist in Ordnung ... Unsere Familie, die ›Königliche Familie‹, muss unbedingt zu-

*sammenbleiben mit den passenden Ergänzungen zum richtigen Zeitpunkt. Ich habe Dich all die Jahre voller Stolz unter Mamis kluger Anleitung heranwachsen sehen, und Du weißt ja, dass sie für mich der wundervollste Mensch der Welt ist. Und ich weiß, dass ich bei unserer Arbeit immer auf Deine und jetzt auch auf Philips Hilfe rechnen kann. Dein Abschied hat in unserem Leben eine große Lücke hinterlassen, aber vergiss nicht, dass Dein altes Zuhause Dir immer bleibt und dass Du dorthin so viel und so oft wie möglich zurückkehren kannst. Ich sehe, wie glücklich Du mit Philip bist, was nur recht ist, aber vergiss uns darüber nicht ganz. Das wünscht sich Dein Dich liebender Papa.*⁶

Aus diesen Zeilen lässt sich mühelos der Wertekanon entschlüsseln, der Elizabeths Erziehung und Jugend bestimmte. Die Familie auf dem Thron als Vorbild von Tugend und Pflichterfüllung, das ist bis heute das Credo der Queen. Prinz Philip hat sich erwartungsgemäß eingefügt, spielt öffentlich die Rolle des Prinzgemahls und Unterstützers. Seine erste, einzige und letzte Aufgabe im Leben sei es, Elizabeth niemals im Stich zu lassen, vertraute Philip einmal seinem Privatsekretär an. Innerhalb der Familie überließ ihm die Queen die Führung, was es ihm erleichterte, seine protokollarische Zweitrangigkeit zu ertragen. Elizabeth Windsor ist qua Amt eine gespaltene Persönlichkeit, muss ihr monarchisches Wesen von ihrem persönlichen abspalten. Bis heute erfüllt sie ihre Aufgabe vorbildhaft, mit Philip als notwendiger Ergänzung. Kollidieren ihre jeweiligen Interessen, sind die Prioritäten der Königin unumstößlich: Das Amt hat Vorrang vor privaten Gefühlen und Wünschen.

Das bekam Philip schon kurz nach der Hochzeit schmerzhaft zu spüren. Sein Wunsch war es, den Namen Mountbatten als Familiennamen zu tragen, der dann auch auf seine Kinder übergehen sollte. Aus den Windsors wären damit die Mountbattens geworden. Doch hier blieb die Queen eisern. Erst 1917 waren aus den Sachsen-Coburg und Gothas, wie sich die Königsfamilie bis dahin wegen ihrer deutschen Abstammung nannte, die Windsors geworden. Man wollte damit die Beziehungen zum Kriegsgegner deutlich beenden. Dieser Vorgang war politisch motiviert und sollte der Dynastie zu einem britischen Image verhelfen. Philips Wunsch nach einer Namensänderung hielt die Queen nur für eine Laune, der sie nicht nachzugeben gedachte. Die junge Ehe hatte ihre erste Krise, doch sie wurde überwunden. Elizabeth willigte später in einen Kompromiss ein. Ihre Nachkommen, Charles, Anne, Andrew und Edward, sollten den Doppelnamen Mountbatten-Windsor tragen, ebenso deren Söhne und Töchter. Bis heute ist die Ehe der Queen eine Erfolgsgeschichte, auch wenn sie mit Schwierigkeiten zu kämpfen hatte. Philip, so wird kolportiert, habe es mit der ehelichen Treue tatsächlich nicht immer genau genommen. Der Queen werden ebenfalls aus nicht zuverlässigen Quellen amouröse Abenteuer nachgesagt. Doch das, sollten diese Liebschaften jemals stattgefunden haben, ist längst Geschichte. Aus Anlass ihres sechzigsten Hochzeitstags im Jahr 2007 lobte die Königin ihren Mann öffentlich für seine Unterstützung. Für ihre Verhältnisse war das ein ungewöhnlich emotionales Statement. »Die beiden ergänzen sich perfekt und haben eine enorme Nähe zueinander«, erklärte die Historikerin Karina Urbach das Phänomen dieser anscheinend unerschütterlichen Verbindung. Sie sind ein erfolgreiches Team, das in der Öffentlichkeit Hand in Hand funktioniert. Während der eine die linke Seite der Straße mit Nachfragen bei den Schaulustigen bedient, nimmt sich der andere der rechten an. Wenn sie Blumen bekommt und die Hofdame gerade unaufmerksam ist, löst Philip das Problem und kümmert sich diskret um die Sträuße. Bis heute ist er galant, der vollendete Ritter des Hosenbandordens, der seine Königin schützt. Die Briten rechnen ihm das hoch an und verzeihen ihm seine legendären verbalen Ausrutscher. Vielleicht nimmt er damit der Monarchie auch so manche Härte, denn die Queen wirkt in ihrer unerschütterlichen Würde gelegentlich abweisend und einschüchternd. Philip ist ihr persönlicher Eisbrecher. Ein besseres Konzept für eine funktionierende Ehe auf dem Thron gibt es nicht. Doch ist dieses Modell, das aus dem 19. Jahrhundert zu stammen scheint, auch heute noch zeitgemäß? Was, wenn die Partnerin eines Thronfolgers oder der Partner einer Thronfolgerin nicht in aristokratischen Zirkeln aufgewachsen ist? Die Windsors haben inzwischen viele gescheiterte Ehen erlebt und werden deshalb gern als dysfunktionale Familie verspottet.

Die Monarchie ist immer nur so gut, wie sie sich am nächsten Tag präsentiert. Noch gibt die Queen ein leuchtendes Beispiel ab, doch die Sorge ist groß, wie die folgende Generation ihr Erbe verwalten wird. Solange sie an der Spitze steht, überstrahlt ihre mustergültige Regentschaft alle Skandale. Doch wie sieht es im inneren Zirkel aus? Nur der jüngste Sohn der Königin, Prinz Edward, führt mit seiner Sophie eine makellose Ehe, doch die beiden gelten als bemüht und langweilig. Prinzessin Annes Ehe mit dem bürgerlichen Offizier Mark Phillips scheiterte, und auch ihre augenblickliche Verbindung mit Timothy Lawrence gerät immer wieder in negative Schlagzeilen. Prinz Andrew hält sein Privatleben völlig unter Verschluss, seit er sich von Sarah, genannt Fergie, scheiden ließ. Offiziell ist er Single und kämpft noch immer mit den Hinterlassenschaften seiner gescheiterten Ehe. Fergie ist ein mahnendes Beispiel für jede Bürgerliche, die sich in die Royal Family traut. »Hier kommen wir nur mit dem Kopf unter dem Arm wieder raus«, soll sie einmal scherzhaft zu Diana gesagt haben, in Anspielung auf die zahlreichen Frauenopfer Heinrichs VIII. Sarah Ferguson hat überlebt, wenn auch chronisch überschuldet und übel beleumundet. Dass sie in ihren Memoiren *Meine Geschichte* versuchte, sich als Opfer der Verhältnisse darzustellen, hat ihr kein Mitleid eingebracht, nur Verachtung.

Auch Sarah war der Prototyp des »Sloane Rangers« – nicht sonderlich ehrgeizig, aber mit den besten Beziehungen. Ihr Vater, Major Ronald Ferguson, arbeitete als Polomanager für Prinz Philip und später für Prinz Charles. Die rothaarige Fergie, ein wildes Kind, wuchs in desolaten Familienverhältnissen auf. Ihre Mutter brannte mit einem argentinischen Polospieler durch und ließ ihre Tochter in Hampshire zurück, auf Dummer Down Farm. Deren Ausbildung war typisch für ein Mädchen aus ihren Kreisen, das immer etwas Besseres sein wollte, aber trotzdem in den Augen der Snobs ordinär blieb. Sie besuchte ein College für Sekretärinnen, versuchte sich in Public Relations, arbeitete in einer Kunstgalerie – alles ein netter Zeitvertreib auf dem Weg in eine Ehe, die ihr einen Sprung nach oben auf der gesellschaftlichen Karriereleiter bescheren würde. Dass sie »royales Material« war, also eines Mitglieds der Königsfamilie würdig, darauf kam niemand. Außer ihrer besten Freundin Diana, Prinzessin von Wales. Deren geschickte Manöver im Hintergrund trieben Fergie in die Arme Prinz Andrews – oder war es umgekehrt? Wahrscheinlich geschah Dianas Kuppelei aus reinem Eigennutz. Mit der Freundin an ihrer Seite, die ihr Schicksal teilte, würde es nicht mehr so langweilig sein im Palast.

Während die Presse außer sich geriet bei dem Gedanken, eine Bürgerliche in der Nähe des Throns zu wissen, wetzten die Höflinge indigniert die Messer. Doch das konnte oder wollte Fergie hinter ihrer rosaroten Brille nicht wahrnehmen. Sie liebte ihren Prinzen, wie sie noch heute beteuert, was immer wieder Gerüchte über eine mögliche Versöhnung des Paares aufkommen lässt. Damals, so verriet sie später, habe sie vor allem den Berichten der Boulevardpresse geglaubt, die sie als »größte Neuigkeit seit Erfindung des Toastbrots oder mindestens seit Diana« priesen. Unbefangen und natürlich, erfrischend und volkstümlich waren die Stempel, die man ihr aufdrückte. Sie war frischer Wind für die Monarchie. Doch war der überhaupt gewünscht?

Burke's Peerage, das altehrwürdige Mitteilungsblatt der Aristokratie, war so gar nicht amüsiert über die Wahl des Prinzen. Das Vorleben der Braut sei ein wenig unorthodox gewesen, wurde dort bemängelt. Als Fergie Andrew kennenlernte, hatte sie gerade eine unglückliche Beziehung mit einem fünfundzwanzig Jahre älteren Witwer hinter sich, der sich geweigert hatte, sie zu heiraten. Doch wenn sie ein »Vorleben« hatte, wie sollte man die Affären des jungen Prinzen bezeichnen, der sich in den Regenbogenblättern den zweifelhaften Spitznamen »Randy Andy« (»Geiler Andy«) verdient hatte? Neben vielen wechselnden Party-Bekanntschaften hatte es nur eine halbwegs ernsthafte Beziehung in seinem Leben gegeben – mit dem Softporno-Starlet Koo Stark. Er musste sie schließlich fallenlassen. Verglichen mit ihr war Fergie die bessere Wahl.

Am 23. Juli 1986 fand die Hochzeit in Westminster Abbey statt. Im Gegensatz zu Diana hatte Sarah sich für die traditionelle Eheformel entschieden, in der die Braut ihrem Ehemann Gehorsam verspricht. Mit dem Jawort wurde aus Sarah Ferguson die Duchesse of York, gleichzeitig schob sie sich auf Rang vier der königlichen Frauen vor, hinter der Queen und Queen Mum sowie ihrer Freundin Diana, der Princess of Wales, aber noch vor Prinzessin Anne und Prinzessin Margaret. Fergie selbst bezeichnete ihren großen Tag als »die Verwandlung des Aschenbrödels«. Von diesem Moment an hatte Diana eine Seelenverwandte und Komplizin in der Royal Family, mit der sie ihre Sorgen teilen konnte. Doch schon bald hatte auch die Duchesse of York Anlass, über ihren eigenen Kummer zu klagen. Nach den Flitterwochen war Andrew, der bei der Royal Navy Karriere machte, in die Grafschaft Somerset versetzt worden, 250 Kilometer von London entfernt. Die junge Ehefrau saß allein zu Haus. Da war es kein Trost, dass es sich dabei um ein Appartement im Buckingham Palace handelte. Noch heute gibt es dort Räume, die nicht mehr renoviert worden sind, seit Queen Elizabeth den Thron bestiegen hat. Immerhin gönnte man Fergie neue Vorhänge und Tapeten. Gesellschaft leistete ihr jetzt nur noch der überdimensionale Teddy, ein Geschenk Prinz Edwards, das während der Kutschfahrt von Westminster Abbey zurück in den Palast im Heck gesessen hatte. Nun thronte er auf dem Sofa und starrte auf die Möbel, Ölbilder und Uhren, die schon vor Fergies und Andrews Geburt dort versammelt waren. Philip, stets zu einem Scherz aufgelegt und die Monarchie gerne mit einer Firma vergleichend, tröstete Fergie mit der Bemerkung, immerhin wohne sie ja jetzt »über dem Laden«. Und dort musste vor allem gespart werden, was sich in der niedrigen Temperatur der Heizung und dem Funzellicht aus gedimmten Glühbirnen bemerkbar machte.

Sarah bemerkte bald, dass sie ihr freies Leben mit einem Dasein im Käfig eingetauscht hatte, der nicht einmal golden war. So gesehen, ging es ihr schlimmer als Aschenbrödel, das nach der Fahrt in der gläsernen Kutsche in einem Märchenschloss gelandet war. Buckingham Palace jedenfalls war alles andere als das.

Fergie bewunderte ihre Schwägerin. Für sie war Diana längst der Profi in diesem königlichen Business, sie beneidete sie um ihre Eleganz und ihr Geschick mit den Medien. Außer der Prinzessin von Wales gab es keine wohlmeinenden Menschen in ihrem neuen Zuhause, schenkt man der

Duchesse of York Glauben. Auf die Unterstützung der Höflinge konnte sie aber bestimmt nicht zählen, die sie wegen ihrer einfachen Herkunft verachteten.

Möglicherweise sind es Fergies Erfahrungen, die Prinz William dazu bewogen haben, mit seiner Ehefrau nach der Hochzeit nicht nach London zu ziehen, sondern weiter ein Haus in der Nähe seiner Militärbasis zu bewohnen. Kate oder Catherine, wie sie sich wohl künftig nennen wird, soll die Einsamkeit in einem ungemütlichen Schloss erspart bleiben. Es könnte sonst gefährlich werden. Diana reagierte mit Essstörungen und Depressionen, Fergie drehte auf. So absolvierte sie 1986 ein Flugtraining und erwarb als erste Windsor-Frau den Pilotenschein. Der Absturz war rasant. Nur wenige Jahre später, 1992, hatten Andrew und sie sich so weit auseinandergelebt, dass Fergie keine Grenzen mehr kannte. Sie vergnügte sich mit reichen Amerikanern, der spektakulärste Ausrutscher passierte vor der Linse eines lauernden Fotografen. Die »Zehenlutsch-Affäre« erschütterte das Königshaus, war aber nur ein zarter Vorgeschmack auf das, was noch kommen sollte. 1996 folgte die Scheidung. Die Presse titulierte Fergie als »Duchess of Pork« (»Schweineherzogin«), ein Image, das ihr bis heute anhaftet. Sie blieb eine konsequente Anhängerin des American Way of Life. Als Botschafterin der US-Weight-Watchers verdiente sie Millionen – und verschleuderte sie sogleich durch ihren extravaganten Lebensstil. Ihre unternehmerischen Aktionen als Autorin von Kinderbüchern, Filmproduzentin und Duftdesignerin hätte man ihr sicherlich nachgesehen, aber niemals ihren Entschluss, ihre Lebensgeschichte mit allen peinlichen und belanglosen Details aus ihrem Leben hinter Palastmauern zu veröffentlichen.

Fergie hatte gegen ein ehernes Gesetz verstoßen: »*Never complain, never explain* – sich niemals beklagen, sich niemals erklären.« Diesem Grundsatz ist die Queen seit über achtzig Jahren treu. Die Herzogin von York hatte den Windsors nicht die erhoffte Verbindung zwischen Bürgertum und Krone gebracht, sondern die Monarchie in ihren Augen blamiert. Fergies Beispiel könnte Kate Middleton eine hilfreiche Warnung sein, wie schwer es ist, sich den Spielregeln des Palastes anzupassen.

11
Die Vorzeigefamilie

Sosehr sich die Royals auch darum bemühen, mit einem möglichst »normalen« Familienleben bei der Bevölkerung zu punkten, gewöhnliche Ehekräche, wie jeder sie austrägt, gehören jedoch nicht ans Licht der Öffentlichkeit. Das galt schon für Queen Victoria und Prinz Albert. Ihre Biographen scheuten sich noch bis in die sechziger Jahre hinein, über ihre fulminanten Auseinandersetzungen Zeugnis abzulegen. Ihre Ehe galt als Liebesheirat, wie die von Elizabeth und Philip. Im 19. Jahrhundert war das vielleicht noch ungewöhnlicher, zumal in Adelskreisen. Verbindungen wurden hier nicht nach dem Gesichtspunkt gestiftet, ob ein Paar charakterlich harmonierte, sondern ob sich die dynastischen Absichten der Familien miteinander vertrugen. Es ging nicht darum, in der Ehe das irdische Glück zu finden, sondern gesunden Nachwuchs in die Welt zu setzen, der das Ansehen und die Macht der Dynastie wiederum vermehren konnte. Victoria und Albert bekamen neun Kinder, obwohl die Königin Schwangerschaften hasste und mit Babys nichts anzufangen wusste.

Eine Familie auf dem Thron, nach den selbstherrlichen und unberechenbaren Regenten des Hauses Hannover, die der englischen Krone mit ihrem desolaten Privatleben so viel Schande bereitet hatten, konnte das die Stimmung für die Monarchie im Volk verbessern? Davon war der britische Staatstheoretiker Walter Bagehot überzeugt, dessen Werk *The English Constitution* im Jahr 1867 veröffentlicht wurde. Prinz Albert war zu diesem Zeitpunkt schon seit sechs Jahren tot, aber er hatte mit Victoria gleichsam Bagehots Vorstellung eingelöst und ein funktionierendes Eheleben zelebriert – und damit die Grundlage für eine moderne Monarchie geschaffen. Im Zeitalter eines immer stärker werdenden Bürgertums, in dem Könige und Fürsten ständig an Macht verloren, stellte sich schon damals dringlich die Frage nach dem Nutzen gekrönter Häupter. Zeremonielle Hofhaltung konnte als Argument nicht mehr genügen, das Königspaar wollte, wie die Historikerin Karina Urbach feststellte, ein moralischer Kompass sein.

Albert, obwohl der Sohn eines Herzogs von Sachsen-Coburg und Gotha, brachte bürgerliche Werte in die englische Königsfamilie ein, die im starken Kontrast standen zu den Verhaltensweisen der »verrückten« Hannoveraner. Skandale, das spürte der Prinz, waren gefährlich. Er arbeitete hart daran, seine Familie im Sinne einer Vorzeige-Gemeinschaft an die Spitze der Nation zu setzen – was auch gelang. Dabei kamen Victoria und Albert selbst aus zerrütteten Familien. Umso bemühter waren sie, den noch heute geltenden Windsor-Stil zu erfinden, der sich am deutlichsten in der Liebe zum Familienschloss Balmoral äußert.

Diana hasste die jährlichen Urlaube in den schottischen Highlands, während derer die Königsfamilie ihrem bevorzugten Zeitvertreib fröhnte: Wandern, Jagen und Angeln. Doch dieser Lebensstil gehörte seit Victorias Tagen zum Selbstverständnis der Windsors. Auch Catherine Middleton und ihre Eltern haben schon den »Balmoral-Test« bestanden. Er ist so etwas wie die Feuertaufe für alle künftigen Familienmitglieder. Nur wer sich naturverbunden zeigt und wer sich nicht zu schade ist, in Wellington-Boots und Barbour-Jacken im Schlamm auf Wild anzulegen, kann dazugehören. Prinz Williams Auserwählte machte selbst in dieser rustikalen Aufmachung eine gute Figur.

Noch heute steht in Balmoral der Lieblingssessel Queen

Victorias an seinem angestammten Platz. Niemand wagt es, ihn zu benutzen. Das Schloss, das mit seinen Zinnen und Türmchen an eine deutsche Ritterburg erinnert, ist nach den Plänen Prinz Alberts errichtet worden. Die umliegenden Hügel und Wälder ließen ihn an seine Heimat denken, den Thüringer Wald. Schon Victoria, deren Mutter eine geborene Coburger Prinzessin war, fühlte sich in Balmoral zu Hause. Begeistert notierte sie nach einem Ausflug in ihr Tagebuch: »Alles war ruhig, so einsam – es war wohltuend, den Blick schweifen zu lassen, und die reine Bergluft war überaus erfrischend. Alles schien Freiheit und Frieden zu atmen, ließ einen die Welt mit all ihren traurigen Verstrickungen vergessen.«[7]

Seit dem Kinofilm *Die Queen* weiß das Publikum, dass auch Königin Elizabeth ähnlich empfindet. Für sie ist Schloss Balmoral seit Kindertagen ein sicherer Hafen, eine Fluchtburg, wenn die irdischen Probleme wieder einmal bedrohlich nahe rücken. Prinz Charles hatte es sich während seiner schlimmsten Krisen mit Diana zur Gewohnheit gemacht, in die Highlands zu entfliehen. Nach seiner Scheidung kam er jedes Jahr mit seinen Söhnen William und Harry hierher, die die Freiheit dieses Ortes ebenso genossen wie ihr Vater.

Balmoral ist sicher mehr als jedes andere Schloss der Windsors ein Heim der Familie. Als Victoria um ihren früh verstorbenen Ehemann Albert trauerte, zog sie sich jahrelang dort zurück und pflegte ihre Erinnerungen an eine Ehe, die 1840 so vielversprechend begonnen und ihre seelischen Wunden geheilt hatte, die ihr durch eine unglückliche Kindheit zugefügt worden waren.

Am 24. Mai 1819 erblickte Victoria im Kensington Palace in London das Licht der Welt. Sie war das »Produkt« einer arrangierten Ehe, die nur geschlossen worden war, um die

Thronfolge zu sichern. Die ältesten männlichen Erben Georges III. hatten es nicht vermocht, legitime Nachkommen zu zeugen, und so lag es an seinem vierten Sohn Edward, Duke of Kent, endlich der Pflicht Genüge zu tun. Das Ansehen der Monarchie war arg ramponiert. Zügellosigkeit, Biederkeit und Senilität regierten. George III. litt unter der damals noch unerforschten erblichen Stoffwechselkrankheit Porphyrie, die ihm am Ende seines Lebens Wutausbrüche und Wahnattacken bescherte. Auch Edward galt als unberechenbarer Choleriker, er war mittellos, vertrieb sich die Zeit mit seiner Geliebten Julie de Saint-Laurent, der er fünfundzwanzig Jahre die Treue gehalten hatte.

Als sich abzeichnete, dass es nun an Edward war, die Thronfolge zu sichern, schob er seine Dauerfreundin ab und ehelichte 1818 Victoire von Sachsen-Coburg-Saalfeld, die aus einer früheren Ehe bereits eine Tochter und einen Sohn hatte, demnach also fruchtbar war. Die Rechnung ging auf: Durch die Geburt seiner Tochter Victoria hatte sich Prinz Edward an seinen Brüdern vorbei eine Sonderstellung gesichert. Die snobistische Hofgesellschaft aber blieb ablehnend gegenüber dem Duke, und als dieser frühzeitig verstarb, lebten Victoria und ihre Mutter isoliert und nahezu mittellos im Kensington Palace, emotional und finanziell unterstützt von Victoires Bruder Leopold, einem Coburger Prinzen, der später König der Belgier werden sollte. Alleiniges Faustpfand im höfischen Ränkespiel war die kleine Victoria, die einzige verbliebene britische Thronfolgerin. Nun hieß es warten – auf den Tod des Königs und auf die Volljährigkeit Victorias.

Der kleinen Prinzessin durfte bis dahin auf keinen Fall etwas zustoßen, und so erfand ihre Mutter das »Kensington-System«, eine Art Rund-um-die-Uhr-Bewachung für ihre kleine Tochter, die von nun an ständig an der Hand ihrer Erzieherin geführt wurde und bis zum Alter von achtzehn Jahren mit Victoire in einem Bett schlafen musste. Victoria war zeitlebens überzeugt, eine traumatische Kindheit erlebt zu haben, ohne Auslauf, ohne liebevolle Zuneigung, die ihre so starken Gefühle hätte befriedigen können.

Die Befreiung kam am Morgen des 20. Juni 1837, als sie nach dem Tod ihres Onkels William IV., der bis dahin das Empire regiert hatte, zum ersten Mal öffentlich als Königin von England auftrat, mit einem erstaunlichen Selbstbewusstsein und fest entschlossen, ihre Pflicht wahrzunehmen. Eine ihrer ersten Entscheidungen bestand darin, ihre Mutter aus ihrem Schlafgemach zu verbannen. Victoria war keine Schönheit, sie war klein von Wuchs, etwas füllig, und ihr rundes Gesicht wurde von Pausbäckchen und einer langen, gebogenen Nase dominiert. Aber sie hatte Charme und Temperament, und sie war frei von Lastern. Eine reine Unschuld, die Hoffnung auf eine bessere Zukunft für die Monarchie versprach.

Am Tag ihrer Krönung, dem 28. Juni 1838, drängten sich Hunderttausende in den Straßen Londons, um einen Blick auf ihre neue Herrscherin zu werfen. In der königlichen Kutsche wurde sie zur Westminster Abbey gefahren, begleitet vom frenetischen Jubel ihrer Untertanen. »Nie zuvor habe ich eine so große Menschenmenge gesehen wie die im Park, und sie jubelten mir höchst enthusiastisch zu«, notierte Victoria in ihr Tagebuch.[8]

Kaum hatte sie den Thron erklommen, wurde sie an ihre vornehmliche Pflicht erinnert: Sie musste für den Fortbestand der Dynastie sorgen. Eigentlich empfand Victoria überhaupt keine Lust, sich zu binden, würde sie dadurch doch ihre gerade erst gewonnene persönliche Freiheit wieder aufgeben müssen. Sie war glücklich, dem Diktat ihrer Mutter entronnen zu sein, und genoss es, endlich das tun und lassen zu können, was sie für richtig hielt. Heiraten gehörte nicht dazu. Ihr wichtigster männlicher Berater in dieser Zeit war ihr Premierminister, Lord Melbourne. Er war bereits im gesetzten Alter, hatte aber ein gutes Gespür dafür, wie er mit der oft noch sehr kindlich wirkenden Königin umgehen musste. Er flößte ihr Selbstvertrauen ein, hatte sogar Verständnis für ihre überwältigenden Gefühlsausbrüche. Victoria genoss die erotische Spannung, die sich zwischen Melbourne und ihr entwickelte, auch wenn es ein platonisches Verhältnis war. Mit ihm diskutierte sie die intimsten Dinge, was am Hof für Unruhe sorgte. Ihre Mutter schrieb voller Empörung: »Pass auf, dass er nicht König wird!«[9]

Der vierzig Jahre ältere Melbourne gehörte der eher liberalen Whig-Partei an, war aber in seinen Ansichten tendenziell konservativ. Immer wieder drängte er Victoria, sich endlich nach einem passenden Ehemann umzusehen. In ihrem Tagebuch beschrieb sie eine der typischen Diskussionen mit Melbourne zu diesem heiklen Thema: »Ich fragte, warum ich in den nächsten drei, vier Jahren überhaupt heiraten solle? Ob er eine Notwendigkeit sehe? Ich sagte, der Gedanke ans Heiraten ängstige mich; dass ich es gewohnt sei, meinen Willen durchzusetzen; dass ich meinte, es stünde zehn zu eins, dass ich mit irgendjemand auskommen werde.«[10]

Victoria rechnete sich keine allzu große Chance auf eine glückliche Ehe aus. Um sich herum hatte sie genügend abschreckende Beispiele gesehen. Doch Melbourne ließ in dieser Frage nicht locker. Ihm ging es nicht nur um das persönliche Glück der Queen. Ihr überschäumendes Temperament musste in eine vernünftige Richtung gelenkt werden, um die Monarchie vor Schaden zu bewahren. Victorias Onkel Leopold von Sachsen-Coburg und Gotha beobachtete die Entwicklung seiner Nichte mit größter Aufmerksamkeit. Sein Berater, Baron Christian Friedrich von Stockmar, warnte eindringlich, Victoria sei »ein schreckliches Kind, nicht ohne Intelligenz, aber ohne jede Erziehung für unser Handwerk ... von Natur aus außerordentlich heftig, leidenschaftlich, das Kind mit dem Bade ausgießend. Es ist ein ungeheures Experiment, dass im 19. Jahrhundert eine achtzehnjährige Königin dieses Land regiert. Und doch will ich nicht wagen zu sagen, dass es bös ausgehen wird, denn das Unerwartete geschieht, das Berechnete und zu Berechnende geschieht nicht ...«[11]

Dennoch setzte Stockmar, der wie Victorias Mutter aus Coburg stammte, alles daran, die Zukunft der Königin in die ihm richtig erscheinenden Bahnen zu lenken. Die Historikerin Karina Urbach schrieb dazu: »In einer männlich dominierten Gesellschaft war eine alleinstehende, mächtige Frau eine beunruhigende Anomalie. Die Gesellschaftsregeln verlangten, dass das Privatleben von hochadeligen Frauen nur drei Mal öffentlich diskutiert wurde: ›*Hatch, match and dispatch*‹ (bei der Geburt, der Heirat und der Beerdigung). Auch bei einer Monarchin wurde erwartet, dass ihr Privatleben keine Abweichungen enthielt. Unverheiratet wurde man zu einem unkalkulierbaren Problem.«[12]

Entsprechend hoch war der Druck auf Victoria, unter den vorhandenen Heiratskandidaten endlich eine Wahl zu treffen. Doch keiner war ihr recht. Dann müsse man eben einen für sie herstellen, hatte Lord Melbourne einmal spitz bemerkt. Das sollte sich dann doch nicht als nötig erweisen, denn die langfristig angelegte Eheanbahnung Stockmars und Onkel Leopolds sollte schon bald Früchte tragen. Bereits im jugendlichen Alter war Leopolds Neffe, Albert von Sachsen-Coburg und Gotha, darauf vorbereitet worden, einmal um Victoria zu werben. Cousin und Cousine zu verheiraten war nicht unüblich. Auch Victoire, Victorias Mutter, sah in einer Coburger Lösung die beste Alternative, rechnete sie doch damit, in einem Heiratskandidaten aus der eigenen Familie wieder einen starken Verbündeten am englischen Hof zu haben.

Schließlich gelang es dem geschickten Lord Melbourne, die letzten Bedenken der Queen gegen eine Heirat zu zerstreuen. Ein Ehemann müsse sich stets ihr unterordnen, versicherte er, da sie ja die Königin von England sei. Sie war noch immer skeptisch, erklärte sich aber am Ende bereit, Albert am Hof zu empfangen, um ihn in Augenschein zu nehmen. Zunächst hinterließ er keinen besonderen Eindruck, aber im zweiten Anlauf eroberte er Victorias Herz im Sturm. Sie war sich sicher: wenn schon einen Ehemann, dann diesen hübschen Coburger Prinzen mit den guten Manieren.

Verzückt vertraute sie ihrem Tagebuch an: »Mit einiger Gefühlsbewegung betrachte ich Albert – *er ist so schön ...* Albert saß mir gegenüber – er sieht so gut aus und ist so wohlgefällig ... Albert ist wirklich ganz bezaubernd und sieht so überaus gut aus, solch schöne blaue Augen, solch eine exquisite Nase und solch ein hübscher Mund mit einem niedlichen Schnurrbart und einem feinen, ganz feinen Backenbart; eine schöne Gestalt, breit in den Schultern und schmal in den Hüften; mein Herz verlangt nach ihm.«[13]

Wie ein schwerverliebter Teenager schwärmte Victoria in einem fort – und konnte es schließlich nicht erwarten, Albert einen Heiratsantrag zu machen. Als Königin war es an ihr, den ersten Schritt zu tun. Der Coburger willigte sofort ein. Es schien der Weg zu sein, der ihm vorgezeichnet war. Später sagte er, er habe bereits mit drei Jahren gewusst, dass er Victoria einmal heiraten werde.

Die Verlobungszeit dauerte siebzehn Wochen, in denen sich Victoria schmachtend nach Albert verzehrte. Der war nach Deutschland zurückgefahren, um seine persönlichen Dinge zu ordnen. Sein künftiger Wohnsitz würde London sein, und so musste er Abschied nehmen von Schloss Rosenau, der Heimat seiner Kindertage. Albert hatte ebenfalls keine glückliche Jugend gehabt. Sie war überschattet vom

Ehezwist seiner Eltern, der schließlich in eine Scheidung gemündet hatte. Alberts Vater Ernst liebte die Jagd und schöne junge Frauen, seine Ehe mit der jungen Luise von Sachsen-Gotha-Saalfeld war aus dynastischen Gründen geschlossen worden. Als die beiden Söhne Ernst und Albert geboren waren, wurde der Herzog seiner Gemahlin überdrüssig und verbrachte seine Zeit vorwiegend auf der Hatz. Luise blieb auf Schloss Rosenau zurück, umgeben von übellaunigen und intriganten Höflingen.

Verschärft wurde die Ehekrise, als ein Enthüllungsroman das skandalöse Vorleben Herzog Ernsts unter die Lupe nahm. Eine angebliche Geliebte berichtete darin über Missbrauch, Verfolgung und einen Mordversuch durch Coburger Schergen, die ihr und ihrem unehelichen Sohn nach dem Leben trachteten, um die illegitime Vaterschaft des Herzogs zu vertuschen. Luise ihrerseits tröstete sich nun mit einer Schar schneidiger Offiziere am Hof, ohne aber des Ehebruchs überführt zu werden. Doch der Herzog wollte keinesfalls über die außerehelichen Flirts seiner Frau hinwegsehen und verbannte sie aus Coburg nach St. Wendel, einer kleinen Stadt nahe der französischen Grenze, wo sie nach seiner Ansicht keinen Schaden anrichten konnte. Die beiden Kinder blieben auf Schloss Rosenau.

Albert, der zu dieser Zeit erst fünf Jahre alt war, sollte nie vollständig über die Trennung von seiner Mutter hinwegkommen. Luise ihrerseits starb jung, während einer Reise nach Paris, ohne ihre beiden Söhne noch einmal gesehen zu haben. In Alberts Tagebuch fanden sich viele Einträge, in denen er beschrieb, wie er ständig wegen Nichtigkeiten in Tränen ausgebrochen war. Seine Tochter Vicky schilderte später sehr präzise und auf den Punkt gebracht, wie sehr ihr Vater unter der gescheiterten Ehe seiner Eltern gelitten hatte: Er habe stets gesagt, er könne die Erinnerung an seine Kindheit nicht ertragen, er sei so unglücklich und elend gewesen, und er habe sich deshalb oft aus dieser Welt fortgewünscht.

Mit diesem seelischen Ballast im Gepäck machte sich Albert daran, sein neues Glück als Ehemann der Königin von England zu suchen. Mit seiner Verlobten teilte er die Erfahrung einer missglückten Familie, was die beiden eng zusammenschweißen sollte. Victoria konnte die Trennung von ihrem künftigen Ehemann kaum ertragen und sehnte die Heirat tränenreich herbei. Selbst die vielen Geschenke und Briefe, die sie während der Verlobung von Albert erhielt, konnten sie nicht trösten. Eigenhändig hatte er eine goldene Brosche für sie entworfen, in Form eines Orangenzweigs mit weißen Blüten und Knospen. Passend dazu verfasste der musisch begabte Bräutigam eine Komposition mit dem Titel »Der Orangenzweig«.

Am 10. Februar 1840 war der von Victoria so heiß ersehnte Tag der Eheschließung gekommen. Sie sollte in der Kapelle des St. James's Palace im Herzen Londons stattfinden. Verglichen mit heutigen königlichen Hochzeiten, war es eine eher bescheidene Zeremonie, aber trotz des Regens säumten Tausende die Prachtstraße, die zum Palast führte, um Braut und Bräutigam anlässlich der kirchlichen Trauung bejubeln zu können.

Auch dieses Ereignis hielt die fleißige Tagebuchschreiberin Victoria fest: »Um halb eins fuhren wir los, mein geliebter Albert hatte sich schon zuvor auf den Weg gemacht. Ich trug ein weißes Gewand aus Satin mit einem sehr tiefen Volant aus Honiton-Spitze nach altem Muster.«[14] Ihr brünettes Haar war umkränzt von Orangenblüten und im Nacken zu einem Knoten geschlungen, an dem der Schleier befestigt war. Die Schleppe des Hochzeitskleids war so schwer, dass sie von zwölf Brautjungfern getragen werden musste. Eine Saphirbrosche, die von zwölf Diamanten umkränzt war, zierte das Dekolleté – sie war ein Geschenk des Bräutigams.

Zum ersten Mal seit 1554 trat eine regierende britische Königin vor den Traualtar, Anlass für den königlichen Hofmaler Franz Xaver Winterhalter, die Zeremonie in einem Gemälde festzuhalten. Prinz Albert, in schmucker Galauniform, reicht der Queen die rechte Hand zum Ehebund, Victoria schaut auf zu ihrem Gemahl – eine Verbindung, die von Gott gewollt schien. So muss es Victoria empfunden haben, die während der festlichen Trompeten- und Orgelklänge nur Augen für ihren »engelsgleichen« Albert hatte. »Die Zeremonie war sehr eindrucksvoll und edel und schlicht und sollte, so meine ich, bei allen, die am Altar versprechen, was er oder sie versprechen, einen dauerhaften Eindruck hinterlassen«, schrieb Victoria in ihr Tagebuch.[15] Sie habe eine besondere Freude empfunden, als Albert ihr den Ring über den Finger streifte. Victoria war entschlossen, ihm in der Ehe die Führung zu überlassen. Der Erzbischof von Canterbury, der die Trauung vollzog, hatte ihr nahegelegt, das Wort »gehorchen« aus dem Eheversprechen zu entfernen, wie es später Diana getan hatte, doch Victoria lehnte ab. Die Flitterwochen verbrachte das Paar auf Schloss Windsor. Es war der Beginn einer leidenschaftlichen Beziehung, deren sinnliche Komponente in Victoria starke Gefühle von Liebe und Glück erweckten – eine emotionale Entschädigung für ihre lieblose Kindheit.

Die Königin verklärte ihre Beziehung zu Albert in romantischer Weise, eine Sicht, wie sie lange Zeit von den Biographen übernommen worden war. Die Historikerin Karina Urbach zeichnete ein differenzierteres Bild: »Am Anfang der Ehe hatte es zwischen den beiden endlose Machtkämpfe gegeben. Dokumentiert wurden diese durch zahllose wütende Episteln, die sich das Paar nach jeder Auseinandersetzung schrieb. Die Themen variierten. Man stritt sich um

Personalien, die richtige Haushaltsführung und später um die Kindererziehung. Während Victoria bei diesen Streitereien leidenschaftlich argumentierte, blieb Albert kühl und verließ den Raum. Dies machte die Königin in der Regel noch wütender.«[16] Albert fühlte sich zwar als Ehemann, aber nicht als der Herr im Haus. Schließlich gelang es Albert, mit einer Mischung aus Liebesentzug und Leidenschaft den starken Willen seiner Frau zu brechen.

In einundzwanzig Ehejahren setzten die Königin und ihr deutscher Prinzgemahl dennoch Maßstäbe für eine erfolgreiche und im dynastischen Sinn effektive Familie. Disziplin, Pflichterfüllung und Zurückhaltung waren oberste Prinzipien dieser fast bürgerlich biederen Häuslichkeit.

Als ihr ältester Sohn Bertie, Prince of Wales und der spätere König Edward VII., während seiner Studienzeit in Cambridge wegen seines lockeren Lebenswandels einen Skandal heraufbeschwor, war Albert außer sich vor Wut. Er ritt nach Cambridge, seine gesundheitlichen Probleme, die ihn seit geraumer Zeit mit Fieber, Gelenk- und Zahnschmerzen quälten, ignorierte er. Kränker als zuvor kehrte er nach Schloss Windsor zurück, nachdem er dem leichtlebigen Sohn die Leviten gelesen hatte. Victoria hielt seine Anfälle von Schüttelfrost für eine vorübergehende Episode, wie es schon so viele gegeben hatte. Erst langsam wurde ihr bewusst, wie ernst es um ihren geliebten Ehemann stand: »Ich ging auf mein Zimmer und weinte schrecklich und fühlte mich, ach! als ob mein Herz brechen müsste – ach! Solche Pein, die jedes Leid in diesem Jahr übertraf. O Gott! Hilf ihm und schütze ihn!«[17]

Albert phantasierte nun in seinen Fieberträumen, aber wenn er zu sich kam, konnte er Victoria klar erkennen, die unermüdlich an seinem Krankenlager wachte. Am 14. Dezember 1861 erlag Albert seinem Typhusleiden.

Victoria war mit nur zweiundvierzig Jahren Witwe geworden. In tiefer Trauer zog sie sich auf ihr schottisches Schloss Balmoral zurück. Dort zelebrierte sie ihre Lebenskrise, ungeachtet ihrer Pflichten als Königin. Acht Jahre blieb der Thron im Buckingham Palace verwaist. Die Monarchie befand sich in einer tiefen Krise. Nur ein sichtbarer Regent verkörpert den Machtanspruch auf die Krone, deren wichtigste öffentliche Aufgabe das Repräsentieren ist. Victoria scherte sich nicht um derlei Feinheiten. Sie vergrub sich in ihrer Schattenwelt, ohne ihren Untertanen einen Hinweis zu geben, ob sie daraus jemals wieder aufzutauchen gedachte. Schließlich ließ sie sich doch ab und an wieder in London blicken, aber sie hatte es sich zur Lebensaufgabe gemacht, das Andenken an ihren geliebten Albert wachzuhalten. In seinem Sterbezimmer errichtete sie eine Art Kultstätte mit Albert-Büsten und -Bildern, selbst sein Rasierzeug wurde täglich neu arrangiert. Jedes Detail im Raum wurde auf einer Fotografie für die Ewigkeit festgehalten. Bis an ihr Lebensende trug Victoria Schwarz, die Farbe der Trauer. Neununddreißig Jahre nach Alberts Tod, am 22. Januar 1901, starb sie hochbetagt, nachdem sie noch ihr diamantenes Thronjubiläum gefeiert hatte.

Die Ehe von Victoria und Albert hat das Haus Windsor in vielerlei Hinsicht geprägt. Es war der deutsche Prinz aus Coburg, der früh verstand, dass die Monarchie in einem Zeitalter der Industrialisierung und der Verelendung der Massen ein Zeichen setzen musste. Wohltätige Arbeit steht bis heute im Mittelpunkt des Selbstverständnisses der Royal Family. Albert wusste auch um die immense Bedeutung einer funktionierenden Familie auf dem Thron und verstand es, dafür die richtigen Bilder unters Volk zu bringen. 1841 gab er bei Sir Edward Landseer ein Ölgemälde mit dem Titel »Windsor Castle in Modern Times« in Auftrag, das wie eine programmatische Botschaft wirkt. Es zeigt Victoria und Albert in Reitstiefeln in ihrem Privatgemach, umgeben von Hunden, die sich um einige erlegte Fasane gruppiert haben, ein kleines blondes Mädchen spielt am Bildrand selbstvergessen mit einem toten Vogel, während die Eheleute sich tief in die Augen blicken. Durch ein geöffnetes Fenster schaut der Betrachter in eine idyllische Parkanlage, die zu einem Spaziergang einlädt. Hier ist alles versammelt, was den Windsor-Stil bis heute ausmacht: bodenständiges Landleben, das mit den geliebten Hunden und Pferden geteilt wird. Kinder spielen darin eher eine Nebenrolle, »*they have to be seen, but not to be heard*«, sie sind sichtbar, aber dürfen keinen Lärm verursachen.

Ähnliche Darstellungen aus Viktorianischer Zeit gibt es vom Hofmaler Franz Xaver Winterhalter. Ihm gelang es ebenfalls, den Herrscherporträts die Strenge zu nehmen und die Royals als liebevolle und harmonische Familie zu inszenieren. Für die aufstrebende Mittelschicht dienten diese Gemälde als Maßstab eigener Zurschaustellung bürgerlichen Idylls. Später präsentierten sich die Nachfahren Victorias, Queen Elizabeth und ihr Prinzgemahl Philip, in ähnlichen Posen, nur mit moderneren Mitteln. Mit ihren Kindern Anne und Charles ließen sie sich auf Schloss Balmoral beim Rundgang durchs Sägewerk und beim Grillen filmen. Die Botschaft war dieselbe: Die Regentin baut ihr Leben auf dem Prinzip häuslicher Liebe auf. Eine unübersehbare Anleihe an Viktorianische Zeiten. Auch von Prinz Charles und Prinzessin Diana existieren Fotos, die sie mit Kindern und Ponys in Reitkleidung auf einer Gartenbank zeigen – in diesem Fall wurde das »Familienglück« später gründlich als dreiste Vorführung entlarvt.

Es sind vor allem die Familienfeste, die Verbindung zur Bevölkerung schaffen und zur Identifizierung einladen. Auch dies ist eine Erkenntnis, die auf Prinz Albert zurückgeht. Er war ein regelrechter Weihnachtsfanatiker, eine Tradition, die er aus seinem Heimatland Deutschland nebst dem dazugehörigen geschmückten Tannenbaum in die königliche Familie eingebracht hatte. Wer zum Christfest auf Balmoral eingeladen ist, gehört zur Familie. Nicht umsonst wurde vor der Verlobung von Prinz William und Catherine Middleton heftig spekuliert, ob die beiden den Weihnachtstag im Jahr 2010 im schottischen Hochland verbringen würden. Dem war nicht so: Kate feierte mit ihrer Familie, William blieb bei seiner Militäreinheit in Wales.

Der geschmückte Weihnachtsbaum wird in seiner Bedeutung für die familiäre Verbundenheit allerdings noch überboten von den üppigen Hochzeitsbouquets der königlichen Bräute. Auch diese Tradition geht auf Victoria und Albert zurück und muss bis heute von den Floristen beachtet werden. Im Strauß der Braut verbirgt sich unter all den Orchideen und Rosen, den Lilien und Gardenien, die ein mehr oder weniger üppiges Gebinde bilden, ein unscheinbarer Myrtenzweig. Dieser wird eigens aus dem Garten des Schlosses Osborne House auf der Isle of Wight herangeschafft, abgeschnitten von einem Busch, den Prinz Albert einst aus seiner Heimat in Coburg mitbrachte und auf dieser südenglischen Insel einpflanzen ließ. Es war eine sentimentale Reminiszenz, die dem Ehemann Victorias das Leben in einem fremden Land ein wenig erleichterte. Alle Äußerlichkeiten der häuslichen Gemeinschaft legte Victoria in Alberts Hände. Er durfte auch bestimmen, wo und wann das Familienleben zelebriert wurde. Neben Balmoral Castle war Osborne House das beliebteste Domizil der Viktorianer, bei dessen Planung der Prinz die Federführung hatte. Er war ein begeisterter Hobbyarchitekt und hatte sich auf verschiedenen Bildungsreisen ein beachtliches Wissen angeeignet. Am nachhaltigsten hatte ihn ein Besuch in Italien geprägt, wo ihn die Pracht der Kirchen und Palazzi beeindruckte. 1845 kaufte Albert einen baufälligen Landsitz auf der Isle of

Wight, auf der Victoria schon als Kind ihre Ferien verbracht hatte. Er ließ das Gebäude abreißen und stattdessen einen Palast im Stil italienischer Herrenhäuser errichten, in dem sich die Familie ungezwungen von höfischer Etikette dem Landleben widmen konnte. Für die Kinder gab es im Garten ein Cottage, das einer Schweizer Alpenhütte nachempfunden war, mit Gemüsebeeten, Kinderküche, Schreinerei und einem Kaufladen – für die verwöhnten Prinzen und Prinzessinnen war das eine Art »Real Life Entertainment«.

Victoria und Albert waren strenge Eltern, die nie den Zweck der Erziehung aus den Augen verloren, nämlich ihren Nachwuchs in die wichtigsten königlichen Häuser Europas zu verheiraten, um die Macht ihrer Familiendynastie zu festigen.

Über die Jahrhunderte hinweg passten sich die Hochzeitszeremonien im englischen Königshaus zwar den Zeiten an, aber es bildeten sich auch wiederkehrende Elemente der Tradition heraus. Seit der Trauung von Victoria und Albert sind Eheschließungen ein nationales Freudenfest für die Briten. In ihrem Fall wurde die Zeremonie noch auf einem Gemälde für die Nachwelt festgehalten, später waren es Fotografien oder Filmaufnahmen: Die Hochzeit von Charles und Diana wurde vom Fernsehen sogar live übertragen. Im Verlauf der Jahrhunderte wurde es immer wichtiger, die Bevölkerung in die großen Feste der Königsfamilie einzubinden. Je schwächer und unbedeutender die Monarchie als Regierungsform nach dem Ende des britischen Empires wurde, desto prächtiger wurden Pomp und Zeremoniell bei den Hochzeitsfeierlichkeiten, ebenso das Geschmeide, das die adeligen Damen zu diesen Anlässen anlegten. Oft stammten diese kostbaren Juwelen aus dem Familienerbe der Königshäuser und wurden an die Bräute verschenkt oder ihnen zu dem besonderen Anlass als Zierde überlassen. Prinzessin Alexandra, die dänische Braut Edwards VII., erhielt 1863, im Jahr ihrer Hochzeit, das üppige »Dagmar Collier«, bestehend aus 118 Perlen und 2000 Diamanten. Die spätere Queen Mary, Ehefrau Georges V., bekam anlässlich ihrer Verheiratung 1893 ein spektakuläres Set aus verschiedenen mit Diamanten besetzten Schmuckstücken: zwei Broschen in Form von Schleifen, ein mit Rubinen verziertes Armband und eine kostbare Tiara. Besonders üppig fielen die Juwelengeschenke anlässlich der Hochzeit von Prinzessin Elizabeth und Prinz Philip aus. Drei wertvolle Diamantketten, eine über und über mit Diamanten verzierte Brosche aus dem Besitz von Queen Mary sowie ein Paar Chandelier-Ohrringe gingen in den Besitz der Braut über. Übrigens wurden 1947 alle Geschenke, ob Juwelen, Glas, Porzellan oder Möbel, in einer Ausstellung präsentiert – eine Attraktion, die via Film auch den Weg in die Wochenschauen der Kinos fand.

Angesichts der Not nach dem Zweiten Weltkrieg war dies eine etwas fragwürdige Aktion, diente aber dem Zeck, die herzliche Anteilnahme des Empires an der Familiengründung seiner Regentin unter Beweis zu stellen. Ausführlich wurde auch über die Herstellung des Hochzeitskuchens berichtet, dessen Zutaten ja aus den Ländern des britischen Empires angeliefert worden waren und der sich deshalb als willkommenes Symbol eignete. In der Torte wurde das zusammengefügt, was nach Ansicht der damaligen Labour-Regierung zusammengehörte. England spielte in der medialen Inszenierung den Mittelpunkt eines fröhlichen Vielvölkergemischs, doch in Wahrheit hatte der Dekolonialisierungsprozess bereits begonnen. Großbritannien verlor an Größe, und da kam ein Familienfest als Propagandainstrument gerade recht – mit diesem »Trick« bekräftigte die immer schwächer werdende Monarchie seit dem 19. Jahrhundert ihre Daseinsberechtigung. Das Königtum, so hatte es auch Staatstheoretiker Walter Bagehot gesehen, besaß nur noch repräsentative Funktion, die nach außen hin dargestellt werden musste, um die notwendige Verbindung zur Bevölkerung herzustellen. Hochzeiten waren für ihn dazu besonders geeignet, da sie eine Mischung aus Gefühl und Kalkül darstellten, also die Inszenierung einer romantischen Liebesheirat mit der politisch notwendigen Ablenkung von sozialen Problemen verband. Auch die Jahrhunderthochzeit von Charles und Diana stand ganz im Zeichen dieser pompösen Tradition, in der eine gefühlte Nähe zum Volk hergestellt wurde. Der Party-Rausch erreichte seinen Höhepunkt, als sich Diana und Charles nach der Trauung auf dem Balkon des Buckingham Palace vor 750 Millionen Fernsehzuschauern küssten. Mit diesem hollywoodreifen Happy End setzten sie Maßstäbe für künftige Paare. Ohne öffentliches Lippenbekenntnis wird niemand mehr davonkommen.

Während im 19. Jahrhundert noch im Windsor Castle und im St. James's Palace geheiratet wurde, mussten sich mit steigendem Interesse der Medien auch die Gotteshäuser in angemessene Kulissen für die große Inszenierung verwandeln. Die im Herzen Londons gelegene Westminster Abbey wurde zur bevorzugten Wahl. Seit Edward dem Bekenner, der im 11. Jahrhundert regierte, werden hier die englischen Könige gekrönt und beigesetzt. Queen Mum heiratete in der Kathedrale, später auch ihre Tochter, die heutige Queen Elizabeth, ebenso deren Kinder Prinzessin Anne und Prinz Andrew. In keinem anderen Gotteshaus der Insel ist so viel Tradition versammelt, lässt sich der Kreislauf der Geschichte der Monarchen von der Wiege bis zur Bahre besser verstehen. Begraben ist in ihr aber auch ein unbekannter gefallener britischer Soldat des Ersten Weltkriegs, der stellvertretend für alle Opfer der Schlachtfelder beigesetzt wurde. Ihnen zu Ehren sollen die Brautsträuße Queen Mums und Elizabeths nach der Trauungszeremonie auf seinem Stein niedergelegt worden sein.

Westminster Abbey ist Nationalgedächtnis der Briten, in dieser Abtei fand ebenso am 6. September 1997 die überwältigende Trauerfeier für Prinzessin Diana statt. Rund 2,5 Milliarden Menschen sahen dieser am Fernseher zu, damit war es das größte TV-Ereignis aller Zeiten. Für Prinz William, der sich bis heute darum bemüht, das Gedenken an seine verstorbene Mutter wachzuhalten, war denn auch diese Kirche die erste Wahl für seinen Hochzeitsgottesdienst. Wie seine Vorfahren seit Viktorianischen Zeiten werden er und seine Braut Catherine in der königlichen Kutsche nach der Zeremonie zum Buckingham Palace gefahren. In den Royal Mews, den Stallungen der Queen, die an den Gärten des Palasts liegen, sind die Angestellten auf dieses Ereignis bestens vorbereitet: Die wertvollen historischen Kutschen und das dazugehörige Zaumzeug werden täglich gewartet und gepflegt. Seit 1822 sind sie ein Herzstück zeremonieller Prachtentfaltung. In den Mews steht etwa die goldene Staatskutsche (»Golden State Coach«), die lediglich zu Krönungsfeierlichkeiten und Thronjubiläen hervorgeholt wird. Das reichverzierte Ungetüm wiegt vier Tonnen, und acht Pferde sind notwendig, um es in Gang zu setzen.

Die Bräute der Windsors reisten bislang bescheidener. Lady Diana Spencer bestieg am 29. Juli 1981 mit ihrem Vater Earl Spencer vor Clarence House die »Gläserne Kutsche«, um zur Trauung in St. Paul's Cathedral zu fahren, einen ehemaligen Stadtwagen des Sheriffs von London aus dem Jahr 1881. Mit nur einer Tonne gehört das rundum verglaste Gefährt zu den Leichtgewichten der Royal Mews, zudem gilt es als ausgesprochen komfortabel und leichtgängig. Auch Queen Mum, Prinzessin Anne und Sarah Ferguson wurden samt ihren Hochzeitskleidern in dieser Kutsche zur Kirche gebracht, Queen Elizabeth nutzte sie nach ihrer Trauung für die Rückkehr mit Prinz Philip zum Buckingham Palace. Seit 1963 kann der Innenraum beleuchtet werden, damit die Insassen noch besser zu sehen sind. Prinz Charles fuhr in einem offenen Landauer zur Trauung, einer geräumigen Kutsche, die 1902 für den beleibten König Edward VII. konstruiert worden war. In ihr fand auch Diana mit ihrem voluminösen Brautkleid inklusive der rekordverdächtig langen Schleppe nach dem Jawort angemessen Platz.

Bei diesen feierlichen Anlässen kommen auch die berühmten »Windsor Greys«, die Kutschpferde der Queen, zum Einsatz, sie allein dürfen die Wagen mit den Mitgliedern der königlichen Familie ziehen. In Viktorianischer Zeit wurden die Paradepferde in Windsor aufgezogen und beherbergt, und erst unter George VI. verlegte man sie nach London, wo sie im Sommer zur Touristenattraktion gehören. Nach der Saison dürfen sie auf der Weide entspannen. Traditionell kehren die Kutschpferde nach Weihnachten aus ihrem Winterurlaub in die Royal Mews zurück, um für ihre über fünfzig zeremoniellen Fahrten und Umzüge durch London trainiert zu werden. Zu den Höhepunkten gehören die jährliche Parlamentseröffnung durch die Queen und das »Trooping the Colour«, eine Fahnenparade aus Anlass der Geburtstagsfeierlichkeiten der Königin. Im Jahr 2011 steht endlich wieder eine Märchenhochzeit auf dem Programm, für die die Pferde der Hofstallungen ihr Bestes geben können.

...illiam und sein Bruder Harry
...tten das »Concert for Diana« zum
...hnten Todestag für ihre Mutter im
...embley-Stadion monatelang
...rbereitet. Rund 60 000 Menschen
...rfolgten die Musik beliebter
...opgruppen.

...n großer Erfolg für William
...d Harry – das Konzert wurde am
... Juli 2007 weltweit übertragen.
...ährend der sechs Stunden dauern-
...n Veranstaltung blieb alles friedlich,
... Polizei war nach einer Terrordro-
...ng in erhöhter Alarmbereitschaft.

Gut behütet: Kaum ist Kate ins Visier der Paparazzi geraten, wird sie mit Prinzess Diana verglichen.

oben: *Als William die Verlobung mit Kate bekanntgab, bemerkte Harry, er hätte nun endlich die Schwester, die er sich immer wünschte. Mit Camilla beobachten sie die Zeremonie des Hosenbandordens in Schloss Windsor Castle im Juni 2006.*

links: *Auch Kates Lachen ist stilsicher: bei einem Konzert im Juni 2008 für Nelson Mandela im Londoner Hydepark.*

rechte Seite: *Prinz William nach seiner Pilotenausbildung auf der RAF-Basis Cranwell in Begleitung seiner Freundin Kate Middleton. Die Presse verspottete die Freundin des Prinzen als »Waity Katie«, da die erwartete Verlobung ausblieb.*

oben: *William und Camilla besuchten zusammen am 19. September 2010 in der Westminster Abbey die Gedenkfeierlichkeiten zum 70. Jahrestag der »Luftschlacht um England« (»Battle of Britain«).*

links: *Wie sein Vater Charles hat auch William eine Pilotenausbildung absolviert. An der Küste von Wales fliegt er Rettungshubschrauber.*

rechte Seite: *Im November 2010 reist William zu einer britischen Einheit in Afghanistan. An der Front wird der Offizier nicht zum Einsatz kommen, da er als Thronfolger nicht in den Krieg geschickt wird.*

oben: *William und Harry nach einem Polomatch beim Chakravarty Cup in Tetb[ury] im Juli 2010*

rechte Seite: *Ein königlicher Sport: Polo ist die Leidenschaft der Windsor-Prinzen. W[ie] ihr Vater Charles nehmen William und Harry im Sommer während der Saison [an] Turnieren im heimatlichen Gloucestershire teil.*

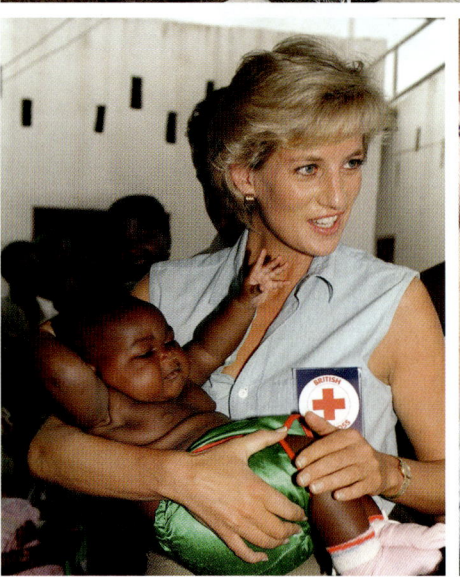
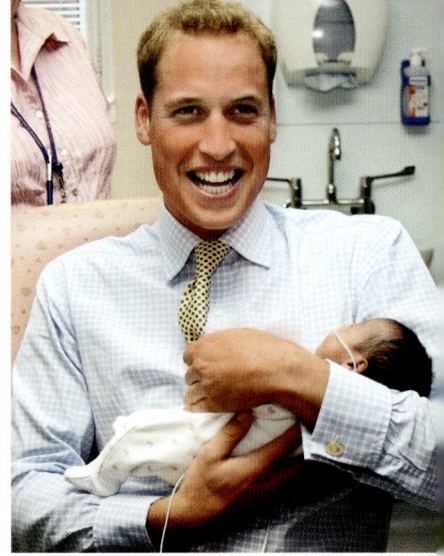

oben: *Große Liebe Afrika: William und Harry besuchen im Juni 2010 ihre Hilfsorg nisationen Sentebale und Tusk Trust. Charme und Charisma hat William von sein Mutter geerbt. Wie sie kann er auf Menschen zugehen und Mitgefühl zeigen. V allem das Schicksal von Kindern liegt dem Prinzen am Herzen.*

rechte Seite: *Kate Middleton am Tag ihrer Verlobung im St. James's Palace in Londo Mehr als acht Jahre hatte sie auf den Antrag Williams gewartet. Nun sieht sie ein Zukunft als Prinzessin von Wales entgegen.*

oben: *Dianas Ring an Kates Hand hat viele Diskussionen hervorgerufen. Prinz William will damit das Andenken seiner Mutter stärken, doch fürchten viele, seine Braut könne vom langen Schatten der »Königin der Herzen« erdrückt werden.*

unten: *Nur eine von vielen Tassen: Zur Hochzeit am 29. April 2011 werden die Fotos von William und Kate auf zahlreichen Souvenirs prangen.*

rechte Seite: *Heimlich verlobt: Als dieses Foto entstand, hat William seiner Kate den Antrag bereits gemacht. Am 23. Oktober 2010 besuchte das Paar die Hochzeit von Harry Meade und Rosie Bradford. »Du bist der Nächste«, soll der Bräutigam dem Prinzen prophezeit haben.*

oben: *Michael und Carole Middleton, die Eltern von Kate, vor ihrem Haus in Chapel Row in Berkshire am Tag der offiziellen Verlobung. Mit ihrem Internet-Handel »Party Pieces« haben sie Millionen verdient und ihrer Tochter eine exzellente Schulausbildung finanziert.*

links: *Camilla am Tag der Verlobung von Prinz William und Kate Middleton »Das sind tolle Nachrichten«, kommentierte sie. Sie sei darüber ebenso glücklic wie das Paar.*

Märchenhochzeit am 29. Juli 1981. Prinz Charles und Prinzessin Diana präsentieren sich im Thronsaal des Buckingham Palace. Die Braut trägt ein Kleid der Designer Elizabeth und David Emanuel mit einer mehr als siebeneinhalb Meter langen Schleppe. Wie wird Kates Kleid aussehen?

Prinz William und Kate Middleton am 16. November 2010 im St. James's Palace.

12
Mätresse mit Macht

Am 9. April 2005 blieben Pferde und Kutschen in den Ställen, als der Thronfolger Prinz Charles zum zweiten Mal vor den Standesbeamten trat, diesmal mit Camilla Parker Bowles. Drei Jahrzehnte hatte das Brautpaar auf die Krönung seiner Liebe warten müssen, die ihnen erst nach vielen Hochzeiten und einem Todesfall möglich wurde. Das Ambiente war deutlich bescheidener gewählt als bei allen königlichen Eheschließungen seit Queen Victoria. Diesmal kamen Braut und Bräutigam im Rolls-Royce vorgefahren, der langsam den Hügel vom Familienschloss Windsor herunterrollte, um vor dem örtlichen Standesamt anzuhalten. Der Prinz und Thronfolger ehelichte seine Mätresse, ein seltener Vorgang im englischen Königshaus, das über Jahrhunderte nur arrangierte Ehen mit standesgemäßen Partnern und Partnerinnen gekannt hatte.

Die befürchteten Zwischenfälle blieben aus, das Volk schien sich nicht einmal so viel für diesen seltsamen Bund zu interessieren, um seinen Unmut durch Buhrufe kundzutun. Die eigens bestellte Jazzkapelle, die etwaige Misstöne überspielen sollte, mühte sich umsonst. Es war eine schlichte Ziviltrauung, ohne Anwesenheit der Queen, die erst später zum Segensgottesdienst in der Kapelle von Schloss Windsor erschien. Ein bisschen Feierlichkeit kam dann noch auf, aber der Eindruck der Peinlichkeit blieb. Die vergleichsweise bescheidene Zeremonie schien einem künftigen König und seiner Königin so gar nicht angemessen. Die Adelsexpertin Judy Wade war an jenem Tag unter den Zuschauern vor Windsor Castle und erinnerte sich: »Charles und Camilla schienen geschrumpft zu sein, sie wirkten unbedeutend. Es war in meinen Augen keine richtige königliche Hochzeit – keine große Menschenmenge war gekommen, und am Rand gab es nur diese Handvoll Demonstranten. Alle anderen Trauungen im Königshaus waren großartige Erlebnisse gewesen. Diese Zeremonie aber war schlicht, wenig beeindruckend, fast ordinär.«

Camilla, so berichtete wiederum Christopher Wilson, habe sich an jenem Morgen mit einem Glas Sherry Mut gemacht. All die Jahre hatte sie im Verborgenen an der Seite des Prinzen ausgeharrt, als Geliebte, Freundin und schließlich als Lebenspartnerin. Nun sollte sie als dessen Gemahlin und Herzogin von Cornwall ins Licht einer Öffentlichkeit gerückt werden, die Camillas Anteil am Scheitern der ersten Ehe des Prinzen mit Diana, der Königin der Herzen, noch immer nicht vergessen hatte. Vielleicht gab es sogar einige, die dem Paar die späte Vollendung ihrer Liebe gönnten. Aber Diana, so mutmaßte der Historiker Hugo Vickers, hätte sich bestätigt gefühlt. All die Jahre, in denen sie den Schatten Camillas spürte, hatte sie ihr Gefühl nicht getrogen. Charles war niemals von seiner Jugendliebe losgekommen.

Prinz Charles und Camilla Shand hatten sich in den wilden Siebzigern kennengelernt. Junge Adlige vergnügten sich in den angesagten Clubs der Metropole; im exklusiven »Annabel's« am Berkeley Square wurde getrunken, getanzt, gelacht und geflirtet, hier gaben sich die Betuchten und die Namhaften der britischen High Society die Klinke in die Hand. Charles feierte gern in dieser Nachtbar, er war ein begehrter Junggeselle und bot eine »bewegliche Zielscheibe« für abenteuerlustige Frauen, wie sein Onkel Lord

Mountbatten spottete. Aber auch für Camilla war das »Annabel's« ein ideales Jagdrevier. Sie war ein hübsches blondes Mädchen mit blauen Augen und einer ansehnlichen Figur. Ihre Natürlichkeit wirkte anziehend auf Männer, aber viel mehr hatte sie zu jener Zeit nicht zu bieten. Ihre Familie war nicht vermögend, und wie so viele junge Mädchen hielt sie sich mit Gelegenheitsjobs als Sekretärin über Wasser. In ihrem Stammbaum fanden sich zwar aristokratische Vorfahren, aber sie war weder mit einem englischen Herzog verwandt noch stammte sie aus dem Hochadel. Niemals hätte sie damals darauf hoffen können, angesichts ihrer bescheidenen Herkunft einmal die Frau des Thronfolgers zu werden. Vielleicht hatte sie den Prinzen von weitem schon einmal bewundert, aber persönlich begegnete sie ihm erst im Jahr 1971 auf einem Poloturnier in der Nähe von Windsor Castle. Hier soll Camilla direkt auf Charles zugegangen und ihm eindeutige Avancen gemacht haben: »Meine Urgroßmutter war die Geliebte Ihres Ururgroßvaters. Wie wär's mit uns beiden?«

Die Frage verblüffte den Thronfolger. Möglicherweise entsprang sie nur der Phantasie eines Klatschreporters, aber der historische Kern dieser Aussage ist korrekt. Tatsächlich war Camillas Ahnin Alice Keppel die langjährige Mätresse des Prinzen von Wales, des späteren Königs Edward VII. Sie war achtundzwanzig Jahre jünger als er und verheiratet. Edwards Ehefrau, Prinzessin Alexandra, war in das Verhältnis eingeweiht und duldete die Liaison. Sie beschäftigte sich ohnehin lieber mit der Aufzucht von Hunden und führte ein zurückgezogenes Leben, da sie sich wegen ihrer zunehmenden Taubheit in der Öffentlichkeit unsicher fühlte. Alices Ehemann war ebenfalls in die Affäre seiner Frau eingeweiht, gelegentlich fuhren der Prinz von Wales und die Keppels sogar gemeinsam nach Frankreich, um im Küstenort Biarritz Urlaub zu machen. Als Edward, inzwischen spätberufener König, auf dem Sterbebett lag, duldete Alexandra den Besuch der Nebenbuhlerin. Die Mätresse durfte von ihrem Geliebten Abschied nehmen.

Für Camilla war dieses Arrangement durchaus ein vielversprechendes Vorbild, wie Christopher Wilson bemerkte: »Unter den weiblichen Teenagern ihres gesellschaftlichen Standes war es nicht ungewöhnlich, davon zu träumen, dem Prinzen von Wales zu begegnen, von ihm umworben zu werden und plötzlich das Leben einer Märchenprinzessin zu führen. Camilla dagegen war realistischer. Wie ihre Ahnin Alice Keppel beinah ein Jahrhundert zuvor begnügte sie sich damit, als Fußnote in die Geschichte einzugehen, indem sie dem Geliebten, ähnlich den früheren königlichen Kurtisanen, Unterstützung, Trost und Aufmerksamkeit schenkte.«[18] Prinz Charles war von Beginn an von Camilla Shand fasziniert. Einige kurze Beziehungen hatte er schon gehabt, aber sein eigentliches Liebesleben begann erst mit ihr, wie ein Polokamerad des Prinzen beobachtete. Oftmals kam Camilla zu den Spielen in Begleitung von Andrew Parker Bowles, einem gutaussehenden Kavallerieoffizier. An seiner Seite beobachtete sie in abgerissenen Jeans und legerem T-Shirt fasziniert das Geschehen auf dem Rasen. Und Charles nahm Notiz von ihr, obwohl er attraktivere Angebote hatte. Es entwickelte sich ein intensiver Flirt zwischen den beiden, der allerdings von der britischen Presse geflissentlich übersehen wurde. Camilla kam als zukünftige Prinzessin von Wales einfach nicht in Frage. Während die Boulevardblätter weiter eifrig nach geeigneten Heiratskandidatinnen Ausschau hielten, wurde aus dem Abenteuer eine heiße, wenn auch chancenlose Affäre. Camilla war sich der Tatsache bewusst, nicht gut genug für das Königshaus zu sein. Als sich Andrew Parker Bowles entschloss, ihr einen Heiratsantrag zu machen, ergriff sie die Gelegenheit und sagte ja.

Charles flüchtete sich in seine Pflichten als Marineoffizier, um seinen Kummer über ihre Entscheidung und die Aussichtslosigkeit ihrer Beziehung zu unterdrücken. An Bord der »HMS Minerva« kreuzte er 1973 mehrere Monate vor den Westindischen Inseln. Camilla hatte ihm zum ersten Mal Gefühle von Zuneigung und Wärme gegeben, die er in seiner Jugend so sehr vermisst hatte. Sie war unprätentiös, brachte ihn zum Lachen, fühlte sich wohl auf dem Land, umgeben von Hunden und Pferden. Und was auch in Zukunft schwerer wiegen sollte als alles andere: Sie war seine erste große Liebe.

Im Mai 1973 erreichte eine weitere verstörende Nachricht den immer noch auf der Fregatte der Royal Army befindlichen Charles. Seine einzige Schwester hatte die Familie informiert, dass sie sich mit dem Offizier Mark Phillips verloben wolle. Für ihn brach eine Welt zusammen, war Anne doch zu einer der wichtigsten Personen in seinem Leben geworden. Mit ihr, der knapp zwei Jahre Jüngeren, konnte er sich im Vertrauen über alles austauschen, was ihn belastete, und davon gab es eine Menge. Von Kindesbeinen an hatten sie die gleiche Erziehung genossen, die gleichen Erfahrungen gemacht. Anne war seine Seelenverwandte, und nun sollte sie einem anderen gehören.

Charles hatte seine Jugend als ausgesprochen traumatisch erlebt. Er war gerade fünf geworden, als seine Eltern von November 1953 bis Mai 1954 zu einer großen Commonwealth-Reise aufbrachen. Sie sollten über ein halbes Jahr unterwegs sein, die er in der Obhut seiner Kinderfrauen verbringen musste. Seine Mutter, die Queen, erlebte er vor allem als Monarchin, die ihren Kindern beibrachte, ihre Gefühle zu kontrollieren. Noch strenger ging Prinz Philip mit seinem erstgeborenen Sohn um. Er wollte aus ihm einen tapferen Ritter formen, der sich unerschrocken den Herausforderungen des Lebens stellte. Doch Charles scheiterte schon daran, ein Kälbchen am Strick von der Weide in den Stall zu führen. Das Tier hatte seinen eigenen Kopf, und der Junge erwies sich als zu schwach, ihm seinen Willen aufzuzwingen.

Die Windsors waren zwar eine in sich stabile Familie, wie die Charles-Biographin Penny Junor glaubte, »aber es gab da wenig Zärtlichkeit und Lob. Der Prinz besaß als kleines Kind sehr wenig Selbstvertrauen. Und obwohl er jeden nur erdenklichen Reichtum hatte, fühlte er sich nicht geliebt und nicht geborgen.« Seine Eltern hatten sich entschieden, ihre Kinder so »normal« wie möglich aufwachsen zu lassen, doch damit gerieten sie schnell an die Grenzen, die ein Leben in einem Palast mit sich bringt. Charles war viel zu schüchtern, um mit anderen Kindern eine öffentliche Schule zu besuchen. Er musste zunächst von Hauslehrern unterrichtet werden. Schon früh spürte er nur zu deutlich, dass seine besondere Stellung ihn zu einem einsamen Menschen machte, der seine Erfahrungen mit niemandem zu teilen vermochte, weil sich keiner in ihn hineinversetzen konnte. Seine Schwester Anne war die einzige Ausnahme, aber sie war ein Mädchen und nicht die Nummer eins der Thronfolge.

Prinz Philip kam zu der Überzeugung, dass eine strenge Erziehung die einzige Möglichkeit war, aus dem sensiblen und kreativen kleinen Prinzen einen Mann nach seinem Geschmack zu formen. Mut, Führungskraft und Entschlossenheit waren seine Ideale, die auch Charles an den Tag legen sollte. Wie sollte er später sonst in der Lage sein, der Monarchie als König vorzustehen, einer Institution, die Philip ja gern mit einer »Firma« verglich. Was er damit meinte, erklärte Penny Junor: »Es ist die Tatsache, dass sie in seinen Augen ein Business betreiben. Und das ist es auch: ein Unternehmen. Wenn Sie den Buckingham Palace anschauen, so ist er auf den ersten Blick ein wundervolles altes Gebäude, ein historisches Monument, mit kilometerlangen roten Teppichen und schönen Antiquitäten. Sicher, es gibt da viel Pomp und Pracht. Aber zugleich ist der Palast eine sehr moderne, hochprofessionelle Organisation, vergleichbar mit einer Konzernzentrale, die sich in diesem Fall nur Monarchie nennt. Die besten Leute arbeiten dort, sie werden von Headhuntern angeworben und kommen aus allen Sparten des öffentlichen Lebens. Die Zeit, in der Armeegeneräle ihren Ruhestand damit verbrachten, das Königshaus zu unterstützen, ist längst vorbei. Die Monarchie ist eine Maschinerie – wie jedes Business, das erfolgreich sein will.«

Das Beste für den feinfühligen Charles war eine Schule, die ihn abhärtete, dies war wenigstens die Meinung seines Vaters. Prinz Philip schwebte eine Ausbildung vor, wie er sie selbst genossen hatte: spartanisch, streng und abgeschottet von allzu viel Ablenkung. Das Internat Gordonstoun in Schottland schien dafür die geeignete Adresse. Geleitet wurde es von dem jüdischen Pädagogen Kurt Hahn, der vor den Nationalsozialisten aus Deutschland geflohen war. Schon bei seiner Ankunft ahnte der schüchterne Charles nichts Gutes für seine Zukunft, wurde er doch begrüßt von einigen älteren Zöglingen in einer Art Pfadfinderuniform, die ihn in seinem formellen Anzug fehl am Platz erscheinen ließ. Was ihm aber tatsächlich widerfuhr, übertraf seine schlimmsten Befürchtungen. Die Jungen mussten bei jedem Wetter kurze Hosen tragen, der Morgen begann vor dem Frühstück mit einem Rundlauf um das Gelände, gefolgt von einer kalten Dusche zur »Erfrischung«. Die körperlichen Herausforderungen wären noch erträglich gewesen, hätte es da nicht die seelischen Verletzungen gegeben, die sich die Schüler untereinander zufügten. Sobald nachts das Licht gelöscht und die letzte Aufsichtsperson zu Bett gegangen war, streifte ein Mob älterer Schüler durch die Schlafräume, zerrte die Jüngeren aus den Betten, um ihnen eine Abreibung zu verpassen. Entgehen konnte man dieser Gewalt nur, wenn man die Älteren mit Geld oder Lebensmitteln beschwichtigte.

Charles sah sich diesem Terror hilflos ausgeliefert. Er wurde bald zur bevorzugten Zielscheibe von Attacken, da sich seine Mitschüler darin gefielen, einem echten Prinzen den Schneid abzukaufen. Ansonsten, wenn sie unter Aufsicht von Lehrern waren, wurde Prinz Charles einfach ignoriert. Er verstand, dass es seine Stellung als Thronfolger war, die ihm diese »Sonderbehandlung« einbrachte. Wie sollte man auch normal mit ihm umgehen, wenn das Porträt seiner Mutter auf Münzen und Briefmarken prangte? Charles gab bald die Hoffnung auf, jemals von seinen Mitschülern mit Respekt behandelt zu werden. Freundschaften, da war er sich sicher, würde er im Internat nicht schließen. Zu allem Übel wurde er noch von ständigen Infekten geplagt, die ihm weitere Misshandlungen einbrachten. Nachts machte ihm oft eine verstopfte Nase zu schaffen. Er bekomme kaum Schlaf, klagte Charles. Weil er schnarche, werde er dauernd auf den Kopf geschlagen. Für ihn war es die Hölle.

Statt härter zu werden und sich gegen die Attacken zu wehren, wie Prinz Philip es sich vorgestellt hatte, zog sich sein Sohn immer weiter in sein Schneckenhaus zurück. »Prinz Charles hasste Gordonstoun«, erzählte Ingrid Seward. »Seine Mitschüler waren entweder total anbiedernd oder sie traktierten ihn und verhielten sich grausam zu ihm. Es war einfach nicht die richtige Schule für einen sensiblen jungen Mann wie ihn. Er hatte eine schreckliche Zeit dort. Wäre er nach Eton gegangen, hätte er vielleicht heute noch Freunde aus der Schulzeit. Aber es lief alles komplett falsch für ihn.« Charles flüchtete sich in die Natur und in die Malerei, eine Passion, die ihm geblieben ist. Die Fluchtburgen seiner Jugend waren Schloss Balmoral und Birkhall, der Landsitz seiner Großmutter, den er später von ihr erbte. Hier fühlte er sich sicher und geborgen. Am Ende seiner

Schulzeit war aus Charles ein Einzelgänger geworden. »Der Prinz, der mit den Pflanzen spricht« – so wurde er von der Presse verspottet. Bis heute trägt sein eigenbrötlerisches Verhalten zu seinem negativen Image bei und wirft immer wieder die Frage auf, ob er seinem künftigen Job als König von Großbritannien überhaupt gewachsen sei. Seine Biographin Penny Junor verteidigte ihn gegen alle Zweifel: »Queen Elizabeth nachzufolgen ist schwer. Sie ist unglaublich populär, und zwar auf der ganzen Welt, und sie hat sich niemals eine Blöße gegeben. Jeder bewundert sie, egal ob man die Monarchie mag oder nicht. Während ihrer Regentschaft gab es die größten gesellschaftlichen und technischen Veränderungen. Sie hat das alles überstanden, indem sie einfach dieselbe geblieben ist. Sie ist ein Fixstern in einer sich sehr schnell wandelnden Welt. Das war perfekt für ihre Zeit. Wenn Charles König wird, werden wir andere Anforderungen an ihn haben. Wir leben in einem Zeitalter, in dem der Nutzen im Vordergrund steht. Die Menschen wollen sehen, was ihnen die Monarchie bringt. Sie werden sich nicht nur damit zufriedengeben, wenn die königliche Familie aus ihren Kutschen winkt und bei Rundgängen Blumen einsammelt. Charles wird dem aber gewachsen sein.«

Nach seiner unglücklichen Schulzeit begann Charles eine Ausbildung beim Militär, die ihm den Spitznamen »Action Man« einbrachte. Die Zeitungen folgten dem Bild, das der Palast vom Thronfolger zeichnete, und porträtierten ihn als Held der Marine, furchtlos und immer zu Scherzen aufgelegt. Auch wenn dieses Image nicht viel mit der inneren Verfassung des Prinzen zu tun hatte, so kam es gut an. Es vermittelte ihm, was die Öffentlichkeit von ihm erwartete. Er verstand, dass die Presse nicht an seiner wahren Gemütsverfassung interessiert war, sondern ihn brauchte, um mit ihrem Märchen vom abenteuerlustigen Junggesellen ihre Auflagenzahlen hochzutreiben. Seine Vorsicht gegenüber Journalisten wuchs verständlicherweise, doch das wahre Mediendesaster stand ihm erst bevor. Als sei es nur ein weiterer sportlicher Wettbewerb, der zu bestehen war, begann die Jagd nach der richtigen Braut.

Presse und Fernsehsender setzten Charles ständig unter Druck, sich endlich eine künftige Prinzessin von Wales zu suchen, doch er beschäftigte sich lieber mit ernsteren Angelegenheiten, die seine Rolle als Thronfolger betrafen. Vor allem störte ihn die Gepflogenheit, bei jedem Besuch in einer Fabrik oder auf einer Farm nur oberflächlich mit den Menschen und Dingen vertraut gemacht zu werden. Je älter er wurde, desto mehr wünschte der Endzwanziger, einen tieferen Einblick in die Probleme zu bekommen, die sich in der Gesellschaft zeigten. Früh erkannte er zum Beispiel, dass sich viele Immigranten in Großbritannien unverstanden fühlten, und sah voraus, welche Schwierigkeiten dies mit sich bringen konnte. Großbritannien war als klassisches Einwandererland die Heimat vieler Menschen unterschiedlichster Religionen geworden, die sich in den Institutionen des Landes oft nicht vertreten fanden. Müsste nicht die Monarchie das verbindende Element über alle Ethnien hinweg sein?, fragte er. Der Prinz, der im Leben eigentlich keine andere Aufgabe hatte, als auf den Tod seiner Mutter zu warten, um von ihr die Krone zu übernehmen, suchte nach einer ihm angemessenen Tätigkeit. Er entwickelte Pläne für eine eigene Hilfsorganisation, die er gegen einige Widerstände schließlich 1976 ins Leben rief. Bis heute unterstützt »The Prince's Trust« verschiedene Projekte mit Millionenbeträgen, die es ermöglichen, arbeitslosen Jugendlichen zu einem Job zu verhelfen oder ein eigenes Geschäft zu eröffnen.

Charles neigte dazu, sich eingehender mit philosophischen Fragestellungen zu beschäftigen, um über den Sinn des Lebens nachzudenken – doch das war eine Seite an ihm, die sich in der Öffentlichkeit nicht gut verkaufen ließ. Besser kamen Bilder an, die ihn beim Reiten, Jagen und Skifahren zeigten, sie entsprachen eher dem Mythos vom »Action Man«, auf den sich die Presse inzwischen festgelegt hatte. Er avancierte auf diese Weise weiter zum begehrtesten Junggesellen der Welt, einem ruhelosen Schürzenjäger, der bei keiner Freundin ernsthafte Absichten an den Tag legte.

Heimlich traf sich Charles wieder mit Camilla Parker Bowles. Seine Zuneigung zu der schlagfertigen und lebensfrohen Frau war auf einem Ball nach einem Polospiel erneut erwacht. Die beiden hatten die Nacht eng umschlugen durchtanzt. Camilla teilte mit dem Prinzen die Erfahrung einer harten Schulzeit. Sie war in Drumbells erzogen worden, einer Einrichtung in Ditchling, die für ihre Strenge berüchtigt war. Die Mädchen waren spartanisch untergebracht, es gab keine Zentralheizung, was im Winter zu Frostbeulen führte. Doch anders als Charles war Camilla eher gestählt und nicht gebrochen worden. Sie konnte dem Prinzen geben, was er bei keiner anderen Affäre gefunden hatte: Halt und Verständnis. Und ganz nach dem Vorbild ihrer Vorfahrin Alice Keppel war sie bereit, die undankbare Rolle der Geliebten auf sich zu nehmen. Ihr Einfluss auf den Thronfolger wuchs – und wurde gefährlich. Sie begann, seine möglichen Bräute in Augenschein zu nehmen, um sie auf ihre eigenen Bedürfnisse hin zu überprüfen. Die ideale Heiratskandidatin war für sie eine Frau, die ihrer Affäre nicht im Weg stehen würde. Lady Diana Spencer fand ihre Zustimmung. Darin war sie einer Meinung mit Queen Mum, der Großmutter des Thronfolgers, wenn auch aus unterschiedlichen Beweggründen. Glaubt man Dianas Biographen, hatte Queen Mum die hübsche Unschuld entdeckt und für würdig befunden, ihren Lieblingsenkel zu heiraten und ihn auf seinem schwierigen Weg zur Königskrone zu begleiten.

Die Lady war die Enkelin einer ihrer Hofdamen und schon deshalb in die engere Wahl gekommen. Bei ihrer Eheanbahnung hatte Queen Mum möglicherweise aber zu sehr an ihre eigene Rolle in der Königsfamilie gedacht. Sie sah es als selbstverständlich an, dass eine Eingeheiratete bei den Windsors immer nur unterstützende Funktion hatte, wie sie sie ganz selbstverständlich auch bei ihrem Mann, George VI., ausgefüllt hatte. Die fügsame Diana war in ihren Augen die ideale Ergänzung für Charles, und damit war sie mit ihrer Meinung nicht allein. Während die Presse sich vor Begeisterung über die junge schöne Braut des Prinzen im wahrsten Sinne des Wortes überschlug, blieb Camilla die graue Eminenz im Hintergrund. »Doch von Anfang an war das, was zwischen Charles und Camilla war, eine große Liebesgeschichte«, erklärte Hugo Vickers. »Es gab Leute, die das wussten, noch vor der Hochzeit mit Diana. Sie ahnten, dass dies Anlass zur Sorge war. Der Prinz liebte schon damals die Frau, mit der er heute verheiratet ist.« Auch Diana glaubte bereits vor ihrer Vermählung mit Charles zu wissen, welche Rolle Mrs. Parker Bowles im Leben ihres künftigen Ehemannes spielte, dessen ist sich Hugo Vickers sicher: »Aber Diana war davon überzeugt, wenn sie erst mit ihm verheiratet wäre, könnte sie ihn glücklich machen. Doch das war ein schwieriges Unterfangen bei einem Menschen wie ihm, der nicht zum Glücklichsein geboren war. Eine Zeitlang ging es gut, aber es gab äußere Umstände, die auf diese Ehe einwirkten, und diese waren sehr groß. Dazu zähle ich die Medien, aber auch Mrs. Parker Bowles.«

Camillas Charme wirkte weiter auf den Prinzen ein. Sie war fröhlich und unbeschwert, gab sich sehr natürlich und zeigte Interesse an seinen Gedanken, war Geliebte, Freundin und Gouvernante zugleich, der denkbar stärkste Kontrast zu der nervösen, unsicheren und essgestörten Lady Diana.

Bereits vor der Trauung war es zu hässlichen Szenen gekommen. Diana hatte gegen den Protest von Charles' Privatsekretär ein Päckchen geöffnet, das von einem Juwelier für den Prinzen im Buckingham Palace abgegeben worden war. Es enthielt ein Armband mit Gravur: die verschlungenen Initialen G und F. Diana zog sofort ihre Schlüsse. G stand für Gladys und F für Fred, die Kosenamen, die sich Charles und Camilla gegeben hatten. Vielleicht war es ein sentimentales Abschiedsgeschenk, denn den Behauptungen des Prinzen von Wales zufolge war er fest entschlossen, die sexuelle Beziehung zu Camilla vom Tag seiner Trauung an nicht mehr fortzusetzen. Diana war jedoch außer sich vor Wut. Sie war an dem Punkt angelangt, wo sie die Hochzeit in Frage stellte. Ihre Schwestern überzeugten sie aber, dies nicht zu tun. Ihr Konterfei zierte schon Tassen und Teller, sogar auf Handtüchern war sie abgebildet – da war es für einen Rückzieher zu spät.

Charles zeigte sich äußerst irritiert über Dianas Ausbrüche, und schließlich überkamen auch ihn Zweifel am Gelingen seiner Ehe. Er suchte Rat bei seinen Eltern, doch das Treffen endete im Streit. Die Queen und Prinz Philip hatten kein Verständnis für die Skrupel ihres Sohnes. Die Trauung fand statt. Schon während der Hochzeitsreise ereignete sich ein Zwischenfall, der Dianas Fixierung auf das »Problem Camilla« deutlich machte. Als sie sah, wie Fotos der vermeintlichen Geliebten aus Charles' Terminkalender fielen, war es um ihre Fassung geschehen. Diana erkannte, dass auch der Trauring am Finger für sie keine Garantie war, die Nebenbuhlerin für immer und ewig auf Distanz halten zu können. Von nun an war sie wie besessen von ihrer Rivalin. Sie traute ihrem Mann nicht mehr, glaubte, er würde Camilla alle fünf Minuten anrufen und sie fragen, wie er das mit seiner Ehe hinbekommen sollte, vertraute sie später ihrem Biographen Andrew Morton an.

Folgt man Prinz Charles, so hatte er nach der Hochzeit mit Diana fünf Jahre lang keinen Kontakt mehr zu Camilla, traf sie nur gelegentlich bei gesellschaftlichen Anlässen. Nur einmal hatte er sie in der Zwischenzeit angerufen, um ihr mitzuteilen, dass Diana mit William schwanger war. Er fühlte sich in seiner Ehe zunehmend wie in einem Gefängnis, er litt darunter, dass ihn nichts mit Diana verband, sie keine gemeinsamen Interessen teilten. In seinen eigenen Augen war er eine Marionette in einem tragischen Schauspiel. In dieser für ihn ausweglosen Situation suchte er wieder den Kontakt zu seiner ehemaligen Geliebten. Er sei erst zu ihr zurückgekehrt, als seine Ehe »unwiderruflich am Ende war«, bekannte er später in einem Fernsehinterview. Sie telefonierten nun regelmäßig miteinander und trafen sich gelegentlich in Highgrove, dem Landhaus des Prinzen in der Grafschaft Gloucestershire. Beiden wurde bewusst, wie tief ihre Liebe zueinander war. Bald schon tauchten die ersten Spekulationen in der Presse auf, doch die Beziehung schien zunächst nichts weiter als eine gewöhnliche Affäre zu sein. Für Charles aber war Camilla zum einzigen Halt in einem Leben geworden, das er als ein beständiges Scheitern empfand.

Diana fühlte sich ebenfalls mehr und mehr als Opfer einer nicht funktionierenden Ehe. Gleichzeitig wurde sie von der Presse mit Aufmerksamkeit überhäuft, sehr zum Leidwesen von Charles, der einmal während eines Staatsbanketts vor laufenden Kameras klagte: »Ich wünschte, ich hätte zwei Frauen, jede für eine Straßenseite. Ich könnte dann in der Mitte gehen und die ganze Angelegenheit dirigieren.« Tatsächlich war er eifersüchtig auf die Wirkung, die seine schöne junge Frau mit ihren beiden kleinen Söhnen – inzwischen war auch Prinz Harry auf die Welt gekommen – auf die Menschen ausübte. Diana, in ihrem eigenen Leid gefangen, entwickelte eine fast magische Aura im Umgang mit den

Ausgestoßenen und Benachteiligten der Gesellschaft. Was Charles in mühsamer Arbeit mit seinem »Prince's Trust« erreichen wollte, gelang ihr mit einem Lächeln und der unnachahmlichen Fähigkeit, ihr Mitgefühl zu zeigen. Sie sprach mit Kindern und Greisen auf Augenhöhe, ging vor ihnen sogar in die Knie und übte sich in der Kunst, die sie später so bravourös beherrschte: der Empathie. Charles war in der Öffentlichkeit abgemeldet, ein schwerer Schlag für sein ohnehin angegriffenes Ego.

Diana hatte inzwischen erkannt, dass ihre Macht in der Manipulation der Medien lag. Ihr war weiter daran gelegen, ihre Rolle als Prinzessin von Wales zu festigen. Doch als sich Charles nach der Geburt des zweiten Kindes von ihr abwandte, sann sie auf Rache. Sie wollte mehr sein als nur der »Kleiderständer der Windsors«. Sie begann, sich in soziale Arbeit zu stürzen, bis sie über hundert Ämter angehäuft hatte. Doch das Herz ihres Mannes hatte sie unwiederbringlich an die Geliebte verloren.

Charles und Camilla trafen sich nun regelmäßig. Es gab einige gute Freunde, die dem Paar ihre Häuser zur Verfügung stellten. Sie wussten Bescheid – und hielten dicht. Inzwischen hatten sich am Hof und in den besseren Zirkeln der Gesellschaft zwei Lager herausgebildet. Das eine unterstützte den Prinzen von Wales, das andere war pro Diana. Man musste sich entscheiden, denn es war nicht mehr möglich, sowohl für Charles wie auch für Diana Partei zu ergreifen. Noch spielten die beiden bei gemeinsamen Auftritten das Vorzeigepaar, um von ihren Eheproblemen abzulenken, aber sie lebten in getrennten Welten. Jeder verfolge nur noch die eigenen Interessen und gab dem anderen die Schuld am Scheitern ihrer Beziehung. In dieser Zeit verlor Diana auffällig an Gewicht. Ende der achtziger Jahre konnte jeder erkennen, dass sie an Essstörungen litt.

Damals veröffentlichte der britische Journalist James Whitaker einen Artikel, der das irrationale Verhalten der Prinzessin von Wales thematisierte. Er deutet darin an, dass Diana krank sei, doch er fing sich damit nur ein heftiges Dementi des Buckingham Palace ein. Wie recht Whitaker mit seinen Beobachtungen hatte, wurde aber schon kurz darauf offensichtlich. Während der Weltausstellung 1986 im kanadischen Vancouver ereignete sich ein alarmierender Vorfall. Gerade am kalifornischen Pavillon angekommen, legte Prinzessin Diana Charles die Hand auf die Schulter und flüsterte: »Liebling, ich bin gleich weg ...« Daraufhin brach sie ohnmächtig zusammen. Sie hatte tagelang keine feste Nahrung zu sich genommen, ein stiller Protest gegen ihr eheliches Unglück. Nun war nicht mehr zu ignorieren, dass mit ihr etwas nicht stimmte. Charles war außer sich vor Wut. Wieder einmal hatte es Diana geschafft, alle Aufmerksamkeit auf sich zu ziehen.

Der Prinz, obwohl selbst empfindsam, war außerstande, sich in seine Frau hineinzuversetzen. Kommentarlos ließ er ihre wütenden Attacken über sich ergehen – und zog sich weiter von ihr zurück. Diana griff schließlich zu immer drastischeren Methoden. Eines Tages nahm sie ein Taschenmesser und ritzte sich damit Brust und Schenkel auf. Ein deutliches Zeichen, dass sie psychologische Hilfe brauchte. Doch Charles schickte ihr nur einen guten alten Freund vorbei, den in Südafrika geborenen und abgehobenen Philosophen und Schriftsteller Laurens van der Post, der mit Dianas Symptomen nichts anzufangen wusste.

1987 war die Ehe am Ende, doch niemand wollte das zugeben. Charles war bereit, mit Diana verheiratet zu bleiben, die ihre dynastischen Pflichten perfekt erfüllte. Sie hatte zwei mögliche Thronfolger geboren und war das beliebteste Aushängeschild der Monarchie. Sie selbst führte ein privilegiertes Leben, doch das war ihr nicht genug. Sie wollte Liebe, und so fuhr sie damit fort, ihren Mann zu provozieren. Auf einem Ball tanzte sie ausgelassen mit einem Verehrer, was Charles veranlasste, ihr Untreue zu unterstellen. In gewohnter Manier verschwand er von der Bildfläche, um sich dem unweigerlich folgenden häuslichen Debakel zu entziehen. Mit Camilla verzog er sich nach Schottland, um sich in den nächsten siebenunddreißig Tagen nicht mehr bei seiner Frau und seinen Söhnen zu melden. Er befand sich nun selbst am Rande eines Nervenzusammenbruchs, und nicht einmal Camilla konnte ihn davor bewahren, in Depressionen zu verfallen. Doch noch immer sah er keine Möglichkeit, einen Schlussstrich unter seine unglückliche Ehe zu ziehen. Er kehrte zu Frau und Kindern zurück, als der Druck der Presse – die Tage, die er in Schottland verbrachte, wurden einzeln gezählt – übermächtig groß geworden war.

Inzwischen hatte sich Diana entschlossen, ihre Leiden öffentlich zu machen. Cristopher Wilson schrieb: »Der ewige Schatten von Camilla Parker Bowles; das emotionale Auf und Ab, das sie zur Bulimie getrieben hatte; die ständig wachsenden Forderungen der Presse und der Öffentlichkeit, die sie zur Göttin erhoben und besitzen wollten … und schließlich ihre unendliche Einsamkeit – all das platzte nun in einem Wust aus wirren und manchmal auch widersprüchlichen Vorwürfen aus ihr heraus.«[19]

Bei der nächsten Gelegenheit setzte Diana ihren Plan in die Tat um, in Konfrontation mit der Nebenbuhlerin zu treten. Es war der 2. Februar 1989, als sie auf einer Geburtstagsparty, die anlässlich des vierzigsten Geburtstags von Camillas Schwester Annabel in der Nähe von Richmond gefeiert wurde, ihre Chance auf Rache witterte. Charles hatte in den Tagen zuvor versucht, Diana davon abzuhalten, die Feier zu besuchen, die sie ohnehin für unter ihrer Würde hielt. Er war irritiert, dass sie so sehr darauf brannte, ihn zu begleiten. Er hätte gewarnt sein müssen. Ken Wharfe, Dianas Bodyguard, der im Auto des Paares am Steuer saß, bemerkte die Spannung zwischen den beiden. In einem tief ausgeschnittenen Kleid betrat die Prinzessin von Wales die Party, sehr zum Erstaunen der Gäste, die alle zum inneren Zirkel von Annabel und Camilla gehörten. Sie waren wohl davon ausgegangen, dass Diana aus »Rücksicht« auf ihr Erscheinen verzichten würde – doch nun stand sie mitten unter ihnen, bereit zum Angriff.

Als das Dinner beendet war, kam der Augenblick für ihr Vorhaben. Wie erwartet, war Charles auf einmal verschwunden, wahrscheinlich hatte er sich mit Camilla zurückgezogen. Diana segelte durchs Haus, mit Ken Wharfe im Schlepptau, der nichts Gutes ahnte. Schließlich fand sie Charles und Camilla im Untergeschoss, in eine sehr angeregte und vertrauliche Unterhaltung mit einem Partygast vertieft. »Ihr könnt mir nichts vorspielen, ich weiß, was los ist«, schrie Diana dem Paar entgegen. Charles, wie üblich, ging auf der Stelle aus dem Raum, ohne weiter Notiz von seiner aufgebrachten Ehefrau zu nehmen. Diana ließ sich auf den freigewordenen Platz neben Camilla fallen, mit den Worten: »Ich möchte, dass Ihnen eines klar ist – ich weiß genau, was zwischen Ihnen und Charles vorgeht. Ich bin nicht von gestern.«[20]

Der Auftritt Dianas war für Charles eine bittere Pille. Es war nicht zu übersehen, dass seine Frau nicht nach seinen Regeln spielen wollte. Auf dem Rückweg machte er Diana im Auto heftige Vorwürfe, worauf sie in Tränen ausbrach. Kurz darauf erlitt Charles einen Unfall beim Polospiel, der einen komplizierten Armbruch zur Folge hatte. Er musste eine schwierige Operation über sich ergehen lassen, bei der ihm Knochen aus der Hüfte entnommen wurden, um das Ellenbogengelenk wieder herzustellen. Der Prinz litt wochenlang unter Schmerzen und zog sich wie ein waidwundes Tier nach Highgrove zurück. Seine Depressionen verschlimmerten sich, und die einzige Person, die er in seiner Nähe duldete, war Camilla. Einem Polizeibeamten, der vor dem Anwesen Wache stand, fiel auf, dass Diana lediglich auf kurze Stippvisiten vorbeikam. Camilla war dann jedes Mal rechtzeitig aus dem Blickfeld verschwunden. Die Presse wusste inzwischen von der Affäre, aber niemand ahnte, wie intim das Verhältnis tatsächlich war. Nur ein enger Freundeskreis wusste über die wahre Natur ihrer Beziehung Bescheid. In ihren Augen gehörten Charles und Camilla zusammen.

Am 9. Dezember 1992 gab Buckingham Palace die offizielle Trennung des Prinzen und der Prinzessin von Wales bekannt. »Ihre Königlichen Hoheiten haben nicht vor, sich scheiden zu lassen, und ihre konstitutionellen Positionen bleiben unangetastet«, hieß es in der Erklärung. »Diese Entscheidung wurde in beiderseitigem Einvernehmen getroffen, und das Paar wird weiter zusammen die Kinder erziehen. Ihre Königlichen Hoheiten werden auch zukünftig in vollem Ausmaß ihre öffentlichen Termine wahrnehmen und gelegentlich gemeinsam an Familienfeiern und nationalen Anlässen teilnehmen. Die Königin und der Herzog von Edinburgh bedauern die Entscheidung, haben jedoch Verständnis und Mitgefühl für die Schwierigkeiten, die zu diesem Schritt geführt haben. Ihre Majestät und Seine Königliche Hoheit hoffen vor allem, dass das Eindringen in die Privatsphäre des Prinzen und der Prinzessin nun nachlassen möge. Sie sind der Auffassung, dass ein gewisses Maß an Privatsphäre und Verständnis unabdingbar ist, damit Ihre Königlichen Hoheiten ihren Kindern ein glückliches und sicheres Zuhause bieten und zugleich mit ganzem Einsatz ihre öffentlichen Pflichten wahrnehmen können.«[21] Dieser Plan sollte sich bald als Wunschdenken offenbaren, denn die Presse hatte jetzt erst so richtig Lunte gerochen.

Als schließlich Tonbandmitschnitte eines bereits 1989 aufgezeichneten Telefonats von Charles und Camilla veröffentlicht wurden, in dem der Prinz wünschte, der Tampon seiner Geliebten zu sein, war die Jagd eröffnet. Die skandalösen Details der Unterhaltung dominierten die Berichterstattung, doch das Gespräch enthüllte auch, wie sehr sich die beiden liebten, wie solide ihre Beziehung war und wie fest Charles auf die Unterstützung der Frau baute, der er seit so vielen Jahren nahestand. »Deine größte Leistung ist, mich zu lieben«, erklärte er ihr im Verlauf des Anrufs. Camilla war alles, was er brauchte und schätzte – ihre Verschwiegenheit, ihr Einfühlungsvermögen, ihre Geduld und nicht zuletzt ihr Humor, mit dem sie ihn immer wieder aufzurichten verstand. Sie hatte alle Vorzüge einer klassischen Mätresse und wusste sie zu ihren Gunsten einzusetzen. Das Interessante an den sogenannten Camillagate-Bändern war nach Ansicht von Königshausexperten, dass sie eine Beziehung zeigten, die über das Sexgeflüster hinausging. Camilla nahm sich während der Konversation völlig zurück, hörte dem Prinzen zu und munterte ihn auf. Sie nahm die Rolle der Unterstützerin ein, während Diana weiter auf Konfrontation aus war. Und die fuhr weiter ihren wilden Kurs. Als dann ihr Buch *Diana – ihre wahre Geschichte* erschien, brachte sie die britische Monarchie an den Rand dessen, was toleriert werden konnte. Noch weniger zu akzeptieren war aber ein Interview, das Diana drei Jahre später, am 20. November 1995, der BBC gab, um das öffentliche Bekenntnis von Charles zu kontern, der in einem Gespräch mit dem Fernsehjournalisten Jonathan Dimbleby den Ehebruch mit Camilla eingestanden hatte.

Diana war wie schon zuvor darum bemüht, auch jetzt ihren Mann zu übertrumpfen. Mit weit aufgerissenen Augen, die mit dramatischem schwarzem Eyeliner umrandet waren, den Kopf schief gelegt – so saß sie dem Fragesteller Martin Bashir gegenüber wie das personifizierte Opfer. Auch sie bekannte sich zu ihrem Seitensprung mit dem Rittmeister James Hewitt, sie habe ihn angebetet, aber er habe sie enttäuscht. Die Schuld für ihr Verhalten lud sie bei Charles ab, mit dem denkwürdigen Satz: »Wir waren zu dritt in der Ehe, und so wurde es ein bisschen eng.« Dann aber entsicherte sie ihre schärfste Waffe und drückte auch ab: Charles, so sagte sie mit fester Stimme, sei gar nicht in der Lage, König zu werden. Dazu fehle ihm die charakterliche Qualifikation. Damit rüttelte Diana am Prinzip der Erbmonarchie, an der einzigen Basis, auf der sich der Anspruch des Hauses Windsor auf den britischen Thron gründet.

Diana zerstörte die Glaubwürdigkeit der Windsors, zerriss mit ihrem Verdikt gegen Charles den Schleier des Magischen, den der viktorianische Verfassungstheoretiker Walter Bagehot als wesentliches Element des Königtums deklariert hatte. Millionen von Zuschauern, die einst an die Märchenhochzeit von Diana und dem Prince of Wales geglaubt hatten, waren nun ernüchtert. Es fühlte sich an wie Betrug. Zuerst wurden alle ins Disneyland eingeladen, um hinterher zu erfahren, dass die ganze Pracht nur Attrappe war – das nationale Symbol, die Monarchie, war nach Dianas Fernsehauftritt stark beschädigt. Die Queen verlangte die Scheidung, die im Jahr 1996 vollzogen wurde. Diana wurde finanziell großzügig abgefunden. Man erkannte ihr aber den Titel einer Königlichen Hoheit ab, eine Tatsache, die ihr Sohn Prinz William bis heute nicht akzeptiert.

Danach folgte die öffentliche Selbstdemontage der Prinzessin von Wales. Sie suchte ihr Heil bei Wahrsagerinnen, Astronomen und Scharlatanen, mühte sich verzweifelt, eine neue dauerhafte Beziehung zu einem Mann aufzubauen. Doch selbst der aussichtsreichste Kandidat, der angesehene, in Pakistan geborene Herzchirurg Hasnat Khan, ließ sie am Ende fallen, da er das komplizierte Leben an der Seite der berühmtesten Frau der Welt nicht teilen wollte. Die enttäuschte Diana lief direkt in die Arme des Multimillionärs und Lebemannes Dodi Al-Fayed. Er konnte ihr einen Lebensstil bieten, wie sie ihn gewohnt war, doch der Mann ihres Herzens war er nicht. Sie hatte sich vorgenommen, die Beziehung 1997, nach ihrer heißen Sommeraffäre, zu beenden. Dazu kam es nicht mehr. Diana und Dodi starben in Paris.

13
Spätes Glück

Für Charles und Camilla, die ihre Beziehung im Verborgenen fortgesetzt hatten, brach eine lange Zeit des Wartens an. Schon nach der Scheidung des Prinzenpaares war es Camilla, die den gesammelten Zorn der Medien und des Publikums ertragen musste. Nun, nach Dianas Tod, wurde sie zum »Staatsfeind Nummer eins« erklärt. Alle Bemühungen, der Geliebten durch vorsichtige PR-Maßnahmen zu einem besseren Ansehen zu verhelfen, scheiterten. Der »Rottweiler«, wie Diana ihre Nebenbuhlerin einmal bezeichnet hatte, musste weiter im Verborgenen bleiben. Nicht einmal für die britische Osteoporose-Gesellschaft konnte sie mehr auftreten, deren Schirmherrschaft sie kurz vor dem Tod Dianas übernommen hatte. Alles war überschattet vom tragischen Schicksal der Prinzessin von Wales, vom Leid ihrer beiden Kinder William und Harry, die die Herzen von Millionen Menschen weltweit gerührt hatten, als sie dem Sarg ihrer Mutter während der Trauerprozession durch die Londoner Innenstadt bis in die Westminster Abbey gefolgt waren. In den Augen der Öffentlichkeit trug allein Camilla die Schuld an ihrem Unglück.

Möglicherweise machte sie sich selbst Vorwürfe, ganz sicher aber war ihr bewusst, wie ihre Rolle in dem Ehedrama, das sich zu einer nationalen Krise entwickelt hatte, gesehen wurde. Sie galt als die ehrgeizige Nebenfrau, die von Beginn an versucht hatte, den Prinzen von Wales in ihren Bann zu schlagen und hörig zu machen. Damit verdrängte sie sogar Wallis Simpson, die Geliebte Edwards VIII., von ihrer Position als meistgehasste Mätresse der britischen Geschichte. Ihr sagte man nach, in chinesischen Bordellen mit außergewöhnlichen Liebespraktiken vertraut gemacht worden zu sein, die es ihr ermöglicht hatten, den linkischen Thronfolger von ihr abhängig zu machen. Für die Royal Family war Wallis ein rotes Tuch gewesen, denn sie passte keinesfalls in das Schema einer angemessenen Braut für den künftigen König. Doch Wallis und Edward ließen sich nicht beirren, er begleitete sie auf gesellschaftlichen Empfängen, lud sie ins Familienschloss Balmoral ein und schien immer entschlossener, seine Liebe zu ihr mit dem Bund der Ehe zu krönen. Doch dann starb sein Vater, George V., und er musste fortan die britische Krone tragen. Edward VIII. aber wollte seine Geliebte um keinen Preis aufgeben und suchte nach einem Kompromiss. Er verhandelte mit der britischen Regierung über die Möglichkeit einer sogenannten morganatischen Ehe, ein Arrangement, in dem die Gemahlin und deren Nachkommen keine Ansprüche auf den Thron geltend machen können. Doch auch dieses Schlupfloch wurde ihm verstellt, denn Wallis Simpson hatte eine beunruhigende Vorgeschichte. Geheimdienste unterstellten ihr enge Kontakte zu den britischen Faschisten und deutschen NS-Größen, sie soll nach Aussage eines Verwandten des Königshauses sogar die Geliebte von Hitlers späterem Außenminister Joachim von Ribbentrop gewesen sein, als dieser als Gesandter in London lebte. Vor diesem Hintergrund galt ihr Einfluss auf den Monarchen als gefährlich. Edward VIII. sah keine andere Möglichkeit mehr, als abzudanken. Fortan war er nur noch der Herzog von Windsor. Wallis, die er in Südfrankreich ehelichte, wurde zur Herzogin von Windsor erhoben. Sie blieb bis zu ihrem Lebensende eine Außenseiterin der königlichen Familie.

Nun war also Camilla das Problem. Viele zweifelten an ihren aufrichtigen Gefühlen für Prinz Charles und vermuteten übersteigerten Ehrgeiz als Triebfeder ihrer Zuneigung. Zwar hatte sie niemals damit gerechnet, ernsthafte Chancen auf eine Ehe mit dem Thronfolger zu haben, aber sie hatte beharrlich daran gearbeitet, ihre Position als klassische Mätresse zu festigen. Ihr Fehler war, Diana falsch eingeschätzt zu haben. In ihren Augen war die junge, naive Lady Spencer ein »Mäuschen« gewesen, formbar nach dem Willen des Prinzen und damit auch nach ihren Bedürfnissen. Als Diana zur Ikone wurde, war es Camilla, die Charles den Rücken im ungleichen Gefecht um die Sympathien der Massen stützte. Hätte sie das nicht getan, wäre die Ehe des Thronfolgers vielleicht zu retten gewesen, so jedenfalls sehen es die Anhänger Dianas.

Nach dem Tod der »Königin der Herzen« konnte Camilla kaum noch darauf hoffen, in naher Zukunft an der Seite des Prinzen akzeptiert zu werden. Doch Charles gab sein Projekt, für ihre Anerkennung zu sorgen, nicht auf. Er hatte seinen Mitarbeitern im Palast Anweisung für eine Kampagne gegeben, die das Image Camillas aufpolieren sollte. Für ihn war die Dauergeliebte ein Teil seines Lebens geworden, das nicht zur Debatte stand.

Zunächst machten sich die Strategen im St. James's Palace daran, in dem sich das Büro des Prinzen befindet, ihn als guten und fürsorglichen Vater auftreten zu lassen. Auch dieses Bild hatte Diana zu demontieren versucht, indem sie jede Gelegenheit nutzte, die Söhne ganz auf ihre Seite zu ziehen. Nach ihrem Tod war es nun Charles, der als alleinerziehender Vater in der öffentlichen Meinung punkten konnte. Im November 1997 flog er mit Prinz Harry nach Südafrika, um ein Konzert der Spice Girls zu besuchen. Der schüchterne dreizehnjährige Junge litt sehr unter dem Verlust seiner Mutter. Weit weg von England und mit der Aussicht auf ein Treffen mit der populären Mädchenband sollte Harry nun auf andere Gedanken kommen.

Im Tross der Presseleute, die die Prinzen begleiteten, waren viele Anhänger Dianas, die sich während der Medienschlacht des Paares auf die Seite der Prinzessin von Wales geschlagen hatten. Charles war sich bewusst, wie feindlich sie ihm gesinnt waren, doch es war nun an der Zeit, wieder Boden gutzumachen. Schließlich war da keine Diana mehr, die mit ihrem Glamour und ihrer Dominanz die Schlagzeilen beherrschte. Nun standen Charles und vor allem seine attraktiven Söhne William und Harry im Mittelpunkt. Der Prinz plauderte und scherzte mit den Journalisten, die ihn begleiteten, als habe es niemals all die bösartigen Unterstellungen gegen ihn gegeben. Nun war er wieder der Top-Royal – doch Camilla blieb weiter außen vor.

Dem britischen Publikum konnte man sie nur begrenzt präsentieren, denn noch immer war die Verehrung für Diana, die Unglückliche, übermächtig. Eine der ersten Strategien bestand darin, Camilla bei kleineren Veranstaltungen als Gast zu plazieren, wobei sie jedoch nie direkt in Begleitung des Prinzen erschien. Die beiden waren zwar am selben Ort, wirkten aber wie zwei Personen auf zwei verschiedenen Planeten. Die Queen hatte sich dazu entschlossen, das Problem Camilla zu ignorieren. Zu offiziellen Anlässen im Königshaus wurde sie einfach nicht eingeladen.

Die Charles-Camilla-Kampagne verlief schleppend. Meinungsumfragen bestätigten immer wieder, wie unbeliebt seine Mätresse in der Bevölkerung war. Einmal war sie sogar in einem Supermarkt mit Brötchen bombardiert worden, was ihren Entschluss gefestigt hatte, sich nur noch in Begleitung von Sicherheitsleuten, die Charles bezahlte, in die Öffentlichkeit zu wagen. Immer wieder erschienen die unvorteilhaftesten Fotos von ihr, die im scharfen Kontrast zu der blendenden Schönheit Dianas standen. Es blieb der Vorwurf: Wie konnte er seine allseits beliebte Ehefrau für so jemanden verlassen?

Als sich nichts änderte, beschlossen die PR-Strategen, zu schärferen Waffen zu greifen. Die Briten sollten sich an den Gedanken gewöhnen, Charles und Camilla künftig gemeinsam zu erleben. Eine Party im Londoner Nobelhotel The Ritz war ein willkommener Anlass, die beiden als Paar zu präsentieren. Die Presse bekam einen dezenten Hinweis, dass dort eine kleine Sensation zu erleben wäre. Rund 2000 Journalisten und Fotografen drängten sich schließlich am Abend des Festes vor dem Ritz – ein Auflauf, wie es ihn seit Dianas Zeiten nicht mehr gegeben hatte. Als Charles und Camilla am 28. Januar 1999 um 23.58 Uhr gemeinsam durch die Drehtür nach draußen traten, entlud sich ein Blitzlichtgewitter, das beinahe die Aufnahmen verdarb. Die Szenerie erschien auf den Fernsehbildern völlig überstrahlt.

Das Image des Prinzen von Wales verbesserte sich allmählich, doch Camilla blieb ein Problem. Es war unmöglich, sie in den üblichen königlichen Kalender zu integrieren, der Besuche in Schulen, Kindergärten und Krankenhäusern vorsah. Also wirkte sie wie jemand, der die Privilegien der Monarchie genoss, ohne dafür ihren Anteil an den Pflichten zu leisten. Sie steckte in der Klemme. Verstärkt wurde das Bild der nutzlosen Schmarotzerin durch Fotos, die Camilla mit auffälligen Schmuckstücken zeigten – alles sündhaft teure Geschenke des Prinzen. Doch es sollte noch schlimmer kommen. Tom Parker Bowles, Camillas Sohn, wurde durch einen verdeckt arbeitenden Journalisten als Kokainkonsument geoutet. Wieder schlugen Wellen der Empörung hoch, denn Tom war inzwischen ein guter Freund der Prinzen William und Harry und verkehrte in denselben Kreisen. Da lag es nahe, auf Toms möglichen schlechten Einfluss hinzuweisen.

Im Jahr 2000 spitzte sich das Drama um die ungeliebte Camilla zu. Queen Mum feierte ihren hundertsten Geburtstag. Charles, der Lieblingsenkel, hoffte nun, dies als Hebel für die Anerkennung seiner Geliebten nutzen zu können. Hinter den Kulissen gab es heftige Wortgefechte zwischen dem Prinzen und der Königin, die sich nach wie vor weigerte, mit Camilla in einem Raum gesehen zu werden. Der Thronfolger forderte seine Mutter auf, ihre Entscheidung zu überdenken und sich endlich mit seiner Lebensgefährtin zu treffen, ihr die Hand zu reichen und mit ihr zu sprechen. Zum ersten Mal in seinem Leben wagte er es, bei der Queen unmissverständlich für sie einzutreten. Doch die zögerte, denn als Oberhaupt der anglikanischen Kirche stand sie für einen strengen Moralbegriff. Schließlich drohte Charles, die Geburtstagsfeierlichkeiten für seine Großmutter zu boykottieren, sollte die Königin nicht nachgeben.

Er erreichte sein Ziel. Auf einem Empfang in Highgrove begegneten sie sich schließlich: Camilla zelebrierte vor der Queen den Hofknicks, die Monarchin nickte, mehr geschah nicht – aber es war Signal genug für die britische Presse. Sie verkündete: »Die Königin hat Camilla Parker Bowles endlich akzeptiert.«

Von nun an wurde sie öfter an der Seite von Charles gesehen, doch noch immer war ihre Rolle im Machtpoker des Thronfolgers mit seiner Mutter nicht definiert. Wie sollte es mit dem Paar weitergehen? Gab es einen offiziellen Weg, ihre Beziehung zu legalisieren? Und über allem schwebte die Frage: Würde Camilla am Ende doch Königin von Großbritannien werden – eine Rolle, die eigentlich Prinzessin Diana zugestanden hätte?

Schließlich kam es tatsächlich zum ersten öffentlichen Kuss der beiden Liebenden, auch wenn ihre Lippen nur flüchtig die Wange des anderen berührten. Es geschah während einer Einladung der britischen Osteoporose-Gesellschaft. Nun war es nur noch eine Frage der Zeit, bis das Thema Hochzeit auf die Tagesordnung gehoben wurde. Die letzte Bastion fiel, als Queen Mum, die Camilla immer abgelehnt hatte, mit fast 102 Jahren starb. Seine Großmutter hatte Charles ihren Wohnsitz Clarence House vererbt, ein repräsentatives Anwesen in der Nähe des Buckingham Palace. Hier konnte er ganz offiziell mit seiner Geliebten einziehen. Der Weg Camillas in die Familie Windsor war jetzt frei. Die feine britische Gesellschaft hatte sie inzwischen als Lebensgefährtin des Prinzen von Wales anerkannt, aber die Medien waren nicht so schnell umzustimmen. Immer wieder wurden die immensen Kosten diskutiert, die die Gefährtin des Prinzen verursachte. Dabei spielte es kaum eine Rolle, dass Charles aus seiner Privatschatulle für Fahrer, Leibwächter, Gärtner, Sekretäre, Stallburschen und Haushaltshilfen aufkam. Die Liaison schien einfach unangemessen für den künftigen König von Großbritannien, als der er wie auch seine Mutter das Oberhaupt der anglikanischen Kirche sein würde.

Schließlich waren es kirchliche Würdenträger, die dem Paar nahelegten, endlich zu heiraten. Der ehemalige Erzbischof von Canterbury, Lord Carey, machte sich als Erster in der Presse für eine Legalisierung der nun bald fünfunddreißig Jahre andauernden Affäre stark. Es begann eine Debatte um die Formalitäten. Da Charles' erste Ehefrau Diana tot war, gab es für ihn kein Hindernis, sich ein zweites Mal kirchlich trauen zu lassen. Doch bei Camilla sah es anders aus, ihr erster Ehemann, Andrew Parker Bowles, lebte. Eine Heirat in einem Gotteshaus war also ausgeschlossen. Auch wenn die anglikanische Kirche ihre Ansichten zur Wiederheirat Geschiedener gelockert hatte, war es immer noch ein Problem, jene Person zu heiraten, die das Scheitern der ersten Ehe verursacht hatte. Der amtierende Erzbischof von Canterbury, Rowan Williams, eröffnete dann doch noch einen Ausweg. Aus Sicht der Kirche sei gegen eine zivile Eheschließung der beiden nichts einzuwenden, erklärte er. Er sei auch bereit, dem Paar den Segen zu erteilen, würde aber zur Auflage machen, dass beide zuvor ihre Sünden beichteten. Dazu wurde eine sehr strenge Formel aus dem 17. Jahrhundert ausgewählt.

Hinter den Kulissen des Buckingham Palace war das Vorgehen also geklärt, es musste nur noch ein geeigneter Zeitpunkt für die Ankündigung in der Öffentlichkeit gewählt werden. Der Biograph Robert Jobson hatte seit geraumer Zeit Signale aus Palastkreisen empfangen. Ein größeres Ereignis stünde unmittelbar bevor, hieß es. In seinem Buch *William's Princess* beschrieb er, wie es ihm gelang, als Erster die Informationen über die bevorstehende Hochzeit und das Datum zu veröffentlichen. Am 9. Februar 2005, es war früher Nachmittag, befand sich Jobson in einem Taxi in der Nähe des Piccadilly Circus. Als sein Handy klingelte, erkannte er sofort seinen Informanten aus dem Palast. Dessen Stimme, die aus einer öffentlichen Telefonzelle kam, klang ernst. Jobson hatte keinen Zweifel, dass man ihm eine wichtige Nachricht mitteilen wollte. Seine Quelle bat ihn, aus einer Telefonzelle zurückzurufen. Was wie das bizarre Verhalten eines Hobbydetektivs wirkte, war reine Vorsichtsmaßnahme. Schließlich waren die größten Skandale aus den Tagen Dianas durch das Abhören von privaten Anschlüssen aufgeflogen.

Robert Johnson musste erst nach einer funktionierenden Telefonzelle suchen. Er eilte durch das eisige London mit dem starken Gefühl, Zeuge historischer Ereignisse zu werden. Schließlich gelang es ihm, eine Verbindung zu seinem Informanten herzustellen. Der war kurz angebunden, sprach in einer Art Buchstabencode, aus dem Jobson auf der Stelle die Sensation heraushören konnte: »Drei Dinge«, sagte der Kontaktmann, »HMQ trifft PM am Freitag, Thema Hochzeit des PoW. Sie ist einverstanden, dass er seine Dame heiratet – am 8. April in Windsor Castle.«[22] Die Königin (HMQ,

Her Majesty The Queen) gestattete es also, dass der Prinz of Wales (PoW) seine langjährige Gefährtin Camilla Parker Bowles ehelichen würde. Der Form halber würde sie dies dem PM, dem Premierminister, mitteilen – damals war es Tony Blair.

Jobson kritzelte die Information hastig in sein rotes Notizbuch. Inständig hoffte er, niemand anderer würde davon erfahren, wenigstens nicht bevor er in der Lage war, einen Artikel darüber zu verfassen. Er kannte auch das Risiko: Obwohl er seiner Quelle im Palast absolut vertraute, konnte es das Ende seiner Karriere bedeuten, wenn er falsch lag. Trotzdem entschloss er sich zur Veröffentlichung. Am nächsten Morgen erschien der *Evening Standard* mit der Schlagzeile: »Charles wird Camilla heiraten.« Zum ersten Mal war es ein Journalist, der die Verlobung eines Mitglieds der Royal Family öffentlich machte, und nicht der Palast selbst. Robert Jobsons Informant hatte richtig gelegen.

Doch bis zur Hochzeit des Paares sollten sich noch einige delikate Hindernisse auftürmen, die diskret aus dem Weg geräumt werden mussten. Kaum hatte der Prinz Camilla den Verlobungsring aus Platin an den Finger gesteckt – ein Erbstück aus dem Besitz seiner Großmutter, das aus dem Jahr 1920 stammte und mit sechs Baguette-Diamanten verziert war, die einen extrem großen Diamanten einfassten –, da gab es schon Unstimmigkeiten über die Rechtmäßigkeit einer Ehe des Thronfolgers mit seiner langjährigen Geliebten. Der Prinz von Wales war an den sogenannten Royal Marriages Act aus dem 18. Jahrhundert gebunden, der nicht vorsah, dass ein Thronfolger in einer zivilen Zeremonie getraut werden konnte. Plötzlich schien sich die Brücke, die der Erzbischof von Canterbury gerade erst gebaut hatte, als morsch zu erweisen. Es musste eine Expertenkommission gegründet werden, um die rechtlichen Bedingungen auszuloten. Tatsächlich fand sich auch hier wieder ein Ausweg:

Man urteilte, dass inzwischen eine Modifikation aus dem Jahr 1949 gültig sei. Demnach durfte auch der Prince of Wales, wie jedermann sonst, frei darüber entscheiden, wie er heiraten wollte.

Kaum war diese Debatte abgeschlossen, warf der Ort der Eheschließung Fragen auf. Windsor Castle schien als Familienschloss dafür geeignet zu sein, aber da es sich bei der Hochzeit des Thronfolgers um eine zivile Trauung handelte, hätte für Windsor Castle eine entsprechende Lizenz beantragt werden müssen. Dann wäre es auch anderen Brautpaaren möglich gewesen, sich hier das Jawort zu geben, was nicht im Interesse der Queen lag. Somit fiel diese Variante aus. Wie jedem anderen Bürger blieb Charles nur der Weg zum örtlichen Standesamt. Damit wurde Camilla zur ersten »Townhall-Bride« der Royals, zur ersten Braut der Windsors, die nicht in einer großen Zeremonie in die Familie aufgenommen wurde – was sie erneut in den Augen der Spötter diskreditierte.

Und auch das Hochzeitsdatum machte zu guter Letzt noch Probleme. Zunächst war der 8. April 2005 dafür ausgesucht worden, wie der Informant des Journalisten Robert Jobson richtig berichtet hatte. Doch höhere Mächte sorgten für eine kurzfristige Verschiebung. Am 2. April starb Papst Johannes Paul II., zur Trauerfeier am 8. April musste Charles im Auftrag der Queen nach Rom reisen. Das Ereignis, auf das er seit fünfunddreißig Jahren gewartet hatte, seine Hochzeit mit Camilla, wurde aus diesem Anlass noch einmal um einen Tag verschoben. Erst am 9. April 2005 konnten die beiden endlich die Ringe tauschen, die, wie bei den Royals üblich, aus walisischem Gold gefertigt worden waren.

Jahrzehnte hatte Camilla Hohn und Spott erduldet, hatte ertragen, dass sie für die unglückliche Ehe Dianas mit dem Prinzen von Wales und für ihren frühen Tod verantwortlich gemacht worden war. Nun war sie doch noch Teil der Royal Family geworden. Einer der Ersten, der ihr öffentlich Anerkennung schenkte, war Prinz Harry, der seine Stiefmutter in einem Interview eines britischen Fernsehsenders verteidigte. »Um ehrlich zu sein, stand sie mir und William immer sehr nah«, erklärte der jüngste Sohn Dianas. »Die Menschen müssen verstehen, dass es sehr schwierig für sie ist. Bedenken Sie nur, welche Position sie nun übernimmt. Haben Sie nicht immer nur Mitgefühl mit mir und William, haben Sie Mitgefühl mit ihr. Sie ist eine wunderbare Frau und hat unseren Vater sehr, sehr glücklich gemacht. Das ist das Wichtigste. William und ich lieben sie sehr.«[23]

Auf dem Landsitz Highgrove verwirklichten Camilla und Charles ihren Traum von einem naturverbundenen Leben. An der Einfahrt ließen sie ein Schild befestigen, dessen Inschrift wie ein Manifest klingt: »Achtung! Sie betreten ein altmodisches Anwesen.« Der weitläufige Garten ist nach den strengen Regeln organischen Landbaus angelegt und beherbergt zahlreiche bedrohte Pflanzenarten. Bodengesundheit, Kompostierung und biologische Schädlingsbekämpfung – Charles hat über zwanzig Jahre lang damit experimentiert und erstaunliche Erfolge erzielt. Seit 1992 ist sein Mustergarten öffentlich zugänglich. Eine viertel Million Menschen haben ihn bislang besucht – und die Wohltätigkeitsorganisation des Prinzen mit ihren Eintrittsgeldern um fast eine Million Euro bereichert. Naturschutz ist ein Thema, über das er endlos dozieren kann. Die Errungenschaften des Fortschritts sind ihm oft suspekt, in diesem Sinne ist er tatsächlich ein altmodischer Mensch. Alle seien überzeugt, mit moderner Technologie die Probleme der Erde lösen zu können, doch das sei ein Irrtum, beklagte er einmal.[24]

Während seines Wartens auf seinen eigentlichen Job als König von Großbritannien erfand Charles für sich die Rolle eines Weltenretters. Sollte er einmal den Thron besteigen, was bei der unverwüstlichen Gesundheit seiner Mutter noch ein paar weitere Jahre dauern kann, möchte er seinem Schwur eine Eidesformel hinzufügen. Er will dann nicht nur der Verteidiger des Glaubens sein, sondern auch der Verteidiger der Natur, wie er in einem Zeitungsinterview im November 2010 sagte: »*Defender of Nature. Full stop*« – Punktum.[25]

Camilla steht weiterhin unerschütterlich an seiner Seite, auch wenn er sich mit führenden Architekten der Welt anlegt, deren postmoderne Entwürfe er als Geschmacksverirrung geißelt. Das Paar mag es selbst zu Hause leger und lässt sich schon mal in Jeans, Freizeithemd und Strickjacke auf einer Gartenbank fotografieren. Das soll Nähe zur Bevölkerung vermitteln, doch Charles bleibt mit seinen Marotten für viele ein Mann von gestern. Man könnte darüber lächeln, wäre da nicht sein unerschütterliches Sendungsbewusstsein. Der Prinz träumt von einer Monarchie, die Gutes tut und damit die Welt verändert. Mit dieser Vorstellung verlässt er den Pfad, den die Queen in den Jahren ihrer erfolgreichen Regentschaft vorgegeben hat. Ihr Credo war und ist es, sich niemals in die Tagespolitik einzumischen. Sie ist informiert und sie repräsentiert, aber sie greift nicht ein. Damit errang sie sich die Anerkennung aller Gesellschaftsschichten und machte auch immer wieder jene mundtot, die das Ende der Monarchie ausgerufen haben.

Charles hat dagegen eine Mission. Durch seine vielfältigen Aktivitäten und Schirmherrschaften baute er sich ein Schattenreich auf, in dem er bereits jetzt nach Gutdünken die Strippen zieht. Als es ihm gelang, einen modernen Neubau auf einem ehemaligen Armeegelände in der City of Westminster, den Chelsea Barracks, zu verhindern, indem er mit seiner Intervention den Geldfluss aus dem Orient stoppte, waren viele alarmiert. Nicht wenige trauen ihm zu, seine

Ziele, wenn er einmal König ist, auch am Parlament vorbei durchsetzen zu wollen. Das trägt ihm Kritik ein, denn die Briten haben sich an den politisch zurückhaltenden Stil seiner Mutter gewöhnt. Wie immer, wenn sich Charles zu einer Rechtfertigung gezwungen sieht, lenkt er von eigener Verantwortung ab und verweist auf seine Erziehung. »Meine Eltern haben selbst Schuld. Sie haben mich auf eine Universität geschickt, auf der ich gelernt habe, die Dinge zu hinterfragen«, erklärte er in einem Interview.[26]

Charles' größtes Problem ist aber nach wie vor Camilla, die trotz ihres Engagements für über fünfzig Hilfsorganisationen beim Volk nicht sehr viel beliebter wurde. Sie bemüht sich nach Kräften, nicht mit der verstorbenen Prinzessin Diana zu konkurrieren, was ihr ohnehin nicht gelingen würde. Freiwillig verzichtet sie darauf, den Titel »Prinzessin von Wales« zu tragen, obwohl er ihr seit ihrer Eheschließung zusteht. Doch was wird passieren, wenn Charles König wird? Will er sie dann zur Königin krönen? Nach der Hochzeit hieß es aus Palastkreisen, Camilla strebe nicht an, eine »Queen Consort« zu werden, also den gängigen Titel für die Ehefrau eines Königs anzunehmen, sie sähe sich eher als Princess Consort, als Prinzgemahlin. Aber Meinungen können sich ändern.

Kurz nachdem sich Prinz William mit Catherine Middleton verlobte, flammte die heikle Diskussion wieder auf, ob es nicht besser sei, eine Generation in der Thronfolge zu überspringen und das attraktivere, junge Paar an die Spitze der Monarchie zu stellen. Robert Jobson, der die Royal Family seit vielen Jahren begleitet, äußerte sich dazu: »Die Hochzeit von William und Kate wird dafür sorgen, dass jegliches öffentliche Interesse für das Team Charles und Camilla erstirbt, bis er zum König gekrönt wird. Der Fokus der Aufmerksamkeit wird sich ganz auf Kate Middleton und Prinz William konzentrieren.«

Möglicherweise war das auch einer der Gründe, warum sie die Hochzeit so lange hinausgeschoben haben. Sie wollten Charles und Camilla die Gelegenheit geben, sich als Paar in der Öffentlichkeit zu etablieren und ein eigenes Profil zu entwickeln, um besser akzeptiert zu werden. Doch obwohl Camilla eine reizende Lady ist, sehr interessant und charmant, wie Robert Jobson findet, wird sie nicht positiv wahrgenommen. Einige werden immer der Überzeugung bleiben, sie sei der Grund gewesen, warum sich Charles und Diana getrennt haben. Was dann dazu geführt hat, dass Diana sich so unberechenbar benommen hat und schließlich unter so tragischen Umständen gestorben ist. Der Palast hofft, Camilla wird besser akzeptiert werden, je älter sie wird, so ähnlich, wie das bei Queen Mum der Fall war. Aber noch immer sprechen die Umfragewerte eine andere Sprache. Kurz nach der Verlobung Williams ermittelte eine repräsentative Befragung, dass nur vierzehn Prozent der Bevölkerung sich mit der Idee anfreunden können, Camilla eines Tages als Königin zu sehen. Direkt nach ihrer Hochzeit mit Charles waren es noch fünfundzwanzig Prozent gewesen. Die Stimmung gegen den Thronfolger und seine Frau schien sich rapide zu verschlechtern, eine Entwicklung, die der Prinz immer gefürchtet hatte, seit Diana ihm öffentlich bescheinigte, nicht für den Job des Monarchen geeignet zu sein. Fast könnte man dies als Fluch auffassen. Gleichsam als Mahnmal prangt jetzt auch noch der Verlobungsring der verstorbenen Prinzessin von Wales am Finger seiner zukünftigen Schwiegertochter.

Charles wurde von den Reportern auf die Verbindung seines ältesten Sohnes mit Kate Middleton natürlich angesprochen. Bemüht heiter gab er von sich: »Sie haben ja lange genug geübt.«[27] Ähnlich sarkastisch hatte er während des Interviews zu seiner eigenen Verlobung reagiert. Was auch immer Liebe heißen mag – sein Sohn scheint es jedenfalls zu wissen. Und Charles wird wieder mit einer schönen jungen Prinzessin aus dem Volk konfrontiert sein. Der Mythos Diana übt scheinbar späte Rache, und William setzt alles daran, seine Mutter im Gedächtnis der Briten nicht sterben zu lassen. Könnte sich hinter den Kulissen des Palastes ein Machtkampf zwischen Vater und Sohn anbahnen? War die Geste mit Dianas Verlobungsring eine subtile Kampfansage Williams, obwohl er öffentlich immer wieder betonte, bei der Thronfolge erst nach seinem Vater an der Reihe zu sein? Sicher ist, dass William auf die Menschen eine Faszination ausübt, die an die der »Prinzessin der Herzen« erinnert. Mit einer schönen Braut an seiner Seite, vielleicht auch schon bald mit einem Baby auf dem Arm, wäre dieses neue »Team Wales« in den Augen der Medien unschlagbar.

Charles hat den Fehdehandschuh aufgenommen. In einem längeren Interview nach der Verlobung von Prinz William bestätigte er zum ersten Mal, entgegen aller früheren Signale, es sei seine Absicht, Camilla zur Queen zu machen. Solange der Prince of Wales lebt, kann niemand seinen Anspruch auf den Thron streitig machen. Erst wenn er stirbt, kann Prinz William König werden. Doch Hugo Vickers gab zu bedenken: »Wer weiß, was in den kommenden Jahren noch alles passieren wird. Manchmal geschehen seltsame Dinge. Aber es sind einzig die Medien, die über diese Angelegenheit diskutieren. Dabei ist klar: Charles wird König sein.«

Es wird auch seine Sache sein, zu entscheiden, ob Camilla an seiner Seite tatsächlich gekrönt wird, er wird lediglich um die Zustimmung der Regierung bitten müssen. Doch aus dieser Richtung gab es schon prominente Schützenhilfe: Premierminister David Cameron outete sich als Fan von Camilla. Wäre die Monarchie eine Frage der demokratischen Abstimmung, würden wahrscheinlich weder Charles noch Camilla den Thron besteigen.

14
Offizier und Bräutigam

Anglesey wirkte wie an jedem Wochenende in diesem November 2010 ruhig und verlassen. Nur wenige Touristen spazierten entlang der Strände und genossen die unberührte Natur, die die kleine Insel vor der Nordwestküste von Wales so besonders macht. Ließ man den Blick weiter ins Landesinnere wandern, bot sich ein mannigfaltiges Bild; dichte Wälder wechselten sich mit tiefen Tälern ab, an deren sanft abfallenden Hügeln Rinder und Schafe grasten. An der Küste der Irischen See wiederum tummelten sich wie jeden Morgen Schwärme von Seevögeln, die sich von der Thermik in atemberaubende Höhen tragen ließen. Vor der Kulisse der Snowdonian Mountains vollführten sie ihre gewagten Manöver, frei und ungestört.

Doch die Ruhe würde wie immer nur bis zum Montag anhalten. Dann gehörte Anglesey wieder den Hawks und Sea Kings, den Trainingsbombern und Rettungshubschraubern der Royal Air Force (RAF), die hier ihre Basis hatten. Zu den Soldaten, die täglich auf dem weitläufigen Gelände in Valley ihren Dienst verrichteten, zählte seit 2008 auch ein Mitglied des Königshauses.

Prinz William hatte sich nach seiner Pilotenausbildung in Cranwell, in der Grafschaft Lincolnshire, hier stationieren lassen, weil er die Abgeschiedenheit schätzte. Die Küste, die einst die Heimat von Druiden war, hatte nicht viel Aufregendes zu bieten. Ein paar Leuchttürme und Kirchen, die zu den wenigen kleinen Dörfern der Gegend gehörten, ein heruntergekommenes Kino in Holyhead, aus dessen Namenszug »Empire« über dem Eingang das »i« schon lange abhandengekommen war, mehr gab es nicht. Doch für William war es genau das, wonach er sich gesehnt hatte. Am äußersten Zipfel von Wales, einige hundert Kilometer entfernt vom Buckingham Palace, von Big Ben und der Westminster Abbey, konnte er ein ganz normales Leben führen.

Es war erst wenige Tage her, dass die offizielle Meldung von seiner Verlobung weltweit die Schlagzeilen dominiert hatte. Die wenigen Sätze, die der Palast an die Nachrichtenagenturen gegeben hatte, verrieten weder das Datum noch den Ort für die Trauung des Thronfolgers mit Kate Middleton. Mitgeteilt hatte man aber bereits ihren künftigen Wohnort. So hieß es, sie würden als verheiratetes Paar nach Wales zurückkehren, wo sie seit einiger Zeit ein versteckt liegendes Cottage am Strand gemietet hatten. Die Einwohner von Rhoscolyn registrierten die Entscheidung des Prinzen mit Genugtuung. Sie hatten sich inzwischen daran gewöhnt, ihm beim Einkaufen im örtlichen Supermarkt »Tescos« zu begegnen, wo er sie mit ausgesprochener Höflichkeit grüßte. Manchmal sah man ihn auch mit seinen Kameraden aus der Hubschrauberstaffel in den Pubs von Rhosneigr, dem kleinen Städtchen in der Nähe der Basis, in dem viele Familien von Air-Force-Piloten wohnten. Im »Sullivan's« oder in »Sandy's Bar« genossen sie ihren Feierabend, manchmal im »Sandymount Club« für Offiziere. Auch wenn der Prinz mit von der Partie war, gab es keine Ausnahme: Um elf Uhr abends wurden die Lokale geschlossen. Selbst in dieser Hinsicht war London Lichtjahre entfernt. Doch genauso hatte es sich William gewünscht, als sein Studium 2005 in St. Andrews zu Ende gegangen war.

Lange hatte er darüber nachgedacht, welche Karriere er anstreben könnte. Mit seinem Magister in Geographie hätte ihm eine akademische Karriere offengestanden, aber das wäre ein ungewöhnlicher Weg für ein Mitglied der königlichen Familie gewesen. Finanziell war der Prinz abgesichert, die Suche nach einem passenden Job, der ihn ernährte, war also nicht so drängend wie bei vielen seiner Studienkollegen. Dennoch machte auch er sich Sorgen. Er wusste, die Zeit relativer Unbeschwertheit war mit dem Examen vorbei. Was ihn quälte, war die Aussicht, in naher Zukunft mehr offizielle Pflichten übernehmen zu müssen, die ihn stärker ins öffentliche Interesse rücken würden. So suchte er nach einer Möglichkeit, noch einige weitere Jahre dem Rampenlicht fernbleiben zu können, ohne als Faulenzer und Drückeberger zu erscheinen. Der Ausweg, das war ihm schließlich klargeworden, lag in einer militärischen Ausbildung.

Bereits Wochen vor seiner Abschlussprüfung an der Universität hatte er die nötigen Schritte eingeleitet und einen Aufnahmeantrag für die Militärakademie Sandhurst ausgefüllt. Hier, im Süden Englands, in Berkshire, war bereits sein Bruder Harry stationiert, der sich ebenfalls dafür entschieden hatte, Soldat zu werden. Für ihn wäre ein Studium niemals in Frage gekommen, er suchte praktische Herausforderungen. Doch während beim zweitgeborenen Sohn Dianas mit der Aufnahme in die Armee ein langgehegter Kindertraum in Erfüllung ging, mutete es bei William an wie die Flucht vor dem ärgsten Feind. Hinter Kasernenmauern war er für die verhasste Presse unerreichbar. Das war sein Traum seit Kindertagen. Oft hatte er sich mit Harry darüber unterhalten, wie streng die Ausbildung in Sandhurst ablief. Es würde kein einfacher Weg werden. Trotzdem war William erleichtert, als ihn die Nachricht von der bestandenen Auswahlprüfung erreichte.

Prinz Charles war begeistert über die Wahl seines Erstgeborenen. Der würde nun in die Fußstapfen so vieler Windsors vor ihm treten und damit dem Königshaus Ehre erweisen. Die Royal Familiy ist eng mit dem Militär verbunden, da der Monarch auch Oberbefehlshaber der Streitkräfte ist. Die Soldaten zogen bislang für »King and Country« in die Kriege, für »König und Vaterland« – im Falle von Königin Elizabeth natürlich für die Queen. Prinz Charles hatte ebenfalls gedient, er war Offizier und Pilot in der Royal Navy gewesen. Schon als kleiner Junge hatte er an den Fenstern des Buckingham Palace gern die Vorhänge zurückgeschoben und heimlich beobachtet, wie die Wachoffiziere ihren Dienst versahen – was strengstens verboten war. Charles glaubte daran, dass alle Angehörigen der Streitkräfte eine große Familie seien. »Es ist sehr wichtig, Erfahrungen gemeinsam mit anderen Menschen zu machen und Verantwortung zu übernehmen. Man lernt, sich um andere zu kümmern«, erklärte der Prinz einmal in einem Interview auf die Frage, welchen Sinn die Ausbildung beim Militär seiner Meinung nach habe.[28]

Ähnlich sah es auch William, der von seinen Vorfahren gelernt hatte, wie wichtig die Unterstützung der Windsors für die Streitkräfte ist. Sein Urgroßvater George VI. hatte im Ersten Weltkrieg gekämpft, und sein Onkel Prinz Andrew war im Falklandkrieg 1982 als Hubschrauberpilot im Einsatz gewesen. Williams Beitrag würde allerdings ein eher symbolischer sein, denn er würde wohl niemals an einer Front eingesetzt werden. Als Thronfolger ist er für die Dynastie der Windsors zu wertvoll, als dass er sein Leben aufs Spiel setzen könnte, ebenso wie sein Bruder Harry, der sich nur mit äußerster Beharrlichkeit einen Einsatz in Afghanistan erkämpft hatte. Doch eines Tages könnte William der Oberbefehlshaber der Soldaten des Vereinigten Königreiches sein, dann, wenn man ihn zum König gekrönt hat. Da war es sicher nicht von Nachteil, über einige Erfahrung im Soldatenleben zu verfügen. Selbst seine Großmutter, die Queen, hatte während des Zweiten Weltkriegs in Uniform

Dienst getan, beim Heimathilfsdienst ATS (Auxiliary Territorial Service), wo sie sich zur Automechanikerin hatte ausbilden lassen und Lastwagen fuhr.

Das Training Williams in Sandhurst, das er am 8. Januar 2006 begann, dauerte vierundvierzig Wochen, in denen er oft von seiner Freundin Kate Middleton getrennt war. Er hatte in Kauf genommen, dass seine Abwesenheit die Beziehung belasten konnte, aber er hatte Prioritäten gesetzt. Er war nun »Officer Cadet Wales« – was erst einmal den Abschied von ausgelassenen Party-Nächten in den Londoner Clubs und vom unbeschwerten Strandleben auf exotischen Inseln bedeutete. Doch er war vorbereitet, selbst auf die Tatsache, dass der rasiermesserscharfe Kurzhaarschnitt, der bei den Kadetten Pflicht war, seinen allmählich lichter werdenden Haarkranz am Hinterkopf freilegen würde. Auch in diesem Punkt war er ein waschechter Windsor. William war entschlossen, diesen Weg zu gehen, wie er in einem seiner seltenen Interviews versicherte: »Ich möchte keine Sonderbehandlung bekommen oder in Watte gepackt werden, denn wenn ich zur Armee gehe, möchte ich alles tun, was auch meinen Kameraden abverlangt wird. Wenn man mich daran hindern würde, auch die schlechten Erfahrungen mit ihnen zu teilen, fände ich das sehr peinlich.«[29]

Das Training, das ihn erwartete, war ganz und gar nicht dazu angetan, den Thronfolger zu verweichlichen. Im Gegenteil. Der normale Tag in Sandhurst hatte achtzehn Stunden. Am frühen Morgen wurden die Kadetten vom ohrenbetäubenden Scheppern der Abfalltonnen geweckt, die rücksichtslos nach dem Leeren über den Hof gerollt wurden. Verfroren krochen die jungen Soldaten aus ihren Kojen, in denen sie nicht einmal eine wärmende Überdecke zur Verfügung hatten. Ziel der Ausbildung war es nicht nur, den jungen Soldaten militärische Grundkenntnisse zu vermitteln, sondern vor allem Selbstdisziplin. Erst das würde sie zu Führungspersönlichkeiten qualifizieren, wie sie im Offiziersberuf gebraucht wurden.

William lernte, mit seiner Waffe, einer SA80, umzugehen, aber ebenso seine Stiefel zu putzen und seine Hosen zu bügeln. Wie seine Kameraden steckte er tagsüber in einer olivgrünen Arbeitsuniform, wälzte sich wie sie im Schlamm oder schleppte meterlange Baumstämme durch unwegsames Gelände. Es war, wie er es sich gewünscht hatte: Für den Prinzen gab es keine Ausnahme.

Nachts schlief er manchmal angezogen auf dem Fußboden, denn er neigte dazu, den Weckruf um 5.30 Uhr zu überhören. Auch für ihn galt: Zum Appell mussten die Kadetten in voller Uniform erscheinen. Die härteste Regel aber war die Kontaktsperre – während der fünf Wochen Grundausbildung war jegliche Verbindung zu Familienangehörigen und Freunden untersagt.

Williams Freund Tom Bradby, der selbst eine militärische Ausbildung absolviert hatte, wusste um die Härte des Trainings in der Eliteakademie: »Sandhurst verschafft jedem in den ersten Monaten ein paar jämmerliche Erlebnisse. Man verbringt seine Zeit praktisch nur auf den Knien, manchmal muss man die Toiletten sogar mit einer Zahnbürste schrubben. Das ist speziell für die Älteren, die vorher eine Universität besucht haben, eine brutale Erfahrung. William hatte eine ziemlich harte Zeit.«

Doch der Prinz, der von Kindesbeinen auf an viele Bequemlichkeiten gewöhnt war, biss sich durch. Später war es ihm erlaubt, am Feierabend die Kaserne zu verlassen. Oft fuhr er ins fünfundvierzig Minuten entfernte Chapel Row, zum Haus der Middletons, um Kate zu besuchen und den Abend mit ihrer Familie zu verbringen. Es gab nur wenige Menschen, die von seiner engen Beziehung zu seiner Freundin und deren Angehörigen wussten. Wie wichtig sie ihm tatsächlich waren, sollte aber bald offenkundig werden.

Zur großen Überraschung der Presse hatte William Kate, ihre Mutter und ihren Vater zur feierlichen Parade am 15. Dezember 2006 eingeladen, mit der traditionell die Kadettenausbildung in Sandhurst ihren Abschluss findet. Auch die Queen und Prinz Philip waren anwesend, ebenso Charles und Camilla, um Williams Ehrentag mitzuerleben. Selten hatte es zu ähnlichen Anlässen so viel königliche Präsenz gegeben, doch alle Kameras waren auf Kate Middleton gerichtet. Ihr Erscheinen war eine Sensation, wie die Journalistin Jude Wade vor Ort beobachten konnte: »Kate kam herein wie eine Kaiserin und wurde bevorzugt behandelt. Charles und Camilla kamen zwei Minuten nach ihr.« Für die Medien war die Anwesenheit der Freundin Williams eine Bestätigung, dass sie inzwischen einen festen Platz in der königlichen Familie gefunden hatte. Alle rechneten wieder einmal mit einer baldigen Verlobung.

Kates Outfit unterstrich ihre beeindruckende Erscheinung, so trug sie einen leuchtend roten, kniekurzen Mantel und einen eleganten schwarzen Hut mit breiter Krempe. Die Kameralinsen klackten im Tempo von Maschinengewehrsalven, und eine Fernsehkamera war ausschließlich auf Kate und ihre Mutter Carole gerichtet. Während William mit seinen Kameraden auf und ab paradierte, flüsterte seine Freundin: »Ich liebe seine Uniform. Sie ist so sexy!« Sie konnte nicht ahnen, dass ein britischer Fernsehsender eigens einen Lippenleser engagiert hatte, der ihre sehr privaten Worte während der Übertragung von ihrem Mund ablas und »übersetzte«. Auch ihre Mutter Carole rechnete nicht damit, wie nah ihr die Kameras mit ihren riesigen Teleobjektiven auf den Leib gerückt waren. Sie kaute Kaugummi, weil sie sich gerade das Rauchen abgewöhnte, ein Fauxpas, der ihr von Kritikern später heftig angekreidet wurde. Sie habe mit ihrem ordinären Auftreten die Queen beleidigt, mäkelten einige Snobs, die sich nicht damit abfinden konnten, dass Prinz William offensichtlich eine Bürgerliche liebte. Denn wie fest ihre Beziehung inzwischen geworden war, verrieten anonyme Informanten aus dem Palast nun sogar den sonst mit Vorsicht behandelten Massenzeitungen wie der *Sun:* »Jeder weiß, ihre Beziehung ist ernsthafter Natur, und nun wurde ihnen zum ersten Mal erlaubt, das auch öffentlich zu zeigen.«[30]

William präsentierte stolz sein Gewehr, er war nun »Second Lieutenant Wales«, und die Queen hielt kurz bei ihrem Enkel an, als sie die Parade abschritt, und flüsterte ihm einige Worte zu. Leider blieb der Lippenleser den Fernsehzuschauern dafür die Übersetzung schuldig. Aber aus Williams Lächeln konnte man schließen, dass seiner Oberbefehlshaberin gefiel, was sie an jenem Tag im Dezember 2006 auf dem Exerzierplatz von Sandhurst erlebte. Prinz Philip nickte ebenfalls zustimmend. Für seine Enkel war er ein Vorbild an eiserner Disziplin. In Vertretung der Queen besuchte er 2007 britische Soldaten im südirakischen Basra, obwohl er mit Hinweis auf seine fast neunzig Jahre sicher von dieser Pflicht entbunden worden wäre. Dessen ungeachtet, ließ er sich von einer Militärmaschine in die Kampfzone fliegen. In einer Art Sturzflug musste der Pilot zur Landung ansetzen, um keine Zielscheibe für feindliches Feuer abzugeben. Philip, der von einem Team der BBC begleitet wurde, verzog keine Miene. In einem Alter, in dem selbst Soldaten normalerweise ihren Ruhestand genießen, setzte er sich der Hitze und den Unbequemlichkeiten der Wüste aus. Für die Armeeangehörigen, die dort Dienst taten, war der Besuch des Duke of Edinburgh ein bemerkenswertes Ereignis. Sie sahen darin eine Anerkennung für ihren Einsatz in einem der gefährlichsten Länder der Erde. Philip, in einen sandfarbenen Tarnanzug gekleidet, hielt eine Rede, ohne Notizen zu benutzen: »Zu Hause beobachten alle, was hier vor sich geht. Es gibt große Sympathien für euch, die ihr hier unter schwersten Bedingungen operiert. Viele britische Soldaten haben so gedient, auch wenn sie in Kauf nehmen mussten, getötet zu werden. Mit Glück könnt ihr hier erreichen, was den britischen Streitkräften in den Golfstaaten gelungen ist. Wie gut die heute dastehen! Das ist Leuten wie euch zu verdanken – und natürlich ein bisschen dem Öl, das es dort gibt.«[31] Es waren Scherze dieser Art, für die der Ehemann der Queen bei den Soldaten geliebt wurde. Auf seine Art hatte Philip demonstriert, worin die Windsors ihre Aufgabe sahen. Sich demonstrativ an die Seite des Militärs zu stellen, rechtfertigte den Fortbestand der Monarchie. Das Engagement der Windsors für die Armee wurde in Großbritannien seit jeher aufmerksam verfolgt und als Respekt vor den Millionen Opfern der beiden Weltkriege gewertet. Ein Weg, den nun auch William beschreiten würde.

15
Für immer zusammen

Während der Prinz sich hinter den Mauern seiner Garnison vor der Presse sicher fühlen konnte, war seine Freundin schutzlos, Freiwild für die Paparazzi. Für Catherine Elizabeth Middleton, die von den Medien nur Kate genannt wurde, war es der Beginn eines Alptraums, der sie fast vier Jahre nicht mehr loslassen sollte.

Die Fotografen folgten ihr von nun an auf Schritt und Tritt, lichteten sie sogar beim Entsorgen ihres Hausmülls ab und lauerten morgens, mittags, abends in den Nebengassen der Old Church Street in Londons Nobelbezirk Chelsea, wo Kate ein Appartement bewohnte. Zwischen der belebten King's Road und der vielbefahrenen Battersea Bridge gelegen, wirkt die beschauliche Straße wie eine Insel der Ruhe. Ein Einrichtungsladen, eine Galerie, ein Makler, der teure Wohnungen vermietet, für 1000 bis 4000 Pfund die Woche – hier wohnen betuchte Leute. Die aufregendste Adresse in der Gegend war lange Zeit das Geschäft vom *Sex and the City*-Schuhpapst Manolo Blahnik – bis Kate in die Old Church Street zog und zum Magneten für die Paparazzi wurde. Manch einer wird sich das Warten auf Miss Middleton im nahe gelegenen Pub verkürzt haben, jenem »Pig's Ear«, in dem schon Queen Mum öffentlichkeitswirksam einst ein Bier gezapft hatte. Ein Foto nicht weit vom Eingang zeugt vom kurzen royalen Ruhm des Etablissements.

Die britische Presse kundschaftete die Gegend aus, begierig darauf, mehr von der Freundin Prinz Williams zu erfahren, die so plötzlich aus dem Nichts an seiner Seite im Skilift von Klosters aufgetaucht war. Keiner kannte ihre Geschichte, wusste etwas über ihre Familie oder die Umstände, unter denen sie den Thronfolger kennengelernt hatte. Also konzentrierte sich das Interesse auf ihre Londoner Wohnung.

Am 9. Januar 2007, Kates fünfundzwanzigstem Geburtstag, brach in der Old Church Street die Hölle los, als Williams Freundin aus ihrem Appartement trat, um in ihren blauen Golf zu steigen. Ein Klicken und Blitzen aus unzähligen Linsen setzte ein, bedrohlich und aggressiv, einige Reporter kamen ihr gefährlich nah, in der Hoffnung, durch diese Provokation ein Wort aus dem Mund der bisher stets schweigsamen jungen Frau zu erfahren. Und sei es nur ein gemurmelter Fluch. Doch Kate bewies auch in dieser Situation Nervenstärke. Sie lächelte, schwieg und fuhr davon. Eine erste Demonstration ihres Charakters und ein Hinweis darauf, was von ihr zu erwarten war: Sie schien über den Dingen zu stehen.

Prinz William, so wird erzählt, zeigte weniger königliche Haltung. Er machte seinem Ärger lautstark Luft. Seine Freundin wurde gehetzt und gejagt wie einst seine Mutter, Prinzessin Diana, für deren Unfalltod in Paris er noch immer die Paparazzi verantwortlich machte. Doch was war zu tun? Für den Palast war Kate Middleton eine Privatperson, für deren Schicksal man nicht verantwortlich war. Zwar standen den mitfühlenderen Beratern der Queen die Haare zu Berge beim Anblick der Fotografenmeute, die in waghalsigen Manövern Kates Kleinwagen durch den dichten Londoner Verkehr verfolgte. Aber eine Einmischung hätte auch ein Eingeständnis bedeutet: Es wäre von der Presse als Hinweis auf eine unmittelbar bevorstehende Verlobung und Heirat Prinz Williams gewertet worden. Doch der hatte vorerst ganz andere Pläne. Kurz nach Kates Geburtstag vermeldeten die Zeitungen das jähe Ende der Romanze: William und seine so plötzlich aufgetauchte Freundin waren schon wieder getrennt. In die Old Church Street kehrte Ruhe ein.

Noch heute zweifeln Palastkenner daran, dass diese Trennung des jungen Paares ernst gemeint war. Aber sie hatte die erwünschte Wirkung: Die Paparazzi ließen von ihrem Opfer ab. Kate war plötzlich so uninteressant wie in den vorhergegangenen fünfundzwanzig Jahren ihres durchschnittlichen Mittelklasselebens. Sie würde nicht die künftige Königin sein – also warum sich um Fotos schlagen, die sich ohnehin nicht mehr verkaufen ließen? Kate schwieg weiter beharrlich, zeigte sich aber mit Freunden in der Öffentlichkeit, um ihre Botschaft zu vermitteln: Das Leben geht auch ohne königlichen Glanz und Glamour weiter.

Jules Knight, den sie aus Studientagen kannte, führte sie zum Lunch aus. »Es war eine merkwürdige Situation. Gerade noch war sie das wundervolle Mädchen, das eine Beziehung mit dem Prinzen hatte, und nun war sie wieder einfach nur Kate. Was die Presse und das Fernsehen daraus machten, interessierte uns nicht. Wir lebten damals wie unter einer Glaskuppel.«

Hätte sich Kate in dieser Situation als Plaudertasche offenbart, hätte es niemals eine Märchenhochzeit für sie gegeben. Das musste schon eine Freundin von Prinz Charles erfahren. Sarah, die ältere Schwester Lady Dianas, war für kurze Zeit seine Flamme und ebenfalls mit dem Prinzen auf den Pisten von Klosters unterwegs. Sie konnte aber den Mund nicht halten und vertraute sich einem Boulevardjournalisten an. Tage später wurde sie in aller Stille fallengelassen.

Kate war cleverer. Bereits im Juli 2007, nur wenige Monate nach der Trennung, wurde sie wieder in der Nähe Prinz

Williams gesichtet – und zwar bei einer öffentlichen Veranstaltung, die von den Fernsehkameras in die ganze Welt übertragen wurde.

Der 1. Juli 2007 war ein warmer Sommertag. Im neuen Stadion von Wembley bereiteten sich Prinz William und sein Bruder Harry auf eine große Show vor, die sie gemeinsam monatelang geplant hatten. Ihre Mutter Diana wäre an diesem Tag sechsundvierzig Jahre alt geworden. Fast zehn Jahre war sie nun tot, Anlass für die Medien, auf ihre Lebensgeschichte zurückzublicken. Unweigerlich würden wieder all die Skandale, die mit ihrer tragischen Existenz verbunden waren, Gegenstand der Berichterstattung sein. Ihre Söhne hatten sich entschlossen, das Gedenken an sie nicht allein den Biographen und den Boulevardblättern zu überlassen. Sie wollten an ihre guten Seiten erinnern, an ihre Herzlichkeit und Hilfsbereitschaft. Dazu hatten sie prominente Künstler eingeladen, die an diesem Abend im Wembley-Stadion ein Konzert veranstalten sollten. Unter anderen hatten Duran Duran, Nelly Furtado, Rod Stewart, P. Diddy und Take That zugesagt, aber auch klassisches Ballett, das Diana so geliebt hatte, stand auf dem Programm. Mehr als 60 000 Menschen waren gekommen, obwohl wegen Terroralarms verschärfte Sicherheitsvorkehrungen herrschten. Kurz zuvor war in der Londoner Innenstadt ein mit Sprengstoff gefüllter Wagen gefunden und seine Ladung entschärft worden.

Hinter den Kulissen beobachteten William und Harry nervös, wie sich das Stadion langsam füllte. Noch nie waren sie vor einer solchen Kulisse aufgetreten. Das Konzert wurde an diesem Abend von zahlreichen Fernsehstationen in aller Welt ausgestrahlt. Seit Tagen schon gingen auch Gerüchte um, Prinz William und Kate Middleton seien wieder ein Paar. Es hieß, er habe sie eingeladen, und sie habe angenommen. Immer wieder suchten die Kameras die Tribüne nach ihr ab.

Die Live-Übertragung begann mit einer Luftaufnahme über dem Stadion, die das Blitzlichtgewitter von den Rängen einfing. Als Erster trat Prinz Harry ans Mikrophon. »Guten Abend, Wembley!«, begrüßte er die begeistert jubelnde Menge. »Dieser Abend ist unserer Mutter gewidmet«, ergänzte Prinz William sichtlich bewegt, »ihrer Freude an Musik und Tanz und ihren Hilfsorganisationen, aber auch ihrer Familie und ihren Freunden.«

Elton John eröffnete die Veranstaltung mit seinem Lied »Your Song«. Sein Flügel stand vor einem überlebensgroßen, von Mario Testino aufgenommenen Foto der »Prinzessin der Herzen«, das die Bühne dominierte. Es wurde ein erfolgreicher Abend, ganz im Sinne der Prinzen erstrahlte das Bild ihrer bewunderten und beliebten Mutter und rief den Mythos wach, der sie zu einer Ikone des 20. Jahrhunderts hatte werden lassen. In einem Interview mit dem britischen Sender BBC hatten William und Harry erklärt, warum sie diese Art der Erinnerung für angemessen hielten. »Zehn Jahre nach ihrem Tod gibt es Leute, die ständig das Schlechte herausgraben«, stellte William fest. »Über die Zeit hinweg scheinen die Menschen vergessen zu haben, welche erstaunlichen Dinge sie getan hat und was für eine besondere Persönlichkeit sie war. Wir glauben, das Konzert ist der richtige Weg, den Menschen dies klarzumachen.« Und Prinz Harry beschrieb, wie die Brüder ihre Mutter noch immer in Erinnerung hatten: »Sie war eine fröhliche, lebhafte Person, die sich um so viele Menschen kümmerte. Alle anderen kamen zuerst, sich selbst stellte sie hintenan. Sie war so fürsorglich. Natürlich sehen wir das so, weil sie unsere Mutter war. Sie war ein sehr freundlicher Mensch, der nicht nur von uns, sondern von sehr vielen vermisst wird.«

Es war eine emotionale Nacht in Wembley. Zehntausende

feierten eine Frau, die die Monarchie durch ihre mitfühlende Art näher zum Volk gebracht hatte, die aber auch durch ihre Indiskretionen ihr Eheleben betreffend der Krone um ein Haar den Todesstoß versetzt hätte. Als die Pop-Band Take That schließlich ihr »Back For Good« anstimmte, fingen die Kameras in der Nähe der königlichen Loge eine fröhlich mitsingende Kate Middleton ein. Es schien wahr zu sein: Ihre Liebesgeschichte mit William war nicht zu Ende. Das Märchen vom Aschenbrödel und dem Prinzen konnte weitergehen. Im Stadion, während der öffentlichen Veranstaltung, hielten die beiden noch Distanz, doch auf der anschließenden Aftershow-Party saßen sie eng aneinandergeschmiegt am Tisch und tanzten schließlich ausgelassen, als der DJ »I Like The Way You Move« spielte. Der Hit der BodyRockers war ihr Lieblingslied. Kate hatte gesiegt. Sie hatte ihren Prinzen mit ihrer bedachten Art zurückerobert. Nun konnte die ganze Welt an ihrem Glück teilhaben.

Schon im Juni 2007, etwa drei Wochen vor dem Konzert im Wembley-Stadion, hatte sich das Schicksal des Paares zum Guten gewendet. Sie hatten sich ausgesprochen und für eine gemeinsame Zukunft entschieden. Noch waren beide vorsichtig im Umgang miteinander, zu sehr hatten sie sich im Streit verletzt. Aber ihre Herzen schlugen wieder im gleichen Takt, und Kate konnte sich nun sicher sein, von William nie mehr im Stich gelassen zu werden. Es war ein Deal: Sie war bereit zu warten, bis er den rechten Zeitpunkt zur Verlobung gekommen sah. Sie hatte während der Zeit der Trennung erkannt, wie sehr sie ihn liebte, und der Gedanke, Prinzessin zu werden, gefiel ihr. Aber für ihre Geduld erwartete sie eine Gegenleistung: William musste sich zu ihr bekennen.

»William hatte eingesehen, was er an ihr hatte«, erzählte Jules Knight. »Sie war bodenständig und nicht berechnend, und sie war zuverlässig. Sie hatte bewiesen, dass es ihr nicht darauf ankam, berühmt zu werden. Sie wollte nicht mit ihm zusammen sein, weil er ein Prinz war, sondern um seiner selbst willen. Das war für ihn entscheidend.«

Für Kate begannen das Warten und die Auseinandersetzung mit Dianas Schatten, dem sie sich nun stellen musste. Nachdem William nun bereit war, die Zukunft mit ihr zu planen, konnte auch sie sich keine Selbstzweifel mehr erlauben. Die hatten Diana noch kurz vor der Hochzeit mit Charles heimgesucht, als ihr längst klargeworden war, dass für sie das Leben in der königlichen Familie wider Erwarten nicht die Erfüllung ihrer Mädchenträume sein würde. Als sie auf einer Autofahrt durch London eine Braut erspähte, die glücklich und erwartungsvoll auf dem Weg zur Eheschließung war, hielt sie an und kurbelte das Fenster herunter. »Lauf, so weit du kannst«, rief sie der verblüfften Fremden zu. Dianas Befürchtungen sollten sich schon bald nach ihrer Hochzeit bewahrheiten. Von da an war sie überzeugt, der Bund fürs Leben käme dem Urteil »lebenslänglich« gleich.

Sah Kate die Gefahr nicht, die auf sie wartete? Oder war sie sich sicher, stärker zu sein als ihre berühmte und tragische Vorgängerin, die Prinzessin von Wales?

Judy Wade äußerte sich skeptisch: »Kate denkt, alles wird wunderbar. Sie gehört zu der jungen Generation, die meint, mit allem fertig zu werden. Außerdem ist sie davon überzeugt, dass William schon alles richten wird. Dabei machte er damals einen großen Fehler, als er Kate den Paparazzi zum Fraß vorwarf. Charles hätte das niemals getan, bis zum Tag der Verlobung hatte man ihn nie zusammen mit Diana gesehen.«

William, das unterscheidet ihn von seinem Vater, ist ein eher konfrontativer Charakter. Er wollte seine Liebe nicht mehr verstecken – und handelte danach. Doch je länger die

Beziehung dauerte, desto besorgter fragten sich die Beobachter, welchen Preis Kate für ihre Treue zu ihrem Prinzen zahlen würde. »Waity Katie«, dieser Spitzname haftete ihr schon bald an. Immer nur warten, war das eine angemessene Lebensform für eine moderne junge Frau?

Wie Diana hatte Kate auffällig stark abgenommen, ihre Arme und Beine waren nicht mehr schlank, sondern besorgniserregend dünn. Auf Fotos in schicken, enganliegenden Designerkleidern der angesagten britischen Modemarke Issa wirkt das vielleicht modisch, doch war das noch gesund? Diana hatte in den Wochen vor ihrer Hochzeit ständig mehr Pfunde verloren, was die Designer ihres Brautkleids, das Ehepaar David und Elizabeth Emanuel, beständig zwang, den Seidenstoff ihrer Korsage enger zu fassen.

Viele Fragen tauchten in der Boulevardpresse auf, doch Kate gab keine Antworten. Sie wurde zu einem Enigma, zu einem Rätsel, zu einer stummen, geheimen Projektionsfläche, die Anlass zu mannigfaltigen Spekulationen gab. Schweigend ertrug sie, als »faul und nutzlos« abgestempelt zu werden, weil sie trotz ihres guten Examens nach dem Kunstgeschichtsstudium keinen Job ergriff. Rund um die Uhr, so lästerten böse Zungen, warte sie auf William, bis der sich ihrer erbarme.

Das Gerede schmerzte umso mehr, als Kate tatsächlich im Versandhandel ihrer Eltern beschäftigt war, aber eben nicht in aller Öffentlichkeit, sondern hinter den verschlossenen Toren des Familienbetriebs im beschaulichen Berkshire. Dort gestaltete sie Kataloge und entdeckte ihre Leidenschaft für Fotografie, die sie gern zu einem Beruf ausgebaut hätte. Aber wie wäre das möglich gewesen? Sie hatte schon ihren Job bei Jigsaw aufgeben müssen, da der Druck der Paparazzi zu groß geworden war. So blieb nur die familiäre Lösung: Das Abtauchen in die Produktion von »Party Pieces«, wie sich die Firma der Middletons nennt. Das Unternehmen wird häufig unterschätzt, da es mit so scheinbar nebensächlichen Dingen wie Party-Zubehör handelt. Doch die Middletons haben damit Millionen gemacht, und augenblicklich bereiten sie sich auf eine Souvenirlinie zu den Olympischen Spielen 2012 vor.

Lange Zeit schien Kate eine Gefangene ihrer eigenen Wünsche und der Realitäten einer gnadenlosen Medienwelt. Jahre vergingen, in denen andere junge Frauen ihres Alters ihre Freiheit genossen, Karriere machten oder eine Familie gründeten. Die Freundin des Prinzen zu sein machte dies für das Mädchen aus der gehobenen Mittelschicht unmöglich. Andere wären längst ungeduldig geworden und aus einer so komplizierten Beziehung ausgestiegen. Nicht so Kate. Sie wird als sehr entschlossene Persönlichkeit beschrieben, die sich auf ihre eigenen Ziele konzentriert. Mit ihrer Diskretion und ihrem Durchhaltewillen hat sie sich nicht nur die Liebe ihres Prinzen bewahrt, sondern auch die Achtung der Queen. Sie scheint perfekt in die Royal Family zu passen. Blickt man auf das Leben Kates zurück, die über acht Jahre lang geduldig auf den ersehnten Heiratsantrag gewartet hat, vermittelt sie ein eher altmodisches Bild einer viktorianischen Prinzessin. Noch weit in ihren Zwanzigern lebte sie bei ihren Eltern, unternahm Reisen nur mit William, blieb immer im Hintergrund – ohne auch nur einmal die Contenance zu verlieren.

Für die Windsors ist eine solche Haltung perfekt. Da spielt es keine Rolle mehr, dass sie ein Mädchen aus dem Volk ist. William ist kein Snob, er denkt nicht in solchen Kategorien. Außerdem ist aus der Sicht eines künftigen Königs jeder bloß ein Untertan, ganz gleich ob Herzog, Unternehmer oder Bauer. Vorwürfe, er heirate unter seiner Würde, lässt William an sich abprallen. Kates Vater, Michael Middleton, war für ihn schon vor der Verlobung »Dad«, das wiegt mehr als jeder Adelstitel. Für ihn ist im Hinblick auf seine Braut neben der Liebe nur eines wichtig: Sie muss bereit und fähig sein, das Leben im goldenen Käfig mit ihm zu teilen.

Außenstehende sehen einzig den Glamour und Reichtum eines privilegierten Daseins im Blitzlichtgewitter der Medien. Doch in Wahrheit ist der Job der Queen und ihrer Familie eher nervtötend langweilig. William hat lange darum gekämpft, nicht schon zu früh in den adeligen Zirkus eingespannt zu werden. Denkmäler enthüllen, Fabriken eröffnen, Kindergärten einweihen – tagein, tagaus, das wird einmal seine Aufgabe sein. Eine düstere Perspektive für einen jungen Mann, der sich mit großem Engagement in Afrika für die Erhaltung der Natur engagiert, der die Freiheit als ein hohes Gut schätzt, da sie für ihn nicht selbstverständlich ist. Kate wird das repräsentative Leben mit ihm teilen müssen, ob sie es mag oder nicht.

Warum nur will sie ihn so unbedingt heiraten? Diese Frage wurde oft gestellt. William ist gutaussehend und reich, und er und seine Nachkommen werden einst auf dem Thron von Großbritannien sitzen. Das kann für eine junge Frau sehr attraktiv sein, aber lohnt sich deswegen der freiwillige Verzicht auf die persönliche Freiheit? »Vielleicht«, so sinnierte Judy Wade, »wird Kate eines Tages ebenso wie Diana auf ihre Hochzeit zurückblicken und sagen: ›Ich habe das Falsche getan.‹ Aber ich glaube, William liebt sie, und er verspricht ihr, das alles gutgehen wird und sie ein großartiges Team werden. Hoffen wir, dass es so kommt.«

William trägt schon jetzt die ganze Last der Monarchie auf seinen Schultern. Seine Ehe darf nicht scheitern wie die seiner Eltern, denn das könnte leicht das Aus für die britische Monarchie bedeuten. Noch einen Skandal wie bei Charles und Diana würden die Windsors vielleicht nicht mehr verkraften. Das Königshaus wirkt ein bisschen angestaubt, mit der über achtzigjährigen Queen Elizabeth auf dem Thron und einem Thronfolger in den Sechzigern. Die junge Generation könnte das Interesse an der ehrwürdigen Institution der Krone verlieren, deshalb wird ein junges Paar an der Spitze als willkommene Frischzellenkur angesehen. Nur mit erfolgreicher Selbstvermarktung wird es den Royals gelingen, sich auf dem Thron zu halten, und mit einer Märchenhochzeit geben sie ein Versprechen ab: Die Dynastie wird fortbestehen! Nur so kann sich das Volk mit ihr identifizieren. Kleine Kinder im Palast haben etwas Beruhigendes, sie sind ein lebendiges Zeichen, ein »Weiter so«, die Briten bezeichnen dies als *»Keep calm and carry on«*. Kates Aufgabe wird es sein, den royalen Nachwuchs zur Welt zu bringen.

Ihre Startchancen sind aber um Längen besser als die der unbedarften Diana. William und Kate konnten sich erproben, haben viele Jahre in relativer Abgeschiedenheit ein ganz normales Leben geführt, nach dem sich der bodenständige Prinz seit dem Tod seiner Mutter gesehnt hatte. Gut möglich, dass sich die Geschichte nicht wiederholen wird, denn der smarte William hat aus Charles' Fehlern gelernt. Der sagte einst: »Wenn ich eine Ehefrau wähle, sollte mein Verstand das Sagen haben, nicht mein Herz.« Sein ältester Sohn hat genau das Gegenteil getan. Seit er Catherine Elizabeth Middleton zum ersten Mal auf dem Campus der Universität von St. Andrews begegnete, gab sein Herz den Takt an.

Zielstrebig setzte der Prinz in den nächsten Jahren seine Ausbildung zum Offizier fort, indem er die verschiedenen Truppenteile der britischen Streitkräfte durchlief. Nach einem Kurs, der ihn zum Führen von Panzern qualifizierte, folgten Stationen bei der Navy und der Air Force. Im Januar 2008 begann dann auf der RAF-Basis Cranwell schließlich Williams Ausbildung zum Piloten, auf die er all die Jahre voller Erwartung hingearbeitet hatte. Die Fliegerei war sein Traum, seit seine Mutter Diana ihm als kleinem Jungen erlaubt hatte, den Helikopter seines Vaters zu inspizieren. Sein Quartier auf der Luftwaffenbasis, die zu den ältesten der Welt zählt, war spartanisch. Fünfzehn Quadratmeter groß, nur mit einem Bett, einem Einbauschrank und einem angrenzenden kleinen Badezimmer ausgestattet. Charles hatte seinen Sohn vorgewarnt, denn er kannte die Unterkunft, da er selbst an diesem Ort seine Pilotenausbildung absolviert hatte. Es würde auf Cranwell wenig Ablenkung geben und wenig Möglichkeiten, die karg bemessene Freizeit mit Freunden zu verplanen, hatte er ihm erklärt. Doch William hatte inzwischen erfahren, was er zu leisten imstande war.

Zwei Jahre lagen zwischen seinem Abschied aus der Kadettenanstalt Sandhurst und seinem Eintritt in die Air Force, eine Zeit, die ihn in vieler Hinsicht reifer gemacht hatte. Er war mehr denn je davon überzeugt, den richtigen beruflichen Weg eingeschlagen zu haben. Auch von Kate wusste er inzwischen, wie sehr er auf sie bauen konnte. Nach ihrer kurzen Trennung 2007 waren sie nun fester liiert als jemals zuvor, und selbst eine längere Abwesenheit Williams konnte die beiden nicht mehr auseinanderbringen.

Gelegentlich war es dem Prinzen möglich, seine freie Zeit dazu zu nutzen, nach London zu fahren. Mit Kate traf er sich dann in Clarence House, der Residenz seines Vaters, wo er ein Appartement besaß. Seit geraumer Zeit verfügte Kate über ihren eigenen Schlüssel zu diesem und ging dort ein und aus. Sie hatte während seiner Abwesenheit sogar neue Tapeten besorgt und seine Zimmer renovieren lassen. An manchen Wochenenden lebten sie wie ein schon lange verheiratetes Paar, kochten zusammen und sahen nach dem gemeinsamen Essen fern. Zu Zeiten von Charles und Diana wäre eine solche Ehe auf Probe im Königshaus undenkbar gewesen, doch die Queen hatte sich inzwischen entschlossen, die strengen Regeln ein wenig zu lockern. Ihre Enkel sollten die Chance haben, in ihren Beziehungen testen zu können, ob sie mit ihren Partnern auf Dauer harmonierten.

Der Prinz war glücklicher denn je. Lange hatte er bangen müssen, ob man ihn überhaupt zur Pilotenausbildung zulassen würde, denn er war von Geburt an kurzsichtig. Doch diese Sorge erwies sich als unbegründet: Es musste ihm lediglich eine Spezialbrille angepasst werden. Dass diese weniger attraktiv war als seine privaten Gläser, konnte er gerade noch verschmerzen.

Alkohol war während der Ausbildung verboten, nur an den Wochenenden genehmigten sich die Flugschüler im örtlichen Pub ein paar Bier zu ihren traditionellen Fish and Chips. Ausgelassene Nächte in den Szeneclubs der Hauptstadt London gehörten endgültig der Vergangenheit an.

Am 11. April 2008 erhielt William schließlich die begehrte Fliegerspange in Form zweier Flügel, die deshalb auch »Wings« genannt wird. Nun war er Pilot der Royal Air Force, wie zuvor sein Vater, sein Großvater und sein Urgroßvater König George VI. Charles überreichte William selbst die Auszeichnung, als Thronfolger war er der Oberbefehlshaber der Luftstreitkräfte. Immer wieder war spekuliert worden, William werde nach seiner Ausbildung zum Piloten seine Karriere in der Armee beenden, um sich stärker in die Arbeit der königlichen Familie einbinden zu lassen. Ein junges Gesicht, so argumentierten viele, würde der Monarchie zu besseren Sympathiewerten bei der Bevölkerung verhelfen. Doch der Prinz, der selbst von guten Freunden als ziemlich eigensinniger Charakter beschrieben wird, wollte nicht zu einer Entscheidung gedrängt werden. »William ist da wie seine Mutter«, hatte Tom Bradby beobachtet. »Diana konnte ziemlich eisern sein, wenn sie sich etwas in den Kopf gesetzt hatte. Darin gleicht er ihr. William ist ebenso charmant wie sie, ebenso großzügig, aber er ist manchmal genauso stur wie sie.«

Auch diesmal war William wieder fest entschlossen, seinen eigenen Weg zu gehen. Wie schon am Ende seines Studiums dachte er lange darüber nach, welche Funktion zu ihm passen könnte und ihm den von ihm gewünschten zurückgezogenen Lebensstil ermöglichen würde. Im September 2008 hatte er schließlich seine Entscheidung getroffen – und überraschte wieder einmal alle damit. Er wollte ein Ausbildungsprogramm zum Piloten für Einsätze mit dem Rettungshubschrauber absolvieren. »Während meiner Ausbildung bei der Royal Air Force ist mir klargeworden, wie sehr ich die Fliegerei liebe«, begründete William seinen Schritt.[32] Das Training und der anschließende drei Jahre dauernde Einsatz als Rettungspilot würden ihn bis zum Jahr 2013 vor allzu vielen öffentlichen Auftritten bewahren. Es war die ideale Kompromisslösung für den künftigen Oberbefehlshaber der Streitkräfte: Obwohl man ihn wohl niemals in Kriegsgebiete schicken würde, konnte er dennoch eine sinnvolle Aufgabe erfüllen. Seit Prinz Harry in Afghanistan war, beneidete William seinen Bruder um die Erfahrungen, die er dort gesammelt hatte. »Das ist es doch, wofür wir ausgebildet werden«, vertraute er einmal einem Besucher der Bar »Whisky Mist« an. »Ich würde gern das tun, was Harry macht. Wir wollen doch an die Front. Ich bin eifersüchtig auf ihn, um ehrlich zu sein. Hoffentlich werde ich meine Chance bekommen.«[33]

Menschen aus Seenot zu retten ist eine ebenso achtbare Angelegenheit. Tatsächlich sind die gelben Sea-King-Helikopter im britischen Fernsehen häufig bei Rettungseinsätzen zu sehen, da sie nicht nur in der Nähe ihres Stützpunkts an der Irischen See operieren, sondern ebenso in anderen schwerzugänglichen Gebieten Großbritanniens. Williams ausdrücklicher Wunsch war es, in Anglesey auf der RAF-Basis Valley stationiert zu werden. Auch wenn er selbst niemals in einem Kriegseinsatz kämpfen würde, konnte er doch von den Erfahrungen seiner Kameraden der Royal Air Force profitieren: Neben den Sea-King-Hubschraubern waren in Valley Kampfjets der britischen Luftstreitkräfte stationiert. Bevor die Piloten nach Afghanistan oder in den Irak geschickt wurden, durchliefen sie ein spezielles Ausbildungsprogramm, bei dem sie Einsätze über den unterschiedlichsten Geländeformationen trainierten, sei es im Tiefflug über den Snowdonian Mountains oder über der Küste. Oft türmten rauhe Winde, vom Atlantik herkommend, meterhohe Wellen auf, die nicht nur für die Jets eine Herausforderung darstellten, sondern vor allem für die langsam fliegenden Rettungshubschrauber.

Anglesey, so schwärmten Piloten, sei zudem ein idealer Ort, um eine Familie zu gründen. Die Basis verfüge über eine Kinderbetreuung und eine eigene Schule. Vielleicht für die Zukunft keine unwichtigen Einrichtungen für William und Kate, wenn sie nach ihrer Trauung wieder nach Nordwales zurückkehren. Die Queen hatte zu Beginn ihrer Ehe mit Prinz Philip ebenfalls als Offiziersfrau auf einem Marinestützpunkt auf Malta gelebt – offenbar kein schlechter Start, denn die beiden sind seit über sechzig Jahren verheiratet.

16
Zwischen Tradition und Moderne

Neben dem Militär ist die Wohltätigkeit eine der wichtigsten Aufgaben der Monarchie. Prinz William zeigte hier schon mehrfach persönlichen Einsatz. Manchmal wurde er in einer Gegend Londons gesehen, in der man üblicherweise keine Mitglieder der königlichen Familie erwartete.

Es war noch früh an einem Dezembermorgen im Jahr 2007, als sich die Tür zum Obdachlosenheim von Centrepoint in London öffnete. William, in Jeans und dunkelgrünem Wollpullover, war gekommen, um die Jugendlichen zu überraschen, die hier übernachtet hatten. Anthony Lawton, der Chef der Einrichtung, reichte dem Prinzen zwanglos die Hand. Heute gab es kein Protokoll. Der Besuch lag William am Herzen. Centrepoint, eine Hilfsorganisation, die obdachlosen Jugendlichen eine neue Perspektive im Leben zu geben verspricht, war ursprünglich ein Wohltätigkeitsprojekt Prinzessin Dianas. Seit September 2005 hatte William diese Aufgabe übernommen. Reden, so wusste er inzwischen aus Erfahrung, half wenig, um diesen jungen Menschen Mut zu machen. Es war besser, selbst mit Hand anzulegen.

William ging geraden Weges in die Küche, in der er sich bereits bestens auskannte. Es war nicht das erste Mal, dass er sich hier nützlich machte. Während er Kaffee kochte und den Toast zubereitete, lehnte Anthony lässig an der Theke und informierte den Prinzen über die neuesten Entwicklungen. Kürzlich hatte er eine Firma dazu gebracht, Spenden von einer Million Pfund einzutreiben. »Wirklich? Das ist phantastisch«, sagte William erfreut.[34]

Allmählich füllte sich der Raum mit Leuten, die verschlafen und ungläubig umhersahen. War es tatsächlich der künftige König, der ihnen hier gerade das Frühstück zubereitete? Als Stuart Cox durch die Türe trat, ging der Prinz mit einem breiten Lächeln auf ihn zu und schüttelte ihm die Hand. Beide waren im selben Alter, doch das Schicksal hatte die Wiege des einen in einen Palast gestellt, während der andere in armen Verhältnissen aufgewachsen und schließlich auf der Straße gelandet war. Dank Centrepoint hatte Stuart inzwischen aber wieder einen Job und ein Dach über dem Kopf. William kannte seinen Lebenslauf und versicherte ihm, wie wichtig sein Beispiel für andere Menschen sei, die in einer ähnlichen Misere steckten. Obdachlosigkeit sei nicht das Ende. »William hörte zu und zeigte sich mit uns verbunden«, erzählte Stuart später, noch immer beeindruckt vom überraschenden Besuch des Prinzen.

Wie stets so kurz vor Weihnachten gab es viel zu tun, und Anthony Lawton war froh, dass er wieder einmal moralische Unterstützung von einem Mitglied des Königshauses erfahren hatte.

William meinte es ernst mit seinem Engagement. Später, im Dezember 2009, würde er sogar mit Jugendlichen in einem Schlafsack und neben Mülltonnen in der Nähe der Londoner Blackfriars Bridge übernachten, um auf ihr Schicksal aufmerksam zu machen. Weil er dies alles tat, hatte er den Obdachlosen das Gefühl gegeben, auch etwas wert zu sein, so fasste Anthony die Mission von William zusammen. Seit der Finanzkrise 2008 und dem folgenden wirtschaftlichen Abschwung in England hatte sich die Zahl der Menschen, die auf der Straße lebten, um ein Viertel erhöht –

in weniger als zwei Jahren. Diejenigen, die in sozialen Einrichtungen ein notdürftiges Zuhause gefunden hatten, waren da überhaupt noch nicht mitgezählt.

»Es gibt viele Gründe, warum jemand obdachlos werden kann«, schrieb William im Dezember 2010 in der Straßenzeitung *The Big Issue*. »Familien brechen auseinander, es gibt Erwerbslosigkeit, Alkohol- und Drogenabhängigkeit, die die Menschen verzweifeln lassen. Oft tragen sie daran keine Schuld.« Der Prinz hatte durch seine Schirmherrschaft bei Centrepoint viele dieser Verzweifelten kennengelernt. Es waren vor allem die jungen Menschen unter ihnen, fast noch Kinder, die sein Mitgefühl geweckt hatten. Aber er hatte auch erlebt, wie durch die Arbeit der Hilfsorganisation viele von ihnen wieder neue Hoffnung schöpften. Sie hatten die Unterstützung angenommen, genutzt und wieder begonnen, einen eigenen Weg zu gehen. »Ich fühle mich enorm privilegiert, mit diesen Menschen verbunden zu sein«, beendete William seinen Gastbeitrag für die Obdachlosenzeitung.

Es ist das Engagement für soziale Zwecke, das der Monarchie in Großbritannien Bedeutung über die rein repräsentative Rolle hinaus verleiht. Centrepoint ist nur eine von annähernd zwanzig Hilfsorganisationen, für die der Thronfolger die Schirmherrschaft übernommen hat. Er ist außerdem Vorsitzender des englischen Fußballverbands FA, eine Aufgabe, die den Anhänger des Clubs Aston Villa begeistert. Im Sommer 2010 fuhr er mit seinem Bruder Harry nach Südafrika, um die »Three Lions«, die Nationalelf, bei der Weltmeisterschaft zu unterstützen. Sie nutzten die Reise auch, um sich auf dem Schwarzen Kontinent umzusehen.

William und Harry haben in Afrika ihre jeweils eigenen Hilfsorganisationen, die sie persönlich unterstützen. In Lesotho hat der jüngere Bruder Sentebale gegründet, was so viel heißt wie »Vergissmeinnicht«. Er will damit an das Werk seiner verstorbenen Mutter erinnern, die als eine der Ersten auf die Problematik der vielen Aids-Waisen in den afrikanischen Ländern aufmerksam gemacht hatte.

William hat sich des Tusk Trust angenommen, der sich in vielen Projekten um den Schutz wilder Tiere und um die Stärkung der dörflichen Gemeinschaften bemüht. Eines davon war das Bildungszentrum »Mokolodi Nature Reserve« in Botswana, das William und Harry gemeinsam im Juni 2010 besuchten. Tagelang hatten sich die Bewohner des Naturschutzparks auf die Visite vorbereitet. Ihre Geduld wurde auf eine harte Probe gestellt, denn nur langsam konnte sich die Kolonne aus gepanzerten Limousinen auf dem staubigen Gelände voranbewegen. Hunderte von Kindern traten von einem Bein auf das andere, sie konnten es kaum erwarten, die weißen Prinzen aus Europa endlich mit eigenen Augen zu sehen. Und die Älteren wollten ihnen über ihr Engagement berichten. Auf 4500 Hektar Land hatte Tusk an der Grenze zu Gabarone ein Naturparadies geschaffen, in dem Jugendliche in Camps über den Wert von Landschaftspflege für die dörflichen Strukturen unterrichtet wurden und in denen man ihnen die Bedeutung eines natürlichen Gleichgewichts im modernen Botswana vermittelte. Die Jungen und Mädchen wuchsen in einem Afrika auf, wie es sonst nur in den romantischen Erzählungen großer Schriftsteller wie Tania Blixen und Ernest Hemingway vorkam – und dessen schützenswerte Flora und Fauna nur durch die Unterstützung mit Geldern aus dem Tourismus überleben konnten.

Im Gefolge von William und Harry war wie immer ein Tross von Berichterstattern unterwegs, die unermüdlich nach attraktiven Fotomotiven suchten. So kam es zu einer arrangierten Begegnung der Prinzen mit einer der gefährlichsten Schlangen des afrikanischen Kontinents, einer zweieinhalb Meter langen Python. Wer von den beiden sich mehr vor dem riesigen Reptil fürchtete, war nicht leicht auszumachen, aber dann war es Harry, der mit einem entsetzten »Wow!« den Rückzug antrat, als einer der Wildhüter ihm die Schlange um den Hals winden wollte. Schließlich gab er dem Drängen der Kinder nach, die um ihn herumstanden, und ließ sie sich dann doch noch über den Rücken legen. Als er den Kopf des Tieres in der Hand hielt, deutete er damit in Williams Richtung. »Halt sie nicht in mein Gesicht«, warnte dieser den jüngeren Bruder, der nun immer übermütiger zu werden schien. Es war ein besonders symbolträchtiges Bild. Die beiden Prinzen beschäftigten sich mit einer Schlangenart, die in Botswana als königliche Beute gilt, weil sie nur von den Monarchen des Landes gefangen oder getötet werden darf – die Fotografen hatten ihr gewünschtes Motiv.

In Afrika, so hatte William oft betont, fühle er sich wie zu Hause. Seine Mutter hatte den Kontinent häufig besucht und mit ihren Erzählungen eine Sehnsucht in ihm als Kind geweckt, die er, wie er meinte, nur dort, in der wilden und freien Natur, ausleben könne. In seinem Dasein als Prinz käme ihm vieles oft unrealistisch vor. In Afrika aber könne er sich so geben, wie er wirklich sei. Vielleicht war es deshalb eine selbstverständliche Entscheidung gewesen, seiner zukünftigen Frau Kate Middleton in Kenia den Heiratsantrag zu machen. »Wir hoffen, bald zurück zu sein«, hatten sie in das Gästebuch der Rutundu Lodge geschrieben. Möglicherweise sogar schon zur Hochzeitsreise, spekulierte die britische Presse, die besondere Verbundenheit Williams mit Afrika in Betracht ziehend.

Nach seiner Hochzeit, so hieß es aus Palastkreisen, werde Prinz William die Anzahl seiner Pflichten vorläufig nicht ausdehnen. Was das anbelangte, sei er noch immer kein vollwertiges Mitglied des königlichen Business. Seine wichtigste Funktion blieb die eines Offiziers der Royal Air Force.

Kurz nach der Verlobung hatten sich erwartungsgemäß im St. James's Palace auch die Anfragen nach gemeinsamen Auftritten von William und Kate gehäuft.

Doch nach wie vor reagierte der Prinz zögerlich, vor allem, wenn es um gemeinsame Termine mit Prinz Charles ging. Zu sehr fürchtete er, seine Anwesenheit könne von den Anliegen des Thronfolgers ablenken, der sich bekanntlich gern zu Fragen der Architektur und der nachhaltigen Landwirtschaft äußerte. Für William, so erklärten Informanten aus dem Umfeld des Hofes, stehe es außer Frage, dass sein Vater der nächste Monarch Großbritanniens sein würde. Er sei sehr stolz auf seine Mutter Diana, teile aber nicht deren Überzeugung, er wäre besser geeignet, die Krone zu tragen als Charles. »Beide wollen den natürlichen Lauf der Dinge nicht behindern. Es gibt im Innern des Palastes keine Überlegungen, eine Generation zu überspringen«, zitierte der *Sunday Telegraph* eine Quelle, die anonym bleiben wollte.[35]

Das zurückhaltende Auftreten Williams sollte aber auch Kate die Möglichkeit geben, langsam in ihre neue Rolle hineinzuwachsen. Mit der Zeit werde sie ihre eigenen Projekte verfolgen, hieß es weiter aus Clarence House. Vorläufig fühle sie sich aber noch als »Auszubildende«, wie sie in ihrem Verlobungsinterview mit Tom Bradby bekannt hatte: »Es ist eine beängstigende Perspektive, aber ich werde hoffentlich damit fertig werden. Und William ist ein guter Lehrmeister und wird in der Lage sein, mir zu helfen.«

An der Hand Dianas hatte Prinz William seine ersten Erfahrungen mit dem Medienzirkus gemacht, nun war er es, der seiner Braut zu einem guten Start in ihr Leben als Prinzessin verhelfen musste. Kate mochte aus seinen Erzählungen bereits eine Vorstellung davon gewonnen haben, wie es hinter den Mauern des Palastes zuging. Doch erst als seine Frau würde sie selbst hinter die Kulissen blicken können.

Und sicherlich wird sie eines Tages Arthur Edwards begegnen, dem dienstältesten Fotografen im »Royal Ratpack«, wie die Korrespondenten britischer Zeitschriften und Fernsehstationen genannt werden, deren ausschließliche Aufgabe es ist, die königliche Familie zu begleiten und über die großen Events wie auch die kleinen Routinejobs zu berichten. Insgesamt sind es etwa vierzig Journalisten. »Dieses lebenslängliche Dasein im elektronischen Goldfischglas, wie es Kate bevorsteht, ist eine gewaltige Herausforderung«, urteilte Arthur Edwards. »Jeder wird sie beobachten, wenn sie schwanger ist, wenn sie ihre ersten Statements abgibt und wenn sie auf Reisen geht. Aber sie will diesen Job offensichtlich machen, denn sie ist entschlossen, William zu heiraten. Sicher hat sie darüber sorgfältig nachgedacht. Aber es sich vorzustellen oder es tatsächlich zu erfahren, das sind zwei ganz verschiedene Dinge.«

Edwards wusste, wovon er sprach. In seinem Job ist er der Queen in über fünfzehn Jahren mehrmals rund um die Welt gefolgt. Er wurde für seine unermüdliche Berichterstattung von der Königin sogar mit dem MBE-Orden (Member of the Most Excellent Order of the British Empire) ausgezeichnet. Sein Verhältnis zu den Mitgliedern des Königshauses ist entspannt, sogar der medienscheue Prinz William fühlt sich in seiner Gegenwart wohl und wechselt schon mal ein scherzhaftes Wort mit ihm, wenn er ihn im Pulk des »Ratpack« entdeckt. Er weiß: Es ist ein Geben und Nehmen, denn die Monarchie wäre nichts ohne das öffentliche Bild, das die Presse von ihr zeichnet. Das musste schon Queen Victoria lernen, die ja die Krone aufs Spiel gesetzt hatte, als sie sich nach dem Tod ihres Ehemannes nicht mehr in der Öffentlichkeit zeigte. Sie erfuhr, wie schnell ihre Untertanen das Interesse an ihr verloren und fragten, wofür die Königin eigentlich bezahlt werde.

Die Präsenz der Royals ist heute, im Zeitalter der elektronischen Berichterstattung, noch wichtiger geworden. Buckingham Palace und Clarence House verfügen über Büros, deren Sprecher für alle Medien zugänglich und ansprechbar sind. Das war zu Beginn der Regentschaft Queen Elizabeths noch ganz anders, damals hieß die strikte Regel im Umgang mit der Presse: »*No comment* – kein Kommentar.« Ihr damaliger Sprecher sah im Journalismus einen Beruf, der nur knapp oberhalb der kriminellen Existenz zu bewerten war. Inzwischen geht man professioneller miteinander um. Niemals würden geheime Informationen die königlichen Pressebüros verlassen, aber man steht Rede und Antwort. Und man beobachtet die Berichterstattung.

Arthur Edwards war dabei, als die Mutter von William und Harry in derselben Rolle war wie Kate Middleton heute. »Als sich Prinz Charles mit Diana verlobte, haben wir ihm ein Glückwunschtelegramm geschickt«, erinnerte sich Edwards. »Er schrieb mir zurück: ›Vielen Dank für Ihre guten Wünsche, ich hoffe, sie werden überflüssig sein.‹ Von da an war ich mit ihnen auf Reisen, fast ununterbrochen. Diese siebzehn Jahre mit Charles und Diana waren faszinierend. Und selbst nach ihrer Scheidung vertrat die Prinzessin von Wales unser Land noch großartig. Wir Fotografen würden uns freuen, wenn Kate nun diese Rolle übernehmen würde. Wir brauchen endlich wieder eine Prinzessin, die man in den Zeitungen auf der Seite eins sehen will. Dann wird auch das Interesse an der Royal Family steigen.«

Wie Arthur Edward kann es der Rest des »Ratpacks« kaum erwarten, endlich mit William und Kate um die Welt zu touren. Schon kurz nach der Verlobung wurde heftig spekuliert, wohin ihre erste gemeinsame Reise im Namen der Krone gehen könnte. Viele tippten auf Afrika, aber Australien lag ebenso hoch im Kurs. Hier ist die Queen noch immer das Staatsoberhaupt, aber die republikanische Bewegung wird mit jedem Jahr stärker. Bereits im Sommer 2010 hatte William den Fünften Kontinent besucht, es war ein privater Abstecher nach einem offiziellen Besuch in Neuseeland. Viele der Menschen, die ihm auf dieser Reise begegneten, hatten schon seine Mutter Diana geliebt und verehrt und waren begeistert, nun ihrem ältesten Sohn die Hand schütteln zu dürfen. Aber es waren diesmal viele junge Leute gekommen, die einfach nur neugierig waren auf diesen charmanten Prinzen aus dem fernen Mutterland. Die Begeisterung war den Republikanern ein Dorn im Auge, hoffen sie doch in naher Zukunft darauf, sich von der Monarchie trennen zu können. Käme er als Nächstes mit Kate zu einer offiziellen Visite, würde dies das Interesse des Königshauses an Australien nachhaltig bestätigen.

Doch er hatte sich schon während seiner eigenständigen Visite viele Sympathien gesichert. William ließ sich zu einer Siedlung im Bundesstaat Victoria bringen, die von verheerenden Buschfeuern zerstört worden war. Eine ältere Dame, die ihr Haus verloren hatte, wartete auf den Prinzen, um ihm über ihr Schicksal zu berichten. Als sie ihm die Hand gab, begrüßte sie ihn schlicht mit William, um gleich darauf ihren Fehler zu bemerken und sich zu entschuldigen. Doch der königliche Besuch beruhigte sie mit einem herzlichen Lächeln. »Nur William, das ist genau richtig«, versicherte er.

Nur wenige Reporter hatten diese Szene beobachtet, unter ihnen der langjährige Korrespondent und Biograph Robert Jobson. Er beschrieb nachträglich seinen Eindruck vom Auftreten des Prinzen: »In diesem Augenblick konnte ich das Wesen dieses Mannes erfassen. Ihm wohnt eine mitfühlende Seele inne – seine Mutter könnte stolz auf ihn sein, ebenso wie sein Vater.«[36]

Kate Middleton, die bis zu ihrer Hochzeit ein eher behütetes und zurückgezogenes Leben geführt hatte, wird nun lernen müssen, auf diejenigen zuzugehen, denen Schlimmes widerfuhr. Krankheit, Unglück, Unfälle, Kriegsverletzungen, immer wieder werden Menschen durch solche Schicksalsschläge aus ihren gewohnten Bahnen gerissen und bedürfen des Trostes. Hier sehen die Royals ihr angestammtes Betätigungsfeld, seit der deutsche Prinz Albert von Sachsen-Coburg und Gotha im 19. Jahrhundert das soziale Gewissen des britischen Königshauses geweckt hatte. Er konnte seine Frau Queen Victoria davon überzeugen, dass Wohltätigkeit ein wichtiges Feld war, auf dem sich die Royal Family vorteilhaft inszenieren konnte. Die Historikerin Karina Urbach schrieb in ihrer Biographie Queen Victorias über Prinz Albert: »Er arbeitete an unzähligen Projekten, unter anderem unterstützte er Bildungsprogramme für Arbeiter, förderte den sozialen Wohnungsbau und eine allgemeine Verbesserung der hygienischen Verhältnisse durch eine neue Kanalisation. Victoria selbst war Patronin von 150 wohltätigen Vereinen, und ihre Geldspenden für Institutionen und Einzelpersonen betrugen fünfzehn Prozent ihres Einkommens. Ihre Spendenwilligkeit basierte auf der Hoffnung, dass damit die ›unteren Schichten‹ gewonnen werden konnten. Dies entsprach ganz dem paternalistischen Denken der Oberschicht: Eine Vater-Kind-Beziehung mit der einfachen Bevölkerung stabilisierte die Herrschaft.«[37]

Großbritannien gilt noch immer als Klassengesellschaft, doch haben sich die Verhältnisse seit dem 19. Jahrhundert hier natürlich gewandelt. Von einem paternalistischen Verhältnis zwischen Krone und Bevölkerung kann längst keine Rede mehr sein. Was aber geblieben ist, scheint der Wunsch vieler zu sein: zu ihrem Königshaus aufsehen zu können, ihren Nutzen zu erkennen und in schwierigen und tragischen Situationen des Lebens im Palast den Rückhalt einer Art kollektiver Klagemauer zu spüren. Die junge Generation der Royals scheint dies erkannt zu haben. Nach seinen

Plänen für die Zukunft gefragt, antwortete William: »Wir müssen sehen, ob wir Neues entwickeln müssen. Sicher gibt es Momente, in denen man nicht mehr ist als ein Ornament, Hände schüttelt und Mitgefühl zeigt. Aber ich glaube, es gibt noch viel mehr zu tun.«[38] Bevor der Prinz seinen eigenen Stil entwickelt, wird er die Bedürfnisse einer modernen Gesellschaft erkennen müssen, wird er verstehen müssen, warum sich so viele junge Leute ohne ausreichende Perspektive in einem Land sehen, in dem Wirtschaftskrise und Arbeitslosigkeit tiefe Spuren hinterlassen haben. Mit einer Frau an seiner Seite, die nicht in Palästen groß geworden ist, sondern aus der Mitte des Bürgertums stammt, könnte dies für ihn leichter sein als noch für seinen Vater.

Ihre Trauung, so vermuteten viele, wird ein erster Schritt zu einer frischeren Variante des Königtums sein. »Diese Hochzeit wird alle fröhlich stimmen«, glaubte Judy Wade. »Jeder mag eine Liebesgeschichte. Großbritannien wird aufleben, denn wir haben schon viel zu lange eine schreckliche Rezession, die uns so depressiv stimmt. Also werden wir diese Hochzeit genießen, uns auf die Straße stellen und ihnen zujubeln an ihrem großen Tag. Das ist genau das, was unser Land jetzt braucht.« Wie viel Einfluss das hoffnungsvolle und charismatische Paar William und Kate auf die jahrhundertealte britische Monarchie wirklich haben wird, hängt vor allem von ihrer Fähigkeit ab, sich im Labyrinth des Protokolls ihren individuellen Weg zu bahnen.

Freunde des Prinzen wie Tom Bradby haben längst wahrgenommen, dass William eine bemerkenswerte Wandlung vom rebellischen jungen Mann zum künftigen Thronfolger vollzogen hat. »Zunächst sah er nur die Schattenseiten: die Paparazzi. Er sah, was mit seiner Mutter geschehen war, all die schrecklichen Aspekte des königlichen Daseins, und es war nur konsequent, dass er dachte: O Gott, will ich das? Ich bin mir sicher, dass er diesen Prozess durchlaufen hat und jetzt Licht am Ende des Tunnels sieht.« Mit den Jahren hat er auch gelernt, die außergewöhnliche Lebensleistung seiner Großmutter, der Queen, zu schätzen. »Sie ist berühmt und hat das jeden Tag in den vergangenen Jahrzehnten gespürt«, erklärte Tom Bradby weiter. »Winston Churchill war ihr erster Premierminister, und allein die Zeitspanne, in der man auf dem Gipfel des Ruhmes ist, macht ein solches Leben zu einem bemerkenswerten Dasein. Wenn man alt genug ist zu verstehen, dass man ein Teil der Geschichte ist, dann erkennt man das Aufregende daran. Und William ist nun an diesem Punkt angekommen.«

Der Prinz hat sich mit seinem Durchsetzungsvermögen bei den Höflingen Respekt erworben, die am liebsten am Althergebrachten festhalten, weil für sie die historische Dimension der Windsor-Dynastie ein schützenswertes Gut darstellt. Doch werden die Wächter der Monarchie eine Bürgerliche wie Kate akzeptieren? Der »königliche Haushalt«, wie das System hinter der Queen genannt wird, verfügt über eine Beharrlichkeit, die sich dem Wandel zu moderneren Strukturen entzieht. Und das Personal ist so zahlreich, dass Neulinge schnell einmal den Überblick verlieren können.

Die Königin achtet darauf, stets einige vertraute Personen um sich zu haben, die ihr in jeder Situation den Weg ebnen. Ist sie unterwegs, hat sie immer eine elegant gekleidete Dame in ihrer Nähe und einen Adjutanten in Uniform. Da sie ihre Augen nicht überall haben kann, ist sie auf deren Unterstützung angewiesen, und sei es nur beim Händeschütteln und Entgegennehmen von Blumen. Ebenso wichtig sind ihr die Hofdamen, in die sie ein unerschütterliches Vertrauen setzt. Sie sind ihre Assistentinnen, schreiben Briefe, nehmen Geschenke entgegen und begleiten sie auf Reisen. Besucher werden zunächst von ihnen im Palast empfangen. Viele von ihnen sind persönliche Freundinnen der Queen. Ihrem Urteil wird sich Kate stellen müssen, wenn sie sich nach ihrer Hochzeit im engeren Kreis der Familie und des Hofes bewegen wird.

Besonders einschüchternd auf Neulinge im Königshaus wirkt der Buckingham Palace, das Hauptquartier der britischen Monarchie. Das Labyrinth aus scheinbar endlosen Korridoren und Flügeln dient der Queen und Prinz Philip als Londoner Stadtwohnung, vor allem ist es aber ein Bürogebäude. Eine der wichtigsten Abteilungen ist die königliche Reiseagentur, die durch ihre riesige Weltkarte beeindruckt. Sie erstreckt sich über die gesamte Länge einer Wand des Erdgeschosses. Auf der anderen Seite befindet sich eine detaillierte Karte des Vereinigten Königreichs, die mit zahlreichen orangefarbenen und gelben Stickern gespickt ist. Sie markieren mögliche Landeplätze von Hubschraubern und Militärflugzeugen. Souvenirs aus aller Welt liegen oder stehen herum, und immer ist gerade eine Tour in Planung, sei es im In- oder Ausland. Vierzehn Mitglieder der Royal Family sind ständig unterwegs, um an Empfängen teilzunehmen, soziale Einrichtungen zu eröffnen oder irgendwo auf dem Globus ein Wunderwerk der Technik zu bestaunen. Rund 600 Reisen werden hier im Jahr gemanagt, und wenn Kate künftig mit Prinz William ins Ausland fährt, wird auch sie hier betreut werden. Vorbei sind dann die romantischen Zeiten, als das verliebte Paar unter dem wenig originellen Pseudonym Mr. und Mrs. Smith selbst seine Ferien gebucht hatte.

Die drei Angestellten des königlichen Reisebüros achten auf Sparsamkeit, jährlich verschlingen die Repräsentationstouren fünf Millionen Pfund, das sind rund vierzehn Prozent des Etats für die Monarchie, der vom Steuerzahler getragen wird. Aus diesem Grund hat die Queen verfügt, dass für Ziele, die näher liegen als achtzig Kilometer, keine Flugzeuge genutzt werden, sondern Pkws oder die Bahn.

Außer ihr sind alle Mitglieder des Königshauses angewiesen worden, auf Privatjets zu verzichten und Linienflüge zu nutzen, wo immer es möglich ist. Manchmal reisen die Queen und ihre Angehörigen auch mit kleineren Maschinen, die von der Regierung zur Verfügung gestellt werden.

Die Gänge im Buckingham Palace sind, abgesehen von den prunkvollen Repräsentationsräumen, eher dunkel und nüchtern. Das Herzstück der Monarchie liegt abseits im Nordflügel und beherbergt das Büro des Privatsekretärs der Queen.

Jährlich treffen hier etwa 50 000 Briefe ein, die an sie persönlich gerichtet sind. Manchmal kann sich diese Zahl auch verdoppeln, wenn Glückwünsche zu einem besonderen Ereignis eintreffen, wie runde Geburtstage oder eben eine Hochzeit im Königshaus. Bei den meisten Schreiben handelt es sich aber um Bittbriefe, etwa zur Unterstützung caritativer Einrichtungen. Oft wird die Anwesenheit eines Mitglieds der Royal Family bei einem besonderen Anlass erwünscht, eine Angelegenheit, die einen heiklen Abstimmungsprozess erfordert. Wie Prinzessin Anne es einmal ausdrückte: »Wir vermeiden, uns irgendwo zu begegnen.«[39] Ein Mitglied des Königshauses pro Event ist meist ausreichend. Allzu leicht würde man sich sonst in Konkurrenz zueinander begeben, und einen Beliebtheitswettbewerb möchte sicher niemand riskieren.

An die vielen protokollarischen Feinheiten wird sich Kate gewöhnen müssen, auch an einen festgelegten Ablauf ihrer Verpflichtungen in einem Kalenderjahr. Weihnachten feiern die Windsors in Sandringham, im Juni sind alle auf dem Balkon des Buckingham Palace versammelt, um zum Trooping the Colour vom Balkon herabzuwinken, und für die Sommerferien ist Schloss Balmoral in Schottland reserviert. Dazwischen finden Gartenfeste, Poloturniere, Pferderennen und Kranzniederlegungen in immer wiederkehrender Reihenfolge statt. Im königlichen Kalender ist nicht viel Spielraum für Spontaneität.

»Es geht uns darum, unsere eigene Zukunft zu gestalten«, hatte Prinz William anlässlich des Verlobungsinterviews gesagt. Ihm und der Frau an seiner Seite wird es viel Geschick abfordern, den Mittelweg zwischen Modernisierung der Monarchie und dem Bewahren bewährter Traditionen zu gehen. Wie viele Bräute der Windsors vor ihr, wird Kate unbekanntes Terrain betreten, das möglicherweise von feindlichen Hofschranzen bevölkert wird. Katie Nicholl wusste um die Stimmung im Palast, wenn es um die erste Bürgerliche ging, die wahrscheinlich einmal als Queen Catherine den Thron besteigen würde: »Viele Lakaien glauben insgeheim, dass sie nicht das Zeug dazu hat, in die königliche Familie einzuheiraten. Sie ist nicht blaublütig, keine Aristokratin, ist nicht auf irgendeinem vornehmen Landsitz aufgewachsen. Vor allem die Altgedienten haben Vorbehalte und glauben, sie sei nicht gut genug. Doch William ist ein sehr moderner Prinz, es ist ganz verständlich, dass er sich jemanden wie Kate ausgesucht hat. Sie hat viele Qualitäten, die sie zur richtigen Frau für ihn machen.«

Mit ihrer Hochzeit reihen sich William und Kate in den Kreis junger Paare ein, die mit viel Erfolg Werbung für die Monarchie ihrer Länder machen. In den Niederlanden sind das die Kronprinzenpaare Willem-Alexander und Máxima, in Schweden Victoria und Daniel, in Norwegen Haakon und Mette-Marit, in Spanien Felipe und Letizia und in Dänemark Frederik und Mary. In allen Fällen sind die Angeheirateten bürgerlicher Herkunft und erfüllen ihre Aufgabe mit Bravour. Wie Public Relations in eigener Sache funktioniert, hat besonders die dänische Kronprinzessin Mary auf eindrucksvolle Weise bewiesen. Für eine Fotoproduktion, die in der Januarausgabe 2011 des Fashion-Magazins *Vogue* erschien, öffnete sie das frisch renovierte Frederik-VIII.-

Palais, in der sie selbst die Hauptperson war. Hochschwanger mit Zwillingen, ließ sie sich in glamourösen Abendroben inmitten von Umzugskisten ablichten, umgeben von ihren beiden Kindern. Der Kronprinz spielte dabei wohl eher eine Nebenrolle. Immerhin durfte er seine Sicht über die eigene Rolle und die seiner Frau in einem Interview zur Homestory propagieren: »Die Anforderungen an die königliche Familie ändern sich ständig, denn jede Zeit hat ihre eigenen Bedürfnisse. Wir mögen Tradition allein schon deshalb, weil wir mit ansehen durften, wie beeindruckend meine Eltern ihre Pflichten erfüllten. Doch für uns ist es genauso wichtig, die Dinge auf unsere Art zu tun. Als modernes Paar haben wir moderne Interessen, also versuchen wir, diese mit der Tradition zu vereinbaren.«

Auch William und Kate werden diesen Spagat bewältigen müssen. Dabei ist der Prinz seiner bürgerlichen Braut um einige Schritte voraus, denn er ist mit den Regeln des Palastes aufgewachsen. Er kennt die Bedeutung der Worte des ehemaligen Privatsekretärs der Queen, Martin Charteris: »Euer Gewerbe ist dazu da, Glücksgefühle zu erzeugen, vergesst das nicht.«[40]

Wie lernt man, königlich zu sein? Wie benimmt man sich als Prinzessin? Und wie erzeugt man Glücksgefühle? Um Kate Antworten auf diese schwerwiegenden Fragen zu geben, wurde ihr gleich nach der Verlobung ihre künftige Schwiegertante Sophie von Wessex zur Seite gestellt. Sie ist die Frau von Edward, dem jüngsten Bruder von Prinz Charles. Die Gräfin stammt wie Kate aus dem Bürgertum und war vor ihrer Heirat Geschäftsführerin einer PR-Agentur. Sie hat sich längst an die Herausforderungen gewöhnt, die das Repräsentieren für die Royal Family mit sich bringt. Mit ihrem Mann absolviert sie für gewöhnlich bis zu 500 Termine im Jahr, von denen viele sozialen Projekten gewidmet sind. Ihren Job hatte Sophie 2002 aufgegeben, nachdem sie in Konflikt mit ihren Verpflichtungen für die Monarchie geraten war. Seither widmet sie sich ganz ihrer Arbeit für die Queen, die in immer denselben Tätigkeiten besteht: Anteil nehmen, gratulieren und enthüllen. Ein Leben im Goldfischglas.

»Alle glauben, es geht bei den Terminen um Glanz und Glamour«, berichtete Tom Bradby. »Aber vieles, was die Royals tun, ist ziemlich langweilig. Sie eröffnen ständig irgendwo ein Hospital oder eine Schule, doch den Menschen vor Ort bedeutet dies sehr viel. Diese Anlässe schaffen es für gewöhnlich nicht einmal in die Abendnachrichten. Und William wird künftig eine Menge solcher Sachen machen müssen. Das wird ihm nicht wirklich gefallen, aber das wird sein Leben sein.«

Wie Sophie wird dann auch Kate ihren Ehemann dabei begleiten müssen. Oftmals ist die Gräfin von Wessex auch alleine unterwegs. Da sie blond und groß ist, wird sie immer wieder mit der verstorbenen Diana verglichen. Wie diese bückt sie sich herab zu Menschen, die zu krank und schwach sind, um für sie aufzustehen. Manchmal kniet sie sich sogar auf den Boden, damit sie die Hände fassen kann, die ihr entgegengestreckt werden. Auch wenn diese Treffen noch so sorgfältig geplant werden, es gibt immer wieder Überraschungen. Nicht selten bricht jemand in Tränen aus, dann sind tröstende Worte angebracht. Manchmal benehmen sich die Leute in Anwesenheit eines Mitglieds der Royal Family auch übernervös, was sich in erregtem Lachen oder in einem Wortschwall äußern kann, den eine Hofdame der Queen einmal mit »verbalem Durchfall« bezeichnet hat. Konnte die Begleiterin der Königin das Lachen bei diesen Vorkommnissen nicht mehr unterdrücken, hatte sie sich angewöhnt, einen Niesanfall vorzutäuschen.

Vorbild für alle Royals im Absolvieren von solchen Terminen ist aber die legendäre Queen Mary, eine Prinzessin deutschen Geblüts und eine überaus resolute Person. Während des Ersten Weltkriegs widmete sie einen Großteil ihrer Zeit dem Besuch von Hospitälern. Manchmal waren es vier oder fünf an einem Nachmittag, trotzdem wurde sie nicht müde, den verwundeten britischen Soldaten Mut zuzusprechen. Als sich einmal ein Familienmitglied in ihrem Gefolge darüber beschwerte und für alle vernehmlich kundtat, dass er nun müde sei und im Übrigen Krankenhäuser hasse, platzte der empörten Queen der Kragen. Sie fuhr den Querulanten an: »Du bist ein Mitglied der königlichen Familie. Wir sind niemals müde, und wir alle lieben Hospitäler.«[41]

Vielleicht wird Sophie von Wessex Kate diese Anekdote mit auf den Weg geben. Sicher wird sie der künftigen Queen bereits gute Tipps verraten haben, wie man sich in der berühmtesten Familie der Welt einlebt. Aber wie Kate ihre Rolle als Königliche Hoheit ausfüllt, muss sie sich selbst erschließen. Genaue Absprachen mit dem Palast können da sehr hilfreich sein, meinte Patrick Jephson, der ehemalige Privatsekretär Dianas. Nach ihrer Märchenhochzeit müsse sich die frischgebackene Prinzessin sofort der Realität stellen und sehr schnell festlegen, wie ihre Aufgabe im Königshaus in der Zukunft aussehen wird. Diana, so berichtete Jephson weiter, habe zu Beginn ihrer Ehe keine Ahnung gehabt, was von ihr erwartet wurde. Sie musste ihre Rolle geradezu erfinden, was zu vielen Fehlern geführt hat. Am Ende sei alles so aus dem Ruder gelaufen, dass es mit dem Königshaus nicht mehr auf einen Nenner zu bringen war. Daraus müsse die Frau Williams ihre Lehren ziehen. »Kate begibt sich nicht nur in eine Ehe, sie wird Teil einer Firma«, erklärte der langjährige Vertraute Prinzessin Dianas. Es gäbe mehrere Varianten, wie Kate in der Öffentlichkeit auftreten könnte. »Vielleicht erwartet der Hof von ihr, dass sie nur ihr hübsches Gesicht zeigt, nichts sagt und sich im Hintergrund hält, dann sollten sie ihr das aber so schnell wie möglich klarmachen«, riet Jephson mit Hinblick auf die vielen Berater des Königshauses, die hinter den Kulissen agieren. »Sollten sie eine aktivere Rolle für sie vorgesehen haben, müssen sie auch darüber mit ihr sprechen. Denn wenn man keine Ahnung hat, woraus die Pflicht besteht, wird man leicht übergangen.« Ein mögliches Vorbild für Kate sei Prinzessin Anne, die Schwester von Prinz Charles. Sie arbeite hart, lasse sich keine Vorschriften von Beratern machen und habe mit ihrer bescheidenen Art viele Sympathien gewonnen. Wenn dies auch Kate gelänge, wäre viel für sie erreicht.

In jedem Fall werden ihre Engagements für das Königshaus ein Drahtseilakt sein.

Verschwiegenheit, Beharrlichkeit, Loyalität und eine bewundernswerte innere Reife hat Kate Middleton auf ihrem langen Weg eines Bürgermädchens aus Berkshire zur Gemahlin des künftigen Königs schon bewiesen. Sie startet nicht naiv und unkritisch in eine Ehe, die ihr viel abverlangen wird. Und anders als Prinzessin Diana kann sie sich der Liebe ihres Traumprinzen wohl sicher sein.

Vom Moment der Verlobung an gab es wieder eine königliche Liebesgeschichte, die die Nation begeisterte, den Medien eine aufregende Berichterstattung versprach und schließlich nach all den Skandalen und Scheidungen der vergangenen Jahrzehnte auf ein Happy End im Hause Windsor hoffen ließ. »Sie heiraten aus Liebe«, bekräftigte Katie Nicholl. »William weiß, dass er die perfekte Braut gefunden hat. Und die königliche Familie ist toleranter geworden. Sie wissen, sie müssen sich modernisieren. Das holt sie wieder auf den Boden der Tatsachen zurück und lässt hoffen, dass die Briten sich wieder mehr mit ihr identifizieren können.«

Eine Prinzenhochzeit, so hat es der britische Staatstheoretiker Walter Bagehot einmal im 19. Jahrhundert formuliert, sei die glänzende Ausgabe eines universellen Vorgangs.

Deshalb begeistere sie viele Menschen. Für einen einzigen wunderbaren Tag schienen Märchen dann doch wahr werden zu können. Im Fall von Kate Middleton brauchte das Aschenbrödel jetzt nur noch passende Schuhe und ein atemberaubendes Kleid, damit die Feier beginnen konnte. Bis zum Tag der Trauung würde dies die spannendste Frage überhaupt sein: Wer wird die Braut für die Hochzeit des Jahrhunderts einkleiden dürfen? Eine der ersten Designerinnen, die sich zu Wort meldeten, war Elizabeth Emanuel. Sie hatte Dianas Kleid entworfen und geschneidert, damals wurde es gefeiert als ein romantischer Traum aus elfenbeinfarbenem Satin. Nüchterne Betrachter bemerkten allerdings, die Kreation habe mehr Ähnlichkeit mit einem riesigen Sahnebaiser aufgewiesen. In den achtziger Jahren hätten sich die Bräute ihre Kleider eben so vorgestellt, meinte Elizabeth Emanuel, aber für Kate käme so etwas ohnehin nicht in Betracht. Für sie müsse es etwas Enganliegendes sein, mit einem schwingenden Saum. Klassisch, aber doch mit viel Spitze versehen, denn auf die Details käme es in diesem Fall an: Stickereien mit winzigen Kristallen und Perlen sollten einen besonderen Schimmer erzeugen, kleine Knöpfe liefen entlang der Rückenpartie, und in den Stoff eingewebt könnten Kates Lieblingsblumen einen frühlingshaften Zauber entfalten. Elizabeth Emanuels Entwurf mochte einer Braut schmeicheln, aber für die unzähligen Kopisten, deren Ehrgeiz darauf ausgerichtet ist, möglichst am Tag nach der Hochzeit des Jahrhunderts ihre Nachbildungen in den Schaufenstern der großen Kaufhäuser zu sehen, dürften so viele Einzelheiten ein Grauen sein.

Vielleicht, so sinnierte Elizabeth Emanuel weiter, könnte bei allen Unterschieden doch ein Hauch Diana in das Hochzeitskleid einfließen, wenn Kate zum Beispiel die Tiara der Spencers trüge oder mit einer noch längeren Schleppe zum

Altar schreien würde, als die Mutter ihres künftigen Ehemannes es 1981 getan hatte. Fast acht Meter wären dann zu überbieten. Sicher nehmen auch darauf die englischen Buchmacher bis zum Hochzeitstag Wetten an.

Über 700 Millionen Menschen, so die ersten Schätzungen, würden die Fernsehübertragungen der Trauung von Prinz William und Kate Middleton am Bildschirm live miterleben wollen. Dass der Bräutigam wahrscheinlich in Militäruniform erscheinen werde, wurde nur am Rande notiert. Es ist die Braut, die alle Blicke auf sich ziehen wird. Sie wird das Haus Windsor wieder mit dem so lang ersehnten Glamour füllen. Nach dem Jawort wird Kate plötzlich Prinzessin sein.

»Mit der Hochzeit von William und Kate wird das Haus Windsor endlich im 21. Jahrhundert angekommen sein«, resümierte Robert Jobson in einem Gespräch mit dem ZDF. »Die Monarchie war viel zu lange damit beschäftigt, rückwärtszuschauen, in der Vergangenheit zu leben mit all den Traditionen. Es kam einem Kraftakt gleich, die Flagge über dem Buckingham Palace nach dem Tod von Prinzessin Diana auf halbmast zu setzen, und viele Hofbeamte sahen darin eine Katastrophe. Ich finde, sie sollten nach vorne schauen und sich mehr den Wünschen der Menschen anpassen, die sie repräsentieren. Das muss alle Klassen und Religionen mit einbeziehen, und ich glaube, mit William haben die Engländer einen umgänglichen Mann, der die Erinnerung an seine Mutter in sich trägt. Das könnte ihn beflügeln. Und den jungen Leuten in Großbritannien, in Europa und in der ganzen Welt werden William und Kate ein jüngeres Flair vermitteln.«

Seit 170 Jahren lenken die Windsors die Geschicke des britischen Königshauses, und nicht jedes Mitglied der Royal Family stellte sein Leben in den Dienst von Krone und

Vaterland. Die lange Regentschaft Queen Elizabeths wird für immer vom Tod der unglücklichen Prinzessin Diana überschattet sein. Vielleicht gelingt es dem Paar William und Kate, das einen so langen Anlauf zum Traualtar genommen hat, die dunklen Wolken über dem Haus Windsor endgültig zu vertreiben.

Viel Glück, William und Kate!

Dank

Dieses Buch ist nach jahrelangen Recherchen im Umfeld des englischen Königshauses entstanden. Viele Menschen haben ihr Wissen und ihre Gedanken mit mir geteilt, ohne die ich die Liebesgeschichte von William und Kate nicht hätte aufschreiben können. Sie sollen hier erwähnt werden:

Tom Bradby, Mo Davies, Katrina Balmforth, Karina Urbach, Robert Jobson, Hugo Vickers, Jessica Hay, Jules Knight, Arthur Edwards, Katie Nicholl, Ken Wharfe, Patrick Jephson, Judy Wade, Ingrid Seward, Claudia Joseph, Andrew Neil, Eugene Campbell, Penny Junor, Lord Wakeham, Sir Robert Worcester, Simone Simmons, Kingsley Glover und Elizabeth Emanuel.

Ein besonderer Dank gilt meiner Lektorin Regina Carstensen, die mich so kundig und geduldig bei der Entstehung dieses Buchs begleitet hat.

Anmerkungen

1. Vergl. Tina Brown: Diana. Die Biographie. München 2007, S. 202
2. Ebenda, S. 241
3. Zitiert nach Nicholas Davies: William. The Rebel Prince. London 2001, S. 42
4. Zitiert nach Karina Urbach: Queen Victoria. Eine Biographie. München 2011, unpaginiert
5. Christopher Wilson: Camilla. Die Geschichte einer großen Liebe. Berlin 2006, S. 93
6. Zitiert nach Sarah Bradford: Elizabeth II. Ihre Majestät die Königin. Bergisch Gladbach 1996, S. 131 f.
7. Kurt Tetzeli von Rosador und Arndt Mersmann (Hg.): Queen Victoria. Ein biografisches Lesebuch. München 2000, S. 57 f.
8. Ebenda, S. 48
9. Zitiert nach Karina Urbach, a. a. O., unpaginiert
10. Ebenda
11. Ebenda
12. Ebenda
13. Kurt Tetzeli von Rosador und Arndt Mersmann (Hg.): Queen Victoria, a. a. O., S. 42
14. Ebenda, S. 48
15. Ebenda
16. Karina Urbach: Queen Victoria, a. a. O., unpaginiert
17. Kurt Tetzeli von Rosador und Arndt Mersmann (Hg.): Queen Victoria, a. a. O., S. 151
18. Christopher Wilson: Camilla, a. a. O., S. 7
19. Ebenda, S. 159 f.
20. Ebenda, S. 135
21. John Major verlas am 9. Dezember 1992 im Unterhaus die Erklärung des Buckingham Palace.
22. Robert Jobson: William's Princess. The Love Story that Will Change the Royal Family Forever. London 2006, S. XV
23. BBC-Interview vom 7. Oktober 2005
24. The Prince of Wales. Harmonie. Eine neue Sicht der Welt. München 2010, S. 3 f. (zit. nach der englischen Ausgabe)

25 *Vanity Fair*, Ausgabe 11/2010
26 Ebenda
27 BBC-Interview vom 16. November 2010
28 Robert Hardman: A Year with the Queen. London 2010, S. 82
29 James Clench: William & Kate. A Royal Love Story. London 2010, S. 100
30 Ebenda, S. 108
31 Zitiert nach Robert Hardman: A Year with the Queen, a. a. O., S. 93
32 James Clench: William & Kate, a. a. O., S. 165
33 Ebenda, S. 166
34 Robert Hardman: A Year with the Queen, a. a. O., S. 86
35 *Sunday Telegraph* vom 28. November 2010
36 Robert Jobson: William & Kate. The Love Story. London 2010, S. 255
37 Karina Urbach: Queen Victoria, a. a. O., unpaginiert
38 Prinz William beim Prince's Charities Forum 2009
39 Zitiert nach Robert Hardman: A Year with the Queen, a. a. O., S. 32
40 Zitiert nach Jeremy Paxman: On Royalty. London 2006, S. 216
41 Ebenda, S. 225

Literatur

Barr, Anne, und Peter York: *The Official Sloane Ranger Handbook*. London 1982
Bradford, Sarah: *Elizabeth II. Ihre Majestät die Königin*. Bergisch Gladbach 1996
Bradford, Sarah: *Diana*. London 2006
Brandreth, Gyles: *Philip und Elizabeth. Porträt einer Ehe*. München 2005
Brown, Tina: *Diana. Die Biographie*. München 2007
Burrell, Paul: *Im Dienste meiner Königin*. München 2003
Clench, James: *William & Kate. A Royal Love Story*. London 2010
Davies, Nicholas: *William. The Rebell Prince*. London 2001
Dimbleby, Jonathan: *The Prince of Wales. A Biography*. London 1994
Graham, Tim, und Peter Archer: *William. HRH Prince William of Wales*. London 2003
Grunewald, Ulrike: *Der Fluch des Hauses Windsor*. Köln 2007
Hardman, Robert: *A Year with the Queen*. London 2010
Heald, Tim: *Princess Margaret. A Life Unravelled*. London 2007
Hoey, Brian: *Prince William*. Stroud 2003
Jephson, Patrick D.: *Shadows of a Princess. An Intimate Account by Her Private Secretary*. London 2000
Jobson, Robert: *William's Princess. The Love Story that Will Change the Royal Family Forever*. London 2006
Jobson, Robert: *William & Kate. The Love Story*. London 2010
Joseph, Claudia: *Prinzessin Kate. Die neue Königin der Herzen*. München 2010
Junor, Penny: *The Firm. The Troubled Life of the House of Windsor*. London 2005
Knopp, Guido: *Majestät! Die letzten großen Monarchien*. München 2006
Knopp, Guido: *Die Königskinder. Die Thronfolger der großen europäischen Monarchien*. München 2007
Kröger, Uwe: *Die Windsors. Glanz und Elend einer Monarchie*. Bergisch Gladbach 1994
Levine, Tom: *Die Windsors. Glanz und Tragik einer fast normalen Familie*. Frankfurt am Main 2005

Morton, Andrew: *Diana. 1961 – 1997. Ihre wahre Geschichte in ihren eigenen Worten.* München 1997
Nicholl, Katie: *William and Harry.* London 2010
Paxman, Jeremy: *On Royalty.* London 2006
Schönburg, Alexander von: *Alles, was Sie schon immer über Könige wissen wollten, aber nie zu fragen wagten.* Berlin 2008
Seward, Ingrid: *William & Harry. The Biography of the Two Princes.* London 2003
Shawcross, William: *Queen Elizabeth. The Queen Mother.* London 2009
Simmons, Simone, und Susan Hill: *Diana. Die geheimen Jahre.* Berlin 2007
Spoto, Donald: *Die Windsors. Geschichte einer Familie.* München 1995
Stewart-Liberty, Olivia, und Peter York: *Cooler, Faster, More Expensive. The Return of the Sloane Ranger.* London 2007
Tetzeli von Rosador, Kurt, und Arndt Mersmann (Hg.): *Queen Victoria. Ein biografisches Lesebuch.* München 2000
The Prince of Wales: *Harmonie. Eine neue Sicht der Welt.* München 2010
Urbach, Karina: *Queen Victoria. Eine Biographie.* München 2011
Vickers, Hugo: *Elizabeth. The Queen Mother.* London 2005
Wharfe, Ken, und Robert Jobson: *Diana. A Closely Guarded Secret.* London 2002
Wilson, Christopher: *The Windsor Knot. Charles, Camilla and the Legacy of Diana.* New York 2003
Wilson, Christopher: *Camilla. Die Geschichte einer großen Liebe.* Berlin 2006
Wocker, Karl Heinz: *Königin Victoria. Eine Biographie.* Düsseldorf 1978
Ziegler, Philip: *King Edward VIII.* Stroud 2001

Bildnachweis

Bildteil 1 (Getty Images)
Seite 1: Getty Images
Seite 2 oben: Getty Images, unten: WireImage
Seite 3: Tim Graham
Seite 4 oben: Getty Images, unten: WireImage
Seite 5: Getty Images
Seite 6: Tim Graham
Seite 7 oben: Getty Images, unten: AFP
Seite 8: WireImage
Seite 9: WireImage
Seite 10 oben: Tim Graham, unten: Getty Images
Seite 11: Getty Images
Seite 12: AFP
Seite 13: Tim Graham
Seite 14 oben: WireImage, unten: AFP
Seite 15 oben: Tim Graham, unten: Getty Images
Seite 16: Tim Graham

Bildteil 2 (Getty Images)
Seite 1 oben: Getty Images, unten: AFP
Seite 2: Tim Graham
Seite 3: Tim Graham
Seite 4 oben: Tim Graham, unten: Getty Images
Seite 5: AFP
Seite 6: Getty Images
Seite 7: Getty Images
Seite 8: Getty Images
Seite 9: Getty Images
Seite 10 oben: WireImage, unten: Getty Images
Seite 11: Getty Images
Seite 12 oben: AFP, unten: Getty Images
Seite 13: Getty Images
Seite 14: Getty Images
Seite 15: Lichfield
Seite 16: Getty Images